# 책이 사는 세계

책이 사는 세계
책, 책이 잠든 공간들에 대하여

초판 1쇄 발행 2021년 5월 7일
초판 2쇄 발행 2022년 5월 20일

지은이 헨리 페트로스키
옮긴이 정영목
펴낸이 이영선
책임편집 차소영

편집 이일규 김선정 김문정 김종훈 이민재 김영아 이현정 차소영
디자인 김회량 위수연
독자본부 김일신 정혜영 김연수 김민수 박정래 손미경 김동욱

펴낸곳 서해문집 | 출판등록 1989년 3월 16일(제406-2005-000047호)
주소 경기도 파주시 광인사길 217(파주출판도시)
전화 (031)955-7470 | 팩스 (031)955-7469
홈페이지 www.booksea.co.kr | 이메일 shmj21@hanmail.net

ISBN 979-11-90893-57-2 03900

본문에 사용된 이미지들 중 저작권자와 접촉하지 못한 것이 있습니다. 추후 저작권자와 연락이 닿는 대로 적법한 절차를 밟겠습니다.

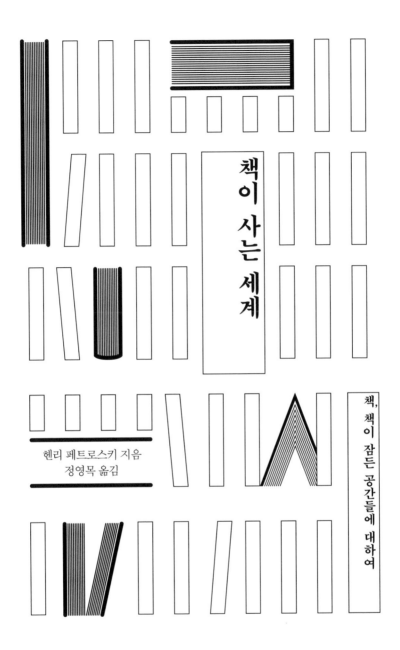

# 책이 사는 세계

책, 책이 잠든 공간들에 대하여

헨리 페트로스키 지음
정영목 옮김

서해문집

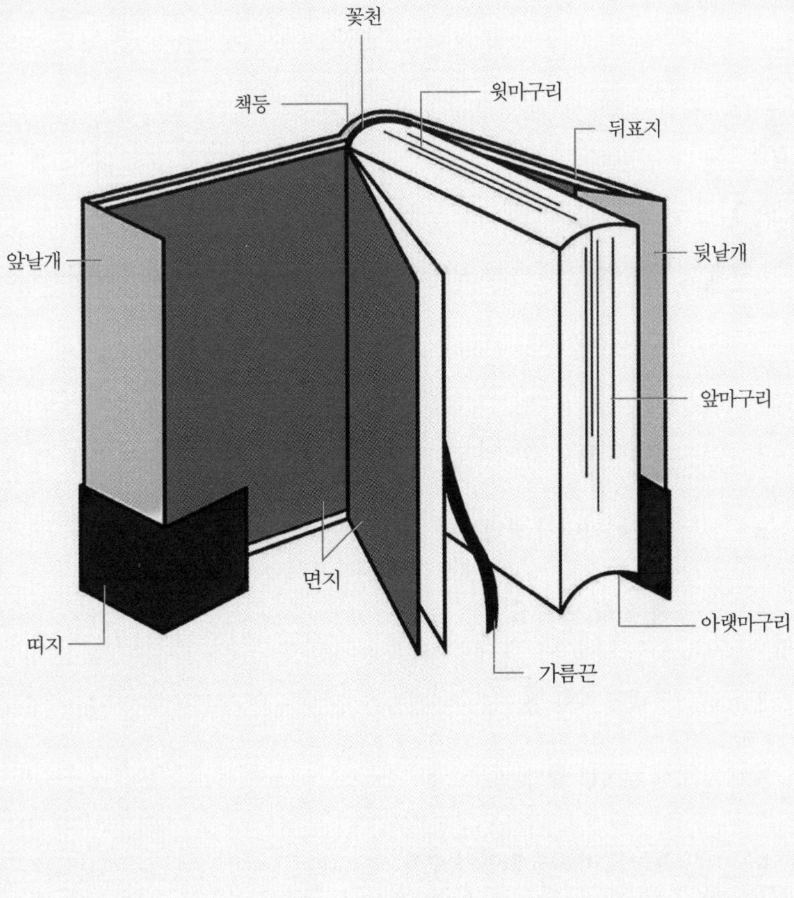


* 보통 마구리는 길쭉한 토막 따위의 양쪽 머리 면을 가리키는 말인데, 책에 대해서도 이 말을 쓰는 것 같다. 이 책에서는 책등의 반대편은 '앞마구리', 위쪽은 '윗마구리', 아래쪽은 '아랫마구리'라는 용어를 쓰기로 하겠다.

차례

**일러두기**

- 본문에서 옮긴이가 부연 설명한 내용은 대괄호로 표시했으며, 본문 각주는 모두 옮긴이주다.
- 단행본·잡지·신문 등은《 》로, 논문·영화·텔레비전 프로그램 등은〈 〉로 표시했다.

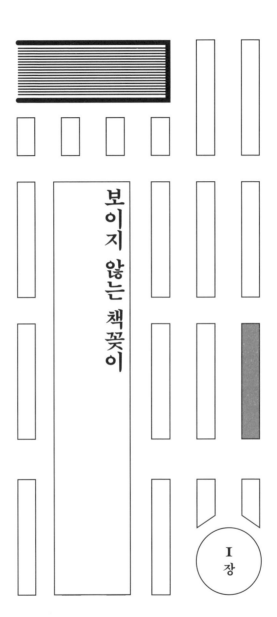

# I 장

# 보이지 않는 책꽂이

내 독서용 의자는 책꽂이를 마주 보고 있기 때문에 나는 책에서 고개를 들 때마다 책꽂이를 보게 된다. 방금 본다고 했지만, 물론 그것은 비유적으로 한 말이다. 매일 우리 눈에 보이는 것을 정말로 보는 일이 몇 번이나 있겠는가? 책꽂이의 경우, 나는 책꽂이가 아니라 책을 보는 경향이 있다. 의식적으로 책꽂이를 생각하면서 거기에 다시 초점을 맞추면—올라가는 것처럼 보이지만 내려가는 계단이나 왼쪽으로 휘는 것처럼 보이지만 사실은 오른쪽으로 휘는 입방체처럼 착시를 일으키는 그림을 볼 때 다시 초점을 맞추듯이—책꽂이를 볼 수는 있다. 하지만 이때에도 가장자리나 윗선반의 아랫면을 볼 뿐이지, 책꽂이 전체 또는 책꽂이만을 보지는 못한다. 심지어 책꽂이가 텅 비어 있을 때에도, 나는 책꽂이 자체가 아니라 책의 부재를 보게 된다. 책꽂이는 그 목적상 그렇게 규정된 물건이기 때문이다.

그러나 정확하게 말하면, 나는 책꽂이 없는 책을 보지도 않는다. 책의 아랫마구리는 평평하게 책꽂이 선반에 닿아 있다. 줄줄이 꽂힌 책들은 중력에 대항하며 한 줄로 나란히 서 있다. 물론 책들의 윗부분은 줄이 맞지 않지만, 이 역시 책들이 놓여 있는 선반에 의해 결정된 것이며, 윗선반의 직선 때문에 줄이 맞지 않는다는 것이 도드라져 보이기도 한다. 책과 책을 올려놓는 선반은 테크놀로지 시스템으로, 한 가지 구성 요소는 우리가 다른 구성 요소를 보는 방식에 영향을 준다. 나아가 우리는 책 및 책꽂이 선반과 상호작용을 하기 때문에 우리 역시 이 시스템의 일부를 이룬다. 이것은 우리가 이 시스템과 그 구성 요소를 보는 방식을 바꾸며, 우리와 이 시스템의 상호작용에도 영향을 준다. 이러한 것이 테크놀로지와 그 소산의 본성이다.

책을 올려놓는 선반의 전모를 보는 것은 간단한 일이 아니다. 내 서재에 있는 책꽂이들은 바닥에서 천장까지 닿아 있으며, 벽을 거의 다 가리고 있다. 그러나 내 서재는 크지 않기 때문에 책꽂이들이 놓인 벽으로부터 충분한 거리를 확보하는 것은 쉬운 일이 아니다. 처음에 이사 와서 이 서재를 만났을 때도, 서재와 책꽂이가 텅 비어 있을 때도, 책꽂이 전체를 볼 수 있을 만큼 뒤로 물러날 수가 없었다. 이 책꽂이들의 벽 앞 어디에 서든 어떤 선반의 아랫부분과 어떤 선반의 윗부분을 보게 되었으며, 어떤 수직 지지대의 왼쪽 면과 어떤 수직 지지대의 오른쪽 면을 보게 되었다. 결코 한 번에 하나의 선반 전체를 볼 수 없었다. 물론 나는 모든 선반이 똑같다고 가정했고, 따라서 한 선반의 아랫부분을 보면서 모든 책꽂이의 아랫부분을 본다고 추론했다. 그러나 이런 흔한 철학적 설명으로는 완전히 만족스럽지가 않았다.

어느 날 저녁 늦게 의자에 앉아 책을 읽다가 무슨 이유에서인지 쭉 늘어선 책들 아래 있는 선반을 새로운 각도에서 보게 되었다. 그 선반을 하나의 하부구조로서 보게 된 것이다. 줄지어 늘어선 자동차들 아래에 있는 다리처럼, 무시하지는 않지만 당연시하는 하부구조였다. 그러면서 나는 어딜 가나 볼 수 있는 이 물건의 성질과 기원에 대해 더 많은 것이 알고 싶었다. 그러나 어디서부터 시작해야 할까? 왜 책꽂이 선반은 수평으로 놓여 있으며, 왜 책들은 그 위에 수직으로 서 있는지 묻는 것이 의미 있는 일일까? 아니면 이런 사실들은 너무 분명해서 아무런 설명도 필요 없는 것일까? 나아가, 왜 우리는 책을 책등이 밖으로 나오도록 꽂아두는지 물어서 얻을 것이 있을까? 그저 그것이 책을 꽂는 유일하게 논리적인 방법이기 때문에 그렇게 꽂을 뿐일까? 너트가 볼트에 가듯이, 책들은 그것이 유일한 길이기 때문에 그냥 책꽂이로 가는 것이 아닐까?

나중에 보니 책꽂이 이야기는 책 이야기에 뿌리를 두고 있었고, 그 역도 마찬가지였다. 엄격하게 말한다면 책들은 책꽂이 없이도 존재할 수 있다. 의회도서관이나 지역 공공도서관 책들이 상자에 들어 있거나, 바닥에 차곡차곡 쌓여 있거나, 아니면 장작이나 석탄처럼 무더기로 모여 있는 모습을 상상해볼 수도 있다. 그러나 책의 존재 없는 책꽂이는 상상할 수 없다. 책이 없다면 그런 식으로 선반을 층층이 쌓아 올린 장이 없을 거라는 뜻이 아니다. 그런 장이야 있을 수 있지만 그것을 책꽂이라고 부르지는 않을 것이다. 책꽂이는 책과 마찬가지로 우리가 알고 있는 문명의 한 부분이 되었으며, 집에 책꽂이가 있다는 사실은 문명화되었고, 교육받았고, 세련되었다는 것의 의미를 실질적으로 규정해주기도 한다. 사실 책꽂이의 존재는 우리 행동에 큰 영향을 준다.

저자들은 책꽂이 앞에서 사진을 찍는 경우가 많다. 왜 그럴까? 그들 뒤에 있는 책을 그들이 다 썼을 리는 없다. 어쩌면 저자들은 자기가 어떤 책을 쓰기 위해 수많은 책을 읽어야 했다는 것, 그러나 독자들은 광범위한 주석과 다양한 참고문헌 목록이 달려 있는 저자의 포괄적인 에세이나 역사소설을 꼼꼼히 읽으면 그 책들을 다 읽을 필요가 없다는 사실을 보여주려는 것—노골적으로든 암묵적으로든—인지도 모른다. 저자의 사진이 나와 있는 책은 저자 뒤의 책꽂이에는 없는 경우가 많다. 어쩌면 이 저자들은 책꽂이에 책을 완벽하게 갖추려면 서점에 가서 그 저자의 책을 사야 한다는 무의식적인 메시지를 전달하는 것인지도 모른다.

그러나 책꽂이에 책을 완벽하게 갖출 수 있을까? 미국에서만 한 해에 5만 권이 넘는 책이 출간된다. 평생 동안 그 많은 책을 다 읽을 수나 있을까? 계산은 간단하다. 우리가 대체로 하루에 한 권씩 책을 읽는다고 하면, 3년에 1000권 정도를 읽을 수 있다. 네 살 때부터 책을 읽기 시작해 아흔네 살까지 산다고 하면, 우리는 평생 약 3만 권의 책을 읽을 수 있다. 그 많은 책을 보관하는 데 얼마나 큰 공간이 필요할까? 책 한 권에 평균적으로 선반의 2.5센티미터가 필요하다면, 약 750미터의 선반이 필요할 것이다. 그 정도 책을 꽂아두려면 방의 벽마다 책꽂이를 갖다놓는다 해도 큰 방이 예닐곱 개는 있는 집이 필요할 터인데, 그렇게 되면 그것은 집이 아니라 서점, 아니면 소도시의 공공도서관이 될 것이다.

그런 집에 들어가면 우리는 책을 보게 될까 아니면 책꽂이를 보게 될까? 도서관에 걸어 들어갈 때 우리가 실제로 보는 것은 무엇인가? 거의 모든 경우에 우리의 관심이 향하는 곳은 책이다. 많은 사람이 줄을 지어 사진을 찍을 때 뒷사람들이 밟고 올라서는 계단처럼 책꽂이는 대체로 눈에 띄지 않는다. 책꽂이는 거기 있지만 거기 없는 것이다. 책꽂이는 하부구조다. 그러나 책꽂이는 또 없을 때는 없는 자리가 두드러져 보인다. 책이나 책꽂이가 없는 거실에 들어설 때, 우리는 이 집에 사는 사람들은 텔레비전만 보나 하는 의문을 품게 된다.

얄궂게도 책꽂이는 텔레비전 속 소도구로도 널리 쓰인다. 〈투데이〉에서 〈나이트라인〉에 이르기까지 책꽂이는 인터뷰의 배경으로 종종 등장한다. 하원의원이나 상원의원들은 카메라 프레임만 한 폭을 가진 책꽂이 앞에서 기자회견을 한다. (거기 꽂힌 책이 진짜일까?) 뉴트 깅그리치는 세트에서 앞뒤로 책에 둘러싸인 채 책꽂이 넥타이를 매고 기자회견을 했다. 변호사나 교수들은 책꽂이 앞에서 인터뷰를 하는 경우가 많은데, 프로듀서는 그렇게 하면 책꽂이에 꽂힌 장서의 권위가 그들에게 옮겨 갈 것이라고 생각하는 것 같다.

소도구인 책꽂이는 책의 보조적 역할을 한다. 책꽂이는 배경일 뿐 아니라, 책들이 환호를 받기 위해 줄을 서 있는 무대이기도 하다. 그러나 문명에서 중요한 역할을 해왔음에도 프로그램에서 책꽂이가 언급되는 일은 거의 없다. 여분의 것, 당연한 것, 무시해도 좋은 것으로 대접받아왔다. 많은 일화가 이를 증명해준다.

한번은 우리 집에서 칵테일 파티를 열었는데, 한 동료의 아내가 갓난아기를 돌보기 위해 내 서재로 들어간 적이 있다. 그녀는 잠시 후 잠든 아기를 안고 나타나, 실례일 수 있지만 책꽂이를 좀 살펴보았노라고, 거기서 자기도 재미있게 읽은 책 몇 권을 발견하고 흥미를 느꼈다고 말했다. 물론 그녀가 책이 꽂힌 책꽂이에 대해 한마디도 하지 않은 것은 놀랄 일이 아니었다. 그러나 다른 때 다른 손님이 내 서재에 와 책 이야기만 하고 책꽂이에는 관심을 갖지 않는 것을 보고 놀란 적이 있다.

어느 맑은 봄날 오후, 그 손님은 내가 그에게 주려고 비행기에 대한 읽을 만한 책을 찾고 있는 동안 내 서재를 둘러보았다. 대충 훑어보던 눈은 곧 꼼꼼히 뜯어보는 눈으로 변했고, 그는 내 책꽂이에 꽂힌 책들을 아주 열심히 살피기 시작했다. 나에게는 보기 드문 광경도 아니었다. 사실 다른 사람의 책꽂이를 살펴보는 것은 관음증적인 행동이나 타인의 심리를 파악하려는 시도까지는 아니라 해도, 재미있게 관전할 만한 스포츠 정도는 된다. 그는 내 책꽂이에 꽂힌 책 한 권도 소홀히 넘기지 않는 것 같았다. 그는 자신이 사람들이 소유하고 읽는 책에 늘 관심을 가져왔다고 말했다. 그가 관심을 갖는 것은 당연했다. 그는 심리학자였으며, 그 가운데서도 컴퓨터-사용자 인터페이스에 대한 자문 일을 하는 인지과학 전문가였다. 그는 당시 주요한 사무시설 제조업체에게 어떤 제품을 개발할 것인지, 그 제품에 어떤 특징이 들어가야 할 것인지에 대해 자문하고 있었다. 그는 일상용품 디자인에 대한 통찰력 있는 글도 썼으며, 일상용품의 사용에 특별한 관심을 기울이고 있었다. 그가 쓴 책의 독자로서 나는 그가 무엇을 보든 하나도 빠뜨리지 않을 것이라고 생각했다.

그가 내 서재를 구경하기 전에 나는 그에게 도시를 구경시켜주었다. 우리는 새로 지어진 공공정책연구소 건물 앞에 멈춰 섰다. 건축가가 구조와 공간을 사용한 방식 때문에 찬사를 받고 있는 건물이었다. 우리는 건물 안으로 들어서면서 그곳이 관습적인 건물과는 다르다는 사실을 알 수 있었다. 수많은 사무실과 회의실이 발코니처럼 생긴 복도를 향해 열려 있었다. 복도는 공동 공간의 두 면을 굽어보고 있었고, 이 공간의 다른 두 면은 여러 층으로 이루어진 넓은 라운지 구역과 느슨하게 경계를 이루고 있었다. 이 라운지 공간은 또 아트리움을 굽어보면서 그 공간의 범위를 규정하는 역할도 하고 있었다. 건물의 한 부분에서 다른 부분으로 걷다 보면 공동 공간으로 통하는 복도나 계단을 걷지 않을 수 없을 것 같았고, 그런 공간에서 건물에 있는 다른 사람들과 우연히 마주치는 일이 빈번하게 벌어질 것 같았다. 그리고 그것이 바로 건축가가 의도한 바인 것 같았다. 이 건물의 배치를 보면서 나는 국립인문학센터를 떠올렸다. 국립인문학센터에서도 사람들은 공동 공간을 통해 드나들었는데, 그 공간은 식당으로도 이용되었기 때문에 연필에서부터 현상학에 이르기까지 온갖 분야에 대해 책을 쓰는 학자들이 모여 대화를 나누곤 했다. 내 손님은 곧 새 건물의 사려 깊은 설계에 감명을 받았으며, 게시판 위의 조명 기구나 문의 철물(그가 책에서 특별한 통찰과 정열을 보인 대상이기도 하다) 등 대부분은 그냥 지나칠 만한 세부적인 것들에까지 관심을 가졌다. 나는 그때 이미 이 책을 쓸 생각을 하고 있었기 때문에 사무실에 있는 책꽂이를 보고 싶었으나, 토요일 오후라 문을 연 사무실이 없었다.

그러나 내 서재로 돌아왔을 때, 우리는 어떤 사물에 대해서도 이야기하지 않았고, 심지어 하나의 사물로서 책에 대해서도 이야기하지 않았다. 우리는 책에 담긴 생각들, 그리고 내 책꽂이의 책들이 얼마나 다양한 범주로 분류되어 있는지에 대해 이야기했다. 그는 트레이시 키더의 《새로운 기계의 영혼The Soul of a New Machine》이나 교량에 대한 많은 책들—그는 그런 책들이 내 서재에 있으리라 예상했던 것이 틀림없다—에 대해 몇 마디 했으며, 어떤 책들에 대해서는 그런 책들이 내 서재에 있다는 사실에 놀라움을 표시하기도 했다. 나는 컴퓨터 소프트웨어 디자인에 관한 책들은 다리를 비롯해 여러 쓸모 있는 물건들의 디자인에 대한 내 책을 읽은 독자들이 보내준 것이라고 설명했다. 나는 디자인의 대상에 관계없이 디자인은 디자인이라고 주장해왔기 때문에, 그쪽에 모아놓은 책들이 내 입장에서는 주제상 통일성이 있다고 생각되었다—내 변변치 못한 몇 가지 아이디어에 노골적으로 집착하는 모습을 보여주고 싶은 생각이야 없었지만. 그러나 솔직히 디자인이라는 주제의 한 측면 이상을 다루는 책은 어디에 꽂아야 좋을지 결정하기가 어려웠다. 어쨌든 그는 내가 읽은 것과 서재에서 내가 일하는 방식에 대해 어떤 결론을 내린 것이 틀림없었다. 그러나 대화는 컴퓨터와 노트북을 고를 때 주의해야 할 점으로 옮겨 가고 있었다. 내가 그에게 노트북을 하나 사려 한다는 이야기를 했기 때문이다.

그가 내 책꽂이에 꽂힌 책들을 통해 나에 대한 어떤 결론을 내렸다면, 그것은 내 가설들 가운데 하나—관찰력 좋은 사람들이 쓸모 있는 물건에 주의를 기울일 때에도 그 물건을 받쳐주고 있는 하부구조는 거의 무시된다—를 확인해주는 셈이었다. 그는 책꽂이에 대해서는 아무런 말도 하지 않았다. 내가 그 방향으로 대화를 몰아가려 했음에도. 이 손님은 전화기 디자인에서부터 전기 스위치 위치에 이르기까지 모든 것을 비평하는 사람이었음에도, 바닥부터 천장까지 이르는 책꽂이의 맨 꼭대기에 손이 닿지 않는다는 사실에 대해서는 한마디도 하지 않았다. 매콜리 경이 말한 "위쪽 선반의 먼지와 침묵"도 우리 대화에서는 전혀 언급되지 않았다. 보통 책꽂이에는 움직이는 부품도 없다. 제자리에 자리를 잡고 책이 꽂히고 나면, 그대로 버티고 서서 늘어선 책들을 받쳐주는 것 외에 다른 분명한 기능이 없다. 마치 조그만 시골 도로에 있는 흔해빠진 다리 같다. 매일 그 다리를 사용하는 사람들에게는 다리가 거기 있지만 동시에 거기 없는 것이나 마찬가지다. 그러나 홍수에 다리가 쓸려 가기라도 하면 갑자기 그 다리가 지역 최대의 화젯거리가 되기 마련이다. 일반적으로 테크놀로지라는 것이 그렇다. 없을 때 가장 두드러져 보이는 것이다.

나는 이 책을 쓰기 시작하면서 전에는 책만 보던 곳에서 책꽂이도 보게 되었다. 그러나 모두가 내 관점을 공유한 것은 아니었다. 어느 날 한 역사학자의 집에서 저녁 만찬이 열렸다. 이 역사학자 집에는 (역사학자들 집이 흔히 그렇듯이) 페이퍼백이 아주 많았는데, 그는 이 책들을 모두 보관할 책장들을 짜놓았다. 전에 그 집에 갔을 때는 무시하던 것이었지만, 나는 새삼스럽게 책꽂이 이야기를 화제에 올리게 되었다. 대화는 결국 책꽂이를 만드는 장인의 자부심에서부터 책과 책꽂이 위에서 책의 배치라는 좀 더 일반적인 문제로 넘어가게 되었다. 내 머릿속에는 중세에 책들을 어떻게 보관했는지, 책꽂이가 어떻게 해서 현재 우리가 알고 있는 형태로 진화해왔는지에 대한 생각들이 가득했기 때문에 저녁식사 후 대화를 다시 책꽂이 쪽으로 돌리려 했다. 그 결과 책꽂이의 기원이 역사가들, 특히 중세를 전공한 학자들 사이에서도 잘 알려져 있지 않다는 사실을 알곤 흥미를 느꼈다. 몇 달 뒤에는 은퇴한 영국인 교수와 이야기를 나누다 중세 책의 물리적 성질에 대해 재확인하게 되었고, 더 나중에는 책을 연구하는 학자들 가운데에도 책이 서가에 사슬로 묶여 있었다는 사실을 잘 모르는 사람이 많다는 것을 알게 되었다.

학자들만이 아니라 사서들 역시 책과 책을 관리하는 방법의 역사, 책을 보관하고 진열하는 가구의 디자인과 발전을 잘 알지 못했다. 나는 이 책을 쓰는 과정에서 버닛 힐먼 스트리터의《사슬에 묶인 도서관 The Chained Library》이라는 오래된 책을 참고했는데, 사서들과 도서관 직원들은 제목만 듣고도 호기심을 보였다. 1931년에 출간된 이 책은 도서관에 비치된 첫 10년 동안 자주는 아니더라도 꾸준히 대출되었다. 그러나 책 뒤의 대출 명세표에 마지막으로 찍힌 날짜는 1941년 10월 28일이었다. 뒤표지 호주머니에 있는 대출증에 적힌 서명으로 판단해보건대, 전국에서 가장 뛰어난 연구도서관으로 꼽히는 그곳에서 이 책을 읽은 사람들은 열 명에 불과한 것 같았고, 적어도 그 후 10년간은 대출되었다는 기록도 없었다. 10년이 지난 이후에는 어떻게 되었는지 모른다. 1950년대 초에 도서관 대출 절차가 변경되었기 때문이다. 변경 후에도 대출 만료일자 소인과 대출증은 책 뒷면에 그대로 남겨졌는데, 이는 사서가 대출증에 적힌 서명이 누구 것인지 알 수 있다고 가정하던 시대의 유물이 되어버렸다. 어쨌든 나는《사슬에 묶인 도서관》의 주제가 책 대출과 관련된 옛 절차와 마찬가지로 젊은 사서들에게는 거의 알려지지 않았음을 알게 되었다. 나와 달리 그들은 도서관의 역사, 적어도 도서관 가구와 그것을 사용한 방식의 역사에 대해서는 관심을 가지지 않았다.

나는《사슬에 묶인 도서관》, 그리고 그 전에 이런 주제를 다룬 맹아적 저작인 존 윌리스 클라크의《책을 관리하는 방법The Care of Books》을 읽은 뒤, 세계 최고의 희귀본 도서관들 가운데 하나인 예일 대학의 바이네케를 찾아갔다. 아주 열정적이고 상냥한 안내자는 친절하게 안내해주었지만, 그 도서관에 사슬에 묶기 위해 사용하던 철물의 흔적이 남은 책이 있느냐고 묻자 대답을 하지 못했다. 그러나 한 도서관 직원이 전산화된 카탈로그의 도움으로 도서관 소유물을 설명한 항목들 가운데 '사슬'을 찾아주었다. 여기에는 옛 제본에 사용되던 사슬 철綴과 관련된 항목들이 많았지만, 결국 소장 도서 가운데 한때 사슬이 달려 있었던 흔적이 남은 책들이 몇 권 있음을 확인할 수 있었다. 이 사슬은 책을 장정한, 가죽으로 덮고 돋을새김 장식을 한 나무판에 달려 있었다. 카탈로그에 따르면 일부이긴 하지만 진짜 사슬이 달려 있는 책이 적어도 한 권은 있었다. 그 책은 수제 상자에 담겨 있었는데, 책을 넣은 공간과는 별도의 공간에 묵직한 검은 사슬 몇 개가 담겨 있었다. 책을 장정한 가죽이 사슬에 쓸리는 것을 막으려는 배려였다. 나는 물론이고, 대출대 뒤에 있던 사람들도 진귀한 보물을 보듯이 이 유물을 관찰했다. 그 모습을 보면서 나는 사슬에 묶인 책—책꽂이 이야기에서 중심을 차지하는 것이기도 하다—이야기를 반드시 해야겠다는 생각을 굳힐 수 있었다. 그런 책 자체가 흥미롭기 때문이기도 하지만, 한 유물의 진화 사례 연구라는 면에서도 중요한 일이었기 때문이다. 그것을 통해 테크놀로지가 어떻게 우리 문화 속에서 구체화되고 또 우리 문화를 형성해나가는지 보여줄 수 있을 것 같았다.

우리 대부분이 책꽂이보다 책에 대해 많이 생각하는 것은 이해할 만한 일이다. 그러나 하부구조도 대우를 해준 사람들이 있다. 유머 잡지《퍽Puck》을 오랫동안 편집해온 헨리 큐일러 버너는 이렇게 썼다.

> 나에게는 책장이 하나 있다네,
> 나보다 훨씬 부자인 사람들도 가지지 못한 것.
> 그러나 책장 안에는 책이 없다네,
> 책은 책장의 모양을 망칠 것이기 때문에.

실제로 책들이 책꽂이를 망치는 일이 있기는 하지만, 때로는 책꽂이가 책을 거칠게 대하여 책을 펼칠 마음이 들지 않게 만들기도 한다. 내가 지금 쓰고 있는 듀크대 연구실에 처음 들어섰을 때, 그곳에는 이미 선반 높이를 조절할 수 있는 멋진 책장들이 있었다. 책장은 호두나무판 밑에 묵직한 합판이 붙어 있는 형태였고 또 선반은 깊지만 별로 길지 않아 매우 단단했다. 아무리 무거운 책들을 올려놓아도 처지거나 하는 일은 없다. 그러나 이 책장들은 키가 별로 크지 않아, 내가 사무실에 두고 싶은 다양한 크기의 책들을 넣으면서도 많은 책을 넣을 수 있도록 선반 받침대를 조정하여 선반들을 최대한 많이 꽂았다. 그 결과 나는 책들을 대체로 높이대로 분류해 꽂게 되었으며, 어느 선반에도 책들 위로 빈 공간이 거의 남지 않게 되었다. 사실 책을 빽빽하게 꽂은 선반에서는 책을 손으로 잡아 빼기도 힘들 정도다. 책을 관리하는 방법에 대한 한 안내서를 보니, 책이 너무 빽빽이 꽂혔는지 아닌지를 확인하는 방법은 이런 것이라고 한다.

"검지와 중지와 엄지로 책을 잡은 다음 양옆에 꽂힌 책들을 흔들지 않고 빼낼 수 있는가?"

나는 그럴 수가 없다. 그래서 《마서 스튜어트 리빙Martha Stewart Living》에 나와 있는 좋은 조언을 따라야 한다.

"책을 뽑으려면 양옆의 책을 밀면서 부드럽게 당겨라."

물론 공간이 있을 때 책을 뽑는 일반적인 방법은 책 꼭대기에 손가락을 얹고 머리 부분에 살짝 힘을 주어 살며시 잡아당겨 책이 아래 모서리를 중심으로 뒤로 눕게 한 다음, 위쪽 모서리가 충분히 나오면 손으로 잡고 쭉 당기는 것이다. 그러나 《마서 스튜어트 리빙》은 이 방법을 인정하지 않는다.

"절대 책등 꼭대기에 손가락을 걸지 말라."

그렇게 하면 책들이 너무 꽉 끼어 있을 경우 손톱이 부러질 수도 있고, 더 나쁜 경우 책의 장정이 찢어질 수도 있다는 것이다. 19세기의 '안내서'는 이렇게 경고하고 있다.

"절대 꽂천headband[양장본에서 책등 아래위 양 끝에 붙인 천]을 잡고 책을 뽑지 말라. 책을 불 위에 놓지도 말고 책 위에 앉지도 말라. '책은 유익

한 조언을 해주는 착한 친구이며, 그 친구는 비밀을 누설하지도 않기 때문이다.'"

캘리포니아주 컬버시티의 발명가 찰스 콜리는 책과 책꽂이를 좀 더 기계적으로 바라보았는데, 그는 책꽂이에서 책을 뽑는 문제를 연구한 끝에 "그 문제를 해결하려 한 선행 기술"이 없다는 사실을 알게 되었다. 그래서 콜리는 1977년 "책을 튀어나오게 하는 장치"로 특허를 받았다. 이 장치는 책꽂이 뒷벽 전체에 스프링보드 같은 것을 달아 '작용-반작용' 원리를 활용하여 책을 원래 위치에서 튀어나오게 만든 것이다. 이 장치에서는 책을 뽑을 때 본능에 거슬러 책을 책꽂이 뒷벽 쪽으로 밀어야 한다. 그러면 판 뒤에 있던 스프링이 압축되었다가 다시 튀어나오는 반동력에 의해 원하는 책이 밀려 나온다. (이 장치는 눈에 보이지 않는 캐비닛 문 걸쇠와 비슷한데, 이 경우에도 걸쇠가 튀어나오게 하려면 먼저 밀어넣어야 한다) 많은 발명품들이 그렇듯이 콜리의 발명품 역시 제대로 다루려면 익숙해지는 과정이 필요할 수도 있을 것이다. 그러나 이 발명품도 책이 너무 빽빽하게 꽂혀 있는 책꽂이에서는 소용이 없을지도 모른다.

이런 경우에 책을 책꽂이에 도로 집어넣는 것은 정어리를 통조림 캔에 도로 집어넣는 것과 마찬가지로 어렵다. 책꽂이는 진공 상태를 혐오하기 때문에, 책 한 권을 뽑았을 때 생기는 공간이 다시 책을 받아들일 만한 크기를 유지하는 경우는 드물다. 에어 매트리스나 지도를 한 번 펼친 다음에는 처음 모양으로 도로 접는 것이 불가능하듯이, 한 번 펼친 책은 다시 접으면 새로운 부피를 갖게 되는 것 같다. 분명히 원래 꽂혀 있던 자리인데도 다시 들어가지 않는다. 그래서 책꽂이에 발판이라도 마련하려면 책을 쐐기처럼 이용하여 전에는 관대했던 이웃들 틈새를 비집고 들어가야 한다. 뿐만 아니라 내가 원래 자리에 도로 꽂아놓는 책은 반드시 이웃들과 마찰을 일으켜 이웃들을 약간은 뒤로 밀어넣는다. 책들 위에 충분한 공간이 있을 경우, 약간의 노력만 기울이면 흐트러진 책들을 다시 정렬시킬 수 있다. 그러나 내 연구실의 경우에는 손을 집어넣어 책을 약간 빼낸 다음 다시 책등의 줄을 맞추는 것이 불가능하기 때문에, 다시 줄을 맞추려다 보면 책꽂이에 있는 책들을 모두 안으로 밀어넣기 일쑤다. 물론 모든 책을 책꽂이 뒤까지 밀 수는 없다. 폭이 모두 같지 않기 때문이다. 따라서 책들은 줄을 맞추지 못하고 약간 들쭉날쭉한 모양을 보여주게 된다. 그러나 시간이 지나면 많은 책이 책꽂이 끝까지 들어가버리기 때문에, 그 근처에 있는 책들을 전부 뽑아 책꽂이 앞쪽 가장자리에 맞춰 다시 정렬시키게 된다.

사실 나로서는 책들이 책꽂이 안쪽으로 쑥 들어가버려도 별 상관이 없다. 어차피 나는 책들이 선반 앞쪽 가장자리에서 뒤로 몇 센티미터 물러나 있는 쪽을 더 좋아하기 때문이다. 언제부터, 왜 내가 그런 식으로 책을 배치하게 되었는지는 모르겠다. 그러나 이 책을 쓰는 동안 실험을 해보기 전에는 한 번도 책들을 책꽂이 앞쪽 가장자리까지 끌어낸 기억이 없다. 물론 폭이 아주 넓어 책꽂이 앞쪽까지 나오는 책이 있을 경우, 줄을 맞추려고 다른 책들도 함께 끌어내야 할 때는 예외였다. 나에게는 책 앞에 빈 공간이 몇 센티미터 남는 것이 자연스럽고 바람직해 보였으며, 또 그것이 뒤쪽의 몇 센티미터 남짓한 공간과 균형을 이루는 것처럼 느껴졌다. 이렇게 되면 책들은 선반 중앙에 놓이게 되고, 선반 지지대에 균등하게 하중을 내려보내게 된다. 따라서 구조적으로도 균형 있고 적절해 보였다. 도서관에서는 책장들이 좁은 통로를 마주하고 있는 경우가 많기 때문에, 책들을 뒤쪽으로 밀어놓으면 통로를 걸어가는 사람 눈에는 책이 잘 안 보일 수도 있다. 그러나 내 집이나 연구실 책장은 벽에 기대 있고 앞쪽에는 도서관 통로보다 넓은 공간이 있어, 거리를 두고 책을 정면으로 바라볼 수 있다. 내 경우에는 책들을 책꽂이 앞쪽 가장자리까지 끌어내면 책꽂이 위쪽이 무거워진 것 같아 불안정해 보이고, 마치 작은 옷을 억지로 입은 것처럼 숨 막혀 보인다. 또 책들이 가장자리까지 나와 있으면 책꽂이의 입체감이 사라져 벽지처럼 2차원적으로 보인다. 물론 책꽂이의 책들 위에 공간이 있으면 그 들쭉날쭉한 공간 때문에 깊이감이 생기기도 하고, 책들 앞에 드리우는 그림자까지 덤으로 따라붙기 때문에 책들이 아늑하게 놓여 있다는 느낌도 든다.

책들을 뒤로 밀어놓으면 책들 앞에 생겨나는 좁은 공간에 나는 연필이나 편지칼 등을 놓아둔다. 나는 이렇게 하는 것이 제대로 된 방법이라고 여기며 살았는데, 어느 날 한 작가가 내 연구실에 들렀다가 책장을 보곤 놀라더니 자기는 늘 선반 앞 가장자리까지 책들을 당겨놓는데, 그것이 책을 진열하는 제대로 된 방법이라고 말했다. 그때 그에게 뭐라고 딱 부러지게 대꾸하지는 못했다. 사실 지금도 대꾸할 말이 없다. 그러나 그 일이 있고 난 뒤에 문학평론가 앨프리드 카진은 책들을 선반 뒤쪽으로 쑥 밀어놓고, 남은 공간에 손자들 사진을 올려놓거나 읽고 있는 책을 놓아둔다는 것을 알게 되었다. 디자인이나 테크놀로지에 대한 인간의 적응과 인터페이스 문제가 대개 그렇듯이 어느 쪽을 지지하든 그럴 듯한 주장을 내세울 수 있다. 그러나 나로서는 손님이 내 책의 배치에 대해 언급한 것 자체가 즐거운 일이었다. 책꽂이에 대해서, 그것을 사용하는 방법에 대해서 생각하는 사람이 나 혼자만이 아니라는 것을 알 수 있었기 때문이다. 그런데 그런 것들을 계속 생각하려면 어떤 방향으로 더듬어 나가야 할까?

책꽂이 선반 위의 책은 꺼내서 읽어야 하는 것이다. 책 밑의 선반은 설치되고 나서 잊어버려야 하는 것이다. 한 사물은 다른 사물에게 봉사를 하고, 이 사물은 저 사물보다 우월하다—어쨌든 그것이 통념이다. 그리고 우리는 열등한 사물에 대해서는 거의 생각하지 않거나 생각할 이유를 찾지 못한다. 그러나 사람이든 사물이든, 지위고하에 관계없이 할 이야기 또는 해야 할 이야기가 있는 법이다. 이런 이야기에는 놀라운 우여곡절이 담겨 있기 마련이고, 우리는 그 이야기를 들으면서 교훈을 얻는 동시에 흥미를 느끼는 경우가 많다.

흔한 책꽂이만큼 형태나 목적이 자명해 보이는 것이 어디 있겠는가? 나무판 위에 책을 얹어놓는다는 아이디어는 책만큼이나 오래된 것처럼 보일 것이다. 책꽂이가 평평하고 수평이어야 한다는 사실은 상식과 중력에 의해 규정된 것처럼 보일 것이다. 나아가 선반 위에 책들이 수직으로 꽂혀 있다는 사실—책등이 사관학교 생도들처럼 당당하게 차려 자세로 줄을 서 있다는 것—도 크든 작든 도서관에서는 당연한 일로 여길 것이다. 따라서 르네상스 학자들을 묘사한 그림을 보면 이상하다는 생각이 들지도 모르겠다. 그런 그림을 보면 책들이 사방에 제멋대로 널려 있는데 딱 한 군데, 서가 선반 위에는 없다. 책등을 뒤로 한 채 수직으로 똑바로 서 있는 책도 없다. 그렇다면 수평의 선반 위에 수직으로 놓인 책이 자연의 법칙에 따른 것이 아니란 말인가? 아니라면 왜 아닐까? 오늘날 우리가 책을 보관하는 방법은 언제 어떻게 보편적인 관행으로 굳어진 걸까?

책 이야기, 즉 두루마리에서 코덱스를 거쳐 오늘날 인쇄된 책으로 진화해온 이야기를 하지 않고는 서가 이야기를 할 수 없다. 그러나 책과 서가 이야기는 새천년과는 관계없는 오래되고 불가해한 주제가 아니다. 이 이야기는 문명의 기본적인 자료로서, 오늘날 진화하고 있는 테크놀로지를 더 잘 이해할 수 있는 수단, 또 미래의 테크놀로지를 상상해볼 수 있는 수단을 제공한다. 사실 미래는 우리가 흔히 생각하는 것과는 달리 현재나 과거와 닮은 모습이 많을 것이다.

책꽂이를 새롭게 바라보고 생각하는 것은 발견하거나 만들어낸 모든 것에 대해 무에서부터 새로 바라보거나 생각하는 것이 늘 그렇듯이 보람 있는 일이다. 이런 생각을 통해 특히 세상을 만나고 경험하는 새로운 방법들에 눈을 뜨게 된다. 책꽂이와 거기 꽂힌 책이 상호 의존적이라는 점을 고려할 때, 보통은 무시하고 지나치게 마련인 책꽂이에 관심을 기울이면 책도 다른 각도에서 볼 수 있다. 말하자면 아래에서부터 위로 바라보는 것이 가능하다고 말할 수 있다. 책처럼 우리에게 익숙한 사물을 새삼스럽게 뜯어보면 우리 눈에는 다른 사물이 보이게 된다. 세상의 다른 모든 사물들과는 다른 독특한 특질들을 가진 동시에 우리가 경험하는 다른 많은 것들과 유사한 점들을 가진 사물이 보이게 되는 것이다.

텅 빈 선반에 놓인 단 두 권의 책은 마치 링 안의 레슬링 선수들처럼 서로 기대어 버티고 있다. 세 권의 책은 마치 상대편의 두 선수 사이에 갇혀 있는 농구 선수 같다. 그보다 더 많은 책들은 학교 운동장 담장에서 벌어지는 초등학생들의 말 타기 놀이와 같다. 그러나 대부분의 경우 책이 꽉 차지 않은 선반은 서로 기대어 중력과 가속 사이에서 덧없는 균형을 유지한 채 시간 속에 얼어붙은 통근자들을 태운 열차와 같다.

책꽂이 선반 위의 책은 묘한 것이다. 충분한 허리띠가 없으면 혼자 서 있기도 쉽지 않다. 받쳐줄 것이 없는 얇은 책들은, 마치 해변에 선 빈약한 사람이 자신의 가벼운 몸을 창피해하듯이 건드리기만 해도 좌우로 넘어진다. 홀로 서 있는 뚱뚱한 책은 목적에 대한 자부심이 너무 강해서인지 아니면 주석에 들어간 셀룰로오스가 너무 많아서인지 잔뜩 부풀어 올라, 그 묵직한 페이지들이 책등을 비틀고 표지를 옆으로 벌린다. 그래서 그 축 늘어진 모습은 마치 한번 밀어서 넘어뜨려보라는 듯 쭈그린 자세로 버티고 있는 스모 선수처럼 보인다.

책에 관한 에세이들로 이루어진 즐거운 책《서재 결혼시키기Ex Libris》를 쓴 앤 패디먼은 "주홍색 책등에 제목을 달지도 못할 정도로 얇은" 29쪽짜리 책을 잃어버린 적이 있다고 말한다. 그 책은 "옷이 꽉 찬 옷장에서 두 육중한 이웃 사이에 짓눌려 몇 달 동안 눈에 띄지 않을 수도 있는 얇은 블라우스"처럼 눈에 띄지 않았던 것이다. 다른 에세이에서 패디먼은 옷장보다 책꽂이를 더 좋아한다고 밝혔다.

"오빠하고 나는 부모님의 옷장을 훔쳐보는 것보다는 책꽂이를 훑어보는 것을 통해 그들의 취향과 욕망, 갈망과 악덕에 대해 훨씬 더 풍부한 공상을 펼칠 수 있었다. 그들의 자아가 책꽂이 위에 올려져 있었던 셈이다."

책들은 책꽂이 위에서 많은 시간을 보낸다. 누군가 뭔가 재미있는 생각을 가지고 다가와주기를 기다리며 길에서 얼쩡거리고 있는 셈이다. 책들은 무도회에서 파트너가 없는 여자들과 같아, 서 있기는 하지만 그들의 처지 때문에 서로에게 기대어 의존하고 있다. 책들은 토요일 밤의 마티 가족처럼, 주마다 같은 시간 같은 장소에 이르게 된다. 책가위dust jacket[책 겉장이 상하지 않도록 종이나 비닐 따위로 덧씌운 것]가 덮인 책들은 버스 정류장에 줄을 선 사람들, 줄을 서서 신문에 얼굴을 파묻고 있는 통근자들 같다. 책들은 범인을 확인하기 위해 줄을 세워놓은 용의자들 같아, 모두 수배자와 비슷하기는 하지만 결국 그 가운데 하나만 뽑히게 된다. 책은 탐색의 대상이다.

어떤 책들은 하나의 주제에 대한 에세이들을 모은 단독 세대 주택이다. 어떤 책들은 여러 가지를 모아놓은 아파트 건물이다. 책꽂이 선반 위의 책들은 볼티모어의 로하우스들이고, 필라델피아의 어태치드 홈들이고, 시카고의 타운하우스들이고, 뉴욕의 브라운스톤들이다. 모두 앞에는 좁은 보도를 마주하고 있고, 뒤로는 주인 빼고는 아무도 보지 않는 조그만 뒤뜰과 접해 있다. 평범한 스카이라인을 보여주는 인접한 계단식 지붕들은 삶과 사랑의 그래프이며, 하나의 도시 풍경이다. 일상적인 도시에서와 마찬가지로 행인은 매일 걷는 길을 따라 보도를 걸어가지만 건물마다 그 안의 사람들을 보게 되는 경우는 드물다. 줄지어 서 있는 책들은 우리가 제목, 도서 정리 번호, 특정한 주소를 들고 찾아가지 않는 한 거의 주목받지 못한다.

모든 책이 많은 책들 가운데 단지 하나, 군중의 일부를 이루는 것은 아니다. 베스트셀러들은 스타들이다. 그러나 아무리 많은 저명인사와 유명 인물이 들어 있다 해도, 아무리 많은 파파라치가 달려든다 해도, 책꽂이는 신발 흙털개일 뿐이다. 책꽂이는 도서관의 하부구조이며, 정보의 뒷길에서 A와 Z 사이에 놓인 다리이며, 새로 뚫린 주간州間 고속도로와 나란히 달리는 옛 군도와 주도이며, 정보 초고속도로를 위한 개척자다. 책꽂이는 서재, 서점, 도서관의 기본 가구다. 책꽂이는 책들이 서 있는 바닥이다. 책꽂이는 왕자와 같은 독자가 깨워줄 때까지, 아니면 탤런트 스카우터가 스타로 만들어주겠다고 약속할 때까지 책들이 잠을 자는 침대다. 책들은 마음을 열어 보이지만, 책꽂이는 남몰래 연모할 뿐이다.

물론 책꽂이들이 기다리는 것은 책이다. 책들이 책꽂이 선반 전체에 한꺼번에 가득 차는 경우는 거의 없다. 물론 책을 옮기는 사람이 세 개의 시가 상자를 들고 한 개를 공중에 띄우면서 두 개를 계속 바꿔 쥠으로써 관객을 흥분시킬 정도의 손재주가 있다면 다르겠지만. 책을 가지고도 그런 재주를 부릴 수 있을지 모른다. 그러나 세 권 정도라면 몰라도, 선반 하나에 가득 들어갈 만한 책을? 우리는 보통 한 번에 책 몇 권을 꽂아두고서 생일 다음 날이나 책방에 들른 뒤면 새 책을 한두 권 추가하게 된다. 책꽂이가 늘 가득 차 있는 것은 아니다. 이것은 사서들한테는 축복일지도 모른다. 그러나 책 수집가들에게는 가슴이 찢어질 듯한 공허다. 그들에게는 책꽂이 선반이라는 것이 보지도 듣지도 말아야 할 것이기 때문이다.

책이 꽉 차 있지 않은 책꽂이는 백일몽을 꾸는 학생의 공책과도 같다. 공책 반에는 뭔가 적혀 있지만, 반은 텅 비어 있다. 반쯤 찬 책꽂이는 물론 반쯤 빈 책꽂이이기도 하다. 책들은 수직을 이룬 책들 또는 완전한 수직을 이루지는 못한 책들 사이의 공허를 채우기 위해 왼쪽 오른쪽으로 몸을 기울이며 M, N, V, W자 모양을 만든다.

책 선반은 아래에서부터는 언제든지 지탱해줄 준비가 되어 있지만, 비틀거리는 책을 옆에서 받쳐주는 것은 그렇게 쉬운 일이 아니다. 댐이 물을 막듯이 책이 넘어지는 것을 막기 위해 고안된 묘한 구조물인 북엔드bookend는 날씬한 책이나 땅딸막한 책을 지탱해줄 수도 있고 지탱해주지 못할 수도 있다. 가끔 댐이 그러하듯이 북엔드가 미끄러져 자빠지면, 책등들이 모이면서 형성되었던 말끔한 평면은 갈라지면서 틈이 생기고, 책들은 무더기로 쓰러져 볼품없는 모습을 드러낸다. 그것은 비디오 게임에서 빠지지 않는 상하와 좌우 동작 사이의 갈등, 오벨리스크와 썰매 사이의 긴장이 표현된 것인데, 각자가 중력에 제 나름의 방식으로 복종하기 때문에 생기는 현상이다. 사실 북엔드를 작용하게 만드는 힘인 중력은 바로 수직 상태라는 것을 규정하는 힘이다. 그러나 중력은 마찬가지로 수평적인 힘을 규정하기도 하는데, 이것은 북엔드의 무게를 이겨냄으로써 생겨나며, 미끄러짐에 저항하는 힘을 만들어낸다.

통념과는 달리 가장 단순한 기계는 쐐기가 아니라 블록이다. 빅토리아 여왕 시대에 나온 가정 서재 설비에 관한 안내서에는 책을 "똑바로 서 있을 수 있게" 해주는 "가장 좋은 블록"은 "한 변이 15센티미터인 정육면체를 대각선으로 톱질해 반 잘라 만든 것"이라고 충고한다. 생각해보면 북엔드—대부분은 사실 조각해놓은 블록에 지나지 않는다—는 쓰러지고 싶어하는 책들을 지탱하기 위해 수평으로 미는 힘을 제공하는 것이다. 물론 마찰이 그 비결이지만, 모든 장치가 그렇듯이 북엔드가 밀 수 있는 힘에는 한계가 있다. 북엔드와 선반 사이에서 만들어낼 수 있는 마찰에 한계가 있기 때문이다. 북엔드는 무겁고 키가 클수록 좋다. 또 북엔드와 선반 사이가 거칠수록 좋다. 북엔드가 책꽂이에서 제 기능을 할 수 있도록 돕기 위해 그 이상 할 수 있는 일은 거의 없다.

어떤 북엔드들은 밑에 얇은 금속 받침이 달려 있어 그 위에 책 몇 권을 세워놓을 수 있다. 이렇게 하면 책의 무게가 압력으로 작용하고, 이 압력은 북엔드와 선반 사이의 마찰로 바뀐다. 이런 종류의 북엔드 가운데에는 한 장의 평평한 강철판을 구부려 교묘하면서도 단순하게 만

1888년 가정 서재 협회Home Library Association에서 낸 카탈로그 표지 사진. 이 카탈로그에는 백과사전에서부터 성경, 책장, 책상, 지구본, 만년필, 타자기, 오르간 등 서재에 두는 거의 모든 것이 실려 있다.

이 카탈로그에 실린 다양한 책꽂이 삽화.

이렇게 얇은 금속 받침 위에 책을 올려놓으면, 북엔드는 책의 무게로 인해 선반 위에서 쓰러지지 않았다.

《가정 서재The home library》(1883)에 실린 그림. 빅토리아 여왕 시대 말기에 서점에서는 이런 책장을 팔았다. 벽에 걸 수 있도록 가벼운 나무판과 단철 막대로 만들어졌다.

들어낸 것도 있다. 이러한 북엔드는 1870년대에 특허를 받은 이후 널리 쓰이게 됐지만, 가정 서재에는 거의 적합하지 않다. 무거운 책들의 미는 힘을 견뎌내고 똑바로 서 있을 만큼 단단하지 못한 경우가 많기 때문이다. 이 원칙을 좀 더 우아하게 이용하면, 예쁜 나무로 수직판을 만들고 그 밑에 단단한 금속을 단단히 고정시키게 된다. 아내와 나는 인디애나의 한 공예품점에서 이런 북엔드를 본 적이 있다. 그 예쁘장한 호두나무 북엔드는 작은 도자기 타일들을 이용해 줄무늬를 상감해 넣었으며, 밑바닥은 도금을 한 묵직한 철판으로 만든 다음 그 밑에 선반과의 마찰을 증가시키기 위해 기포 고무를 풀로 붙여놓았다. 이 북엔드는 제 역할을 탁월하게 수행하여 언제나 수직 상태를 유지함으로써 책들이 똑바로 서 있게 해주었다. 그러나 완벽한 것은 없는 법. 이 북엔드는 특별히 두툼한 받침 때문에 버티는 힘은 증가했지만, 그 때문에 마지막 몇 권의 책이 선반으로부터 0.3센티미터 정도 떠 있게 되는 것이 눈에 거슬렸다. 게다가 북엔드 받침 길이가 책 길이와 일치하는 경우는 거의 없었기 때문에, 받침의 맨 끝 가장자리에 놓이는 책이 받침 위에 완전히 올라서 있는 경우도 드물었다. 따라서 받침 끄트머리에 몸을 걸친 책은 계단 위에 발을 걸치고 있는 꼴이었으며, 그 때문에 책등은 눈에 띄게 기울어져 있었다. (책꽂이와 책에 가장 잘 맞는 북엔드는 원치 않는 책을 빼내고 대신 거기에 뭔가 무거운 것을 넣으면 만들 수 있는데, 이는 많은 책 애호가들이 가장 싫어하는 일이다. 단단한 나무나 돌을 책 몇 권을 늘어놓은 모양으로 조각하여 북엔드로 쓰는 경우도 있는데, 이것이 눈에 가장 덜 거슬리는 편이다)

내가 가지고 있는 가장 확실한 북엔드bookend들 가운데 하나는 진짜 철로—얄궂게도 무한성endlessness의 상징이다—에서 떼어낸 7센티미터 정도의 쇳조각이다. 이것은 내 북엔드들 가운데 단연 가장 무거운

데, 나는 이 북엔드 밑에 펠트 천을 한 조각 대어 선반이 긁히는 것을 막았다. 이 북엔드는 아무리 무거운 책들을 줄줄이 꽂아두어도 옆으로 밀리지 않는다. 그러나 키가 큰 책들 때문에 발랑 자빠지는 경우는 가끔 있다. 철로 형태상 위가 무거울 수밖에 없기 때문이다. 나는 아직 완벽한 북엔드를 찾지 못했고, 그런 것을 찾으리라는 기대도 하지 않는다. 장점이 있으면, 꼭 같은 수는 아니라 하더라도, 무시하기 힘든 결점이 있기 때문이다. 이것이 만들어진 물건의 본질이기도 하며, 장점은 최대화하고 단점은 최소화하는 것이 공학이나 모든 디자인의 목표이기도 하다.

벽에 고정시킨 까치발 위에 얹은 나무판도 책꽂이로 자주 사용된다. 사실 이것은 가정용 비품 상점에서 갖추고 있는 가장 기본적인 책꽂이이기도 하다. 이런 책꽂이는 일반적으로 끝이 막혀 있지 않기 때문에 이런저런 형태의 북엔드가 필요하다. 때로는 위의 선반을 얹기 위한 까치발이 아래쪽 선반에 있는 책들의 북엔드 역할을 하기도 한다. 이 까치발에 걸쳐놓을 수 있는 큰 책이 있어 양쪽에 세워둘 수 있다면 더 바랄 것이 없다. 또 책들 자체가 중력에 의해 북엔드 역할을 하기도 한다. 특별히 두꺼운 책을 세워놓은 다음 그 옆에 다른 책들을 조심스럽게 꽂으면 옆으로 잘 밀리지 않으며, 또 수평으로 책을 여러 권 쌓아놓으면 그 무게 때문에 필요한 마찰력이 생기기도 한다. 그러나 우리 모두가 알다시피, 길게 줄지어 꽂힌 책들이 한번 기울기 시작하면 격류처럼 쏟아져 나오는 책들을 저지할 만한 마찰력이 있는 북엔드는 세상에 없다. 고삐 풀린 책들은 선반에서 그대로 떨어져 내리기 마련이다.

까치발에 의해 벽에 고정된 책꽂이가 아니라 책장이라고 알려진 가구 형태를 갖춘 책꽂이에는 책을 수직으로 세워두기 위한 북엔드가 필요할 수도 있고 필요하지 않을 수도 있다. 책장 선반을 꽉 채울 만큼의 책이 있다면 북엔드는 불필요하다. 선반의 끝 자체가 그야말로 책의 끝, 즉 북엔드이기 때문이며, 역사가 역사를 받쳐주고 소설이 소설에 입을 맞추면서 각각의 책이 자신이 접촉하는 책들에 대해 일종의 북엔드 역할을 해주기 때문이다. 따라서 책장 선반은 단순한 수평의 나무판자가 아니다. 그것은 끝이 있는 판자다. 이 끝은 마찰력에만 의존하는 것이 아니기 때문에 일반적인 북엔드보다 측면으로 미는 힘을 훨씬 더 많이 제공할 수 있다. 사실 선반들만 책의 무게를 받칠 수 있을 만큼 튼튼하다면, 책장은 그 안에 책을 꽉 채워도 얼마든지 감당해낼 수 있다.

북엔드 밑은 미끄러지지 않는 것이 좋지만, 책 밑은 그렇지 않다. 내 서재에 있는 나무 책장에는 크림색의 반광택 페인트가 칠해져 있다. 이 페인트에는 이전에 책장을 썼던 이의 책 장정 색깔들이 줄무늬를 그리고 있는데, 그 장정들은 주로 빨간색과 파란색이었던 것 같다. 이전 소유자는 상자나 바닥에 있던 책들을 새로 칠을 해 설치해놓은 책장에 꽂아두고 싶은 마음이 급했던지, 칠이 완전히 마를 때까지 기다리지 못했다. 그 결과 끈끈한 표면 때문에 책과 선반 사이에 접착력이 생겨 장정의 염료가 일부 떨어져 나갔던 것이다.

내 친구는 새로 광택을 입힌 책꽂이에 책을 꽂아놓은 뒤로 어떤 책들은 다른 책들에 비해 선반에서 뽑을 때 잘 미끄러져 나오지 않는다는 사실을 알게 되었다. 가장 골치 아픈 것은 무거운 공학 교과서 몇 권이었는데, 친구는 이 책들이 선반과 책 아랫마구리 사이의 마찰 때문에 쉽게 미끄러져 나오지 않는다고 생각했다. 그는 스키에 왁스를 칠하듯이 선반에 왁스를 칠해 윤을 내면 마찰력이 줄어들 것이라고 생각했는데, 과연 그렇게 해서 원하는 결과를 얻을 수 있었다.

어떤 전문적인 책장 디자이너는 다른 방법으로 책과 책꽂이 사이의 마찰 문제를 해결했다. 이 디자이너는 선반에 자동차용 페인트를 칠했는데, 그 페인트가 "충격에 저항하는 힘이 아주 강하기 때문에, 책들을 쉽게 넣고 뺄 수 있게 해줄 것"이라는 이유에서였다. 어떤 책 디자이너들에게는 책의 물리적 특징이 사용하기 쉬운 면보다 더 중요했다. 1853년 찰스 굿이어라는 발명가는 고무판에 책을 인쇄해 고무로 장정을 했다. 이 책은 (타이어가 도로에 그러하듯이) 어떤 선반이든, 옆에 놓인 어떤 책이든 간에 꽉 움켜쥐었을 것이 틀림없다.

책이나 책꽂이의 구성 요소가 무엇인가는 다른 많은 것들과 마찬가지로 정의하기 나름이고, 그 정의는 시간이 지나면 변한다. 개체 발생이 계통 발생을 되풀이하듯이 책에도 이런 유사한 과정이 있을지 모른다. 가끔, 특히 어릴 때, 우리는 자기만의 책꽂이를 만들곤 한다. 때로 그런 책꽂이는 엄격한 수평과 수직에서 벗어나기도 하지만, 그것은 의도에 따른 것이 아니다. 우리는 어린 시절에 임시 책꽂이를 만들어 봤을 수도 있다. 사과 상자나 다른 나무 상자를 옆으로 눕히고, 그 위에 다른 상자를 쌓아보았을 수도 있다. 아이들이 읽는 얇은 책들의 아랫마구리는 그 어린 독자들의 발보다도 폭이 좁기 때문에 혼자서는 제대로 서지 못하는 것으로 악명이 높다. 때문에 아이들은 책을 아무 데나 얹어놓는다. 그러나 책들을 수평의 평면 위에 쌓아두는 것만으로는 그 평면이 책꽂이가 될 수 없다. 책들을 책상 위에 놓는다 해도—설사 멋진 북엔드를 양쪽 끝에 놓아 책들을 가지런히 세워둔다 해도—책상이 책꽂이가 되지는 않는다. 창턱에 책들을 올려놓는다 해도, 글쎄, 그것은 어디까지나 창턱 위에 놓인 책들일 뿐이다.

그러나 결국 판자를 책꽂이로 만들고, 상자를 책장으로 만드는 것은 책이다. 책들이 놓이기 전에 판자와 상자는 그저 판자와 상자일 뿐이다. 나이가 들면서 우리의 책꽂이 만들기에 대한 취향도 진화한다. 많은 학생들이 벽돌과 판자 단계를 거친다. 이런 책꽂이는 이사를 다닐 때 편리하게 운반할 수 있다는 장점을 지녔다. 그러나 시간이 지나면서 우리 대부분은 진짜를 원하게 된다. 애초부터 책꽂이로 만들어진 책꽂이를 원하게 되는 것이다. 그러다 자리를 잡고 돈을 벌기 시작하면 집에 궁극적인 책꽂이가 놓이기를, 가능하면 책들의 방이라고 할 수 있는 서재에 붙박이 책장이 놓이기를 바라게 된다.

딕시 컵에서부터 맥 트럭에 이르기까지 다양한 물건들의 판매 촉진에 개입했던 홍보의 천재 에드워드 L. 버네이스의 전기에 따르면, 붙박이 책장이 건축가, 계약자, 실내장식가들에게 인기를 끌기 시작한 것은 1930년대부터로, 이는 버네이스가 책을 더 많이 팔고 싶어하는 출판업자들로부터 일을 위임받은 시기다. 전해지는 바에 따르면 버네이스는 "존경받는 공인들에게 문명에서 책이 갖는 중요성을 강조하게 만든" 다음, 문명화된 가정을 꾸미는 책임을 맡은 사람들을 설득하여 집안에 책장을 들이도록 했다고 한다. 그러면 집주인은 빈 책장을 채우기 위해 책을 사게 될 것이라는 속셈이었다. 버네이스는 "책꽂이가 있는 곳에 책이 있다"는 금언—아마 그는 이 금언을 커다란 나무판에 새겨놓았을 것이다—에 전적으로 동감하는 사람이었기 때문이다. 그러나 모든 사람이 책을 꽂을 책꽂이를 탐내는 것은 아니다. 부모에게 7000여 권의 책이 있었던 앤 패디먼은 이렇게 쓴다. "우리가 새집으로 이사할 때마다 목수가 와서 400미터 길이의 책꽂이를 짜곤 했다. 그러

나무 상자에 선반을 끼우고 잘라낸 손잡이로 북엔드를 붙인
이 책장은 책들을 꽂아둔 채 운반할 수 있다.

나 우리가 떠나면 새 주인은 어김없이 그 책꽂이를 뜯어내버렸다." 토머스 제퍼슨은 화재로 인해 의회도서관 소장 도서들이 불에 타자 책을 보충하기 위해 자신의 책을 워싱턴으로 보냈다. 제퍼슨은 책꽂이—소나무 상자를 층층이 쌓아 책장으로 이용했다—도 함께 보냈는데, 책이 쏟아지지 않도록 앞에 뚜껑을 덮고 못질을 해서 보냈다.

르네상스 시대에 들어서면서 예술품이나 특별한 소장품들을 전시하는 데 온갖 종류의 선반을 사용하는 사례가 점차 늘어났다. 19세기 초 증기 해머를 만든 스코틀랜드 출신의 엔지니어 제임스 내스미스는 그의 아버지가 화실에서 나오면 다른 물건들로 가득한 공간으로 들어가 나올 생각을 하지 않았다고 이야기한다.

"아버지 작업실의 벽과 선반에는 예술적이고 기발한 기계 장치들이 가득했는데, 그 대부분은 아버지가 직접 제작한 것이었다."

이런 전통은 수집가들 사이에서 지금까지도 이어지고 있다. 오늘날에도 방을 둘러싼 선반에 모형 기차에서부터 인형에 이르기까지 온갖 것이 놓여 있지만, 책이라고는 한 권도 찾아볼 수 없는 경우가 드물지 않다. (사람들 눈에 띄는 선반에 수집품을 전시하는 집은 특별한 물건을 파는 상인들의 주소록, 물물 교환 카탈로그, 모델 번호와 가격을 적은 책들을 소유하고 있는 경우가 많은데, 이런 책들은 보통 침실에 보관한다. 침실이 서재처럼 바뀌어, 침실의 모퉁이 탁자나 모든 모퉁이에 책을 쌓아놓게 되고, 수집가들은 침실에서 잠이 들 때까지 그런 자료들을 훑어본다)

유명 인사들—주로 작가들—의 책상 사진을 실어놓은 어떤 책에 윌리엄 J. 크로 주니어 제독의 집무실 사진이 실린 것을 본 적이 있다. 크로는 당시에 합참의장이었다. 그의 책상 뒤편에 놓인 책장에는 제독이 수집한 전 세계의 모자들이 가득했다. 주로 군사적인 취향을 보여주는 것이었는데, 정작 책은 한 권도 보이지 않았다. (사진을 자세히 들여다보면 책 몇 권이 있기는 하다는 것을 알 수 있다. 탁상용 사전처럼 보이는 책 한 권과 《익숙한 인용문Familiar Quotations》이다. 그러나 이 책들은 어두운 구석에서 의식용 모자를 깊이 눌러 쓰고 있는 궁정 근위병의 깜빡거리지 않는 눈처럼 잘 보이지 않는다) 마찬가지로 일러스트레이터인 데이비드 매콜리의 작업용 탁자에는 온갖 종류의 장난감, 모형, 인공물이 가득하지만, 책은 없다.

그러나 우리 대부분은 서가에 책을 꽂아놓는다. 그리고 그것이 지금 하는 이야기의 중심이기도 하다. 이 이야기는 필연적으로 책 이야기를 수반할 수밖에 없는데, 책이라는 것은 믿을 수 없을 정도로 단순하면서도 놀라울 정도로 복잡한 문화 유물이다. 책의 여러 부분에 대한 용어에 혼란이 생기지 않도록 정리해두어야겠다. 책의 '뒷면back'은 책을 읽기 위해 책상에 올려놓았을 때 책상에 닿는 면, 즉 앞표지 반대편을 가리키는 것으로 하겠다. 책을 책꽂이에 수직으로 세워놓았을 때 '아랫마구리bottom edge'는 선반에 닿는 부분이고, '윗마구리top edge'는 책의 맨 윗부분이다. 선반 안쪽, 즉 뒤를 향하고 있는 부분은 역설적이기는 하지만 '앞마구리fore-edge'라는 용어로 부르기로 하겠다. 여기에 '앞'이라는 말이 붙은 것은 오랜 세월 동안 선반에서 앞쪽을 향하고 있던 것이 바로 이 부분이기 때문이다. 마지막으로 우리가 책이 가득한 책꽂이를 볼 때 눈에 들어오게 되는 부분은 '책등spine'이라고 부르겠다. 수백 년 동안 책등은 선반 안쪽을 향해 있었는데, 이는 비천한 책꽂이의 역사에서 가장 기묘한 사실들 가운데 하나이며, 동시에 이 이야기를 흥미롭게 해주는 많은 사실들 가운데 하나다.

책꽂이 이야기는 거기에 책이 어떻게 놓이게 되었느냐 하는 이야기와 더불어 오로지 맥락 안에서만, 그 용도에 의해서만 의미를 지니게 되는 물체의 이야기다. 책이 놓이지 않은 수평의 나무판은 책꽂이일까? 이 질문은 테크놀로지와 예술을 구분짓는 한 가지 특징을 가리키고 있다. 테크놀로지는 항상 유용성이라는 렌즈를 통해 판단되어야 하는 반면, 예술은 미학이라는 눈을 통해서만 파악되기 때문이다. 사람이나 차량이 통행할 수 없는 아주 아름다운 다리가 있다고 할 때, 이것은 테크놀로지 면에서는 아무런 성취로 여길 수 없지만, 미학적인 면에서는 성취로 여길 수 있을지 모른다. 책을 잔뜩 꽂으면 무너지는 아주 예쁜 책장은 책장이 아니라 구조적으로 실패한 물건일 뿐이다. 그러나 나무가 우리는 못 듣는 곳에서 소리를 내는지 궁금해하는 것처럼, "텅 빈 책꽂이는 모순 어법일까?"라고 물을 수는 있다.

책과 책꽂이가 진화해온 이야기들은 실제로 불가분하며, 둘 다 테크놀로지 진화의 예다. 책과 책이 놓이는 가구의 모양을 규정해온 것은 문학적 요인들만이 아니라 테크놀로지적 요인들—재료, 기능, 경제, 용도와 관련된 요인들—이다. 그러나 테크놀로지는 사회적, 문화적 환경과 독립적으로 존재하지 않는다. 테크놀로지는 그 환경 속에 자리 잡고 있으며, 또 그 환경에 영향을 준다. 따라서 책이나 책꽂이 같은 테크놀로지적인 문화 유물의 역사는 비테크놀로지적으로 보이는 측면들을 고려하지 않으면 제대로 이해할 수 없다.

지난 2000년간 책—기술적으로 복잡할 것은 없지만 그래도 속성상 아주 흥미로운 물건—이 만들어지고, 손질되고, 보관되어온 방식의 변화를 이야기하다 보면 거기서 테크놀로지의 진화 과정을 이해하는 계기를 얻을 수 있을 것이다. 나아가 현재의 테크놀로지를 더 잘 이해하는 계기를 얻을 수도 있다. 사실 현재의 테크놀로지 변화는 너무 급박하기 때문에, 우리는 일상적으로 테크놀로지를 이용하는 과정에서 일어나는 상대적 변화 이상의 커다란 변화를 관찰하는 데 어려움을 겪는다. 그러나 테크놀로지 진화의 메커니즘을 더 잘 이해하게 되면 오늘날 테크놀로지에서 일어나는 일들을 더 잘 이해할 수 있으며, 따라서 앞으로 일어날 일들도 더 정확하게 예상해볼 수 있다. 우리가 주식에 투자를 하든, 제품을 디자인하고 판매하든, 그저 세상이 어떻게 돌아가는지 더 잘 이해하려고 하든, 이러한 이해는 늘 가치 있는 일이다.

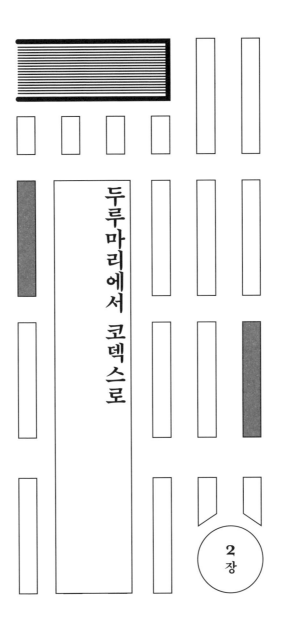

# 2장

# 두루마리에서 코덱스로

옛날에는 오늘날과 같은 책들이 존재하지 않았다. 로마 시대의 글은 대부분 파피루스로 만든 두루마리에 적혀 있는데, 이것을 볼루미눔voluminum이라고 불렀다. 영어에서 책(또는 권)을 가리키는 '볼륨volume'이라는 말이 여기서 나온 것이다. 오늘날 책마다 높이와 '길이'가 다르듯이, 두루마리의 폭과 다 펼쳤을 때의 길이도 다양했다. 평균적으로 두루마리의 높이는 22센티미터에서 27센티미터 정도이고 전체 길이는 6미터에서 9미터 정도였는데, 한 작품이 두루마리 몇 권으로 이루어지곤 했다.

이는 그리스에서도 비슷했다. 예를 들어 호머의 《일리야드》는 여남은 개의 두루마리를 채웠을 것이라고 하며, 1~2세기에 재구성된 《일리야드》는 "거의 90미터에 달하는 파피루스"를 채웠다고 한다. 만일 현대의 책에서처럼 띄어쓰기를 했다면 9미터가 더 필요했을 것이라고 한다. "띄어쓰기처럼 단순한 장치가 인쇄술이 발명된 뒤에야 일반화되었다는 것은 특이한 일이다." 그러나 이런 사실은 우리에게 익숙한 관행이 과거에는 전혀 당연하거나 필요한 것이 아니었음을 보여줄 뿐이다. 붙여쓰기는 우리 눈에 매우 이질적으로 보이지만, "약간만 연습을 하면 띄어쓰기가 없는 텍스트를 읽는 것이 생각만큼 어렵지 않다."

고대 서기나 학자들이 등장하는 그림을 보면, 글이 파피루스의 폭에 걸쳐 뻗어나가는 것처럼 보이는 두루마리들을 들고 있는 모습이 보인다. 르네상스 시대에 그려진 〈서재에 있는 성 제롬St. Jerome in his study〉이 그러한 예다. 그러나 그것은 표가 든 자료, 선언문 등에만 이용되었다. 실제로 산문이 담긴 두루마리 텍스트는 보통 두루마리의 긴 가장자리에 평행하는 행들로 이루어져 있었으며, 이 행들은 현대의 잡지처럼 읽는 데 편리한 길이와 폭으로 이루어진 단段들로 짜여 있었다.

라틴어나 그리스어 책은 왼쪽에서 오른쪽으로 읽었다. 그래서 두루마리를 손에 들고 읽을 때, 이미 읽은 부분은 왼손에 말아 쥐고, 아직 읽지 않은 부분은 오른손으로 펼쳐가며 읽었다. 오늘날 책을 읽는 방식과 크게 다르지 않다. 때로는 읽은 부분을 두루마리 뒤에 모으기도 했는데, 이는 요즘 어떤 사람들이 잡지를 읽을 때 페이지를 뒤로 접어두는 것과 비슷하다. 그러나 읽은 텍스트와 읽지 않은 텍스트를 두루마리의 같은 면에 둔 채 말고 푸는 것이 더 일반적이었다. 전자와 같은 방식은 오늘날 싸구려 인쇄물에서 많이 찾아볼 수 있고, 후자의 방식은 건축 현장에서 청사진을 마는 데서 찾아볼 수 있다. 방향은 다를지라도 컴퓨터 스크린에서의 스크롤링scrolling 역시 두루마리scroll의 작동 방식에서 이름을 따온 것이다. 읽는 방식이야 어찌 되었건, 하나의 두루마리를 다 읽은 뒤에 다시 읽으려면 되감아야 한다. 비디오테이프를 본 뒤에 되감는 것과 비슷하다.

두루마리 끝에 막대기를 붙여두는 경우도 있었다. 막대기는 파피루스보다 약간 더 길어, 두루마리가 짓눌리는 것을 방지했다. 책상이나 탁자의 걸이못 뒤에 막대를 걸어두면 두루마리를 읽거나 복사하기 위해 펼쳐놓기에도 편했다. 자유로운 손으로 다른 일을 할 수 있었기 때문이다. 돌 같은 것—오늘날의 문진文鎭—도 같은 목적에 이용되었다. 짧은 책일 경우 두루마리 끝에 달린 막대의 무게를 이용해 두루마리를 책상 옆면에 늘어뜨릴 수 있었다. 이렇게 하면 중력 때문에 두루마리는 팽팽하게 펼쳐졌다. 이런 경우에도 막대는 문진 역할을 했다고 말할 수 있다.

옛날에는 글을 쓰거나 읽지 않을 때면 두루마리를 둘둘 말아 끈으로 묶어두었다. 귀중한 두루마리는 나무 상자에 넣어두었다. 오늘날 선물용 책을 책갑에 넣는 것과 마찬가지다. 서로 연관된 두루마리들은 오늘날의 모자 상자 비슷한 상자에 함께 똑바로 세워놓기도 했다. 상자에 뚜껑을 덮어놓지 않았을 때 그것들은 빽빽한 나선형의 집합체처럼 보였을 것이다. 두루마리 끝에는 오늘날의 가격표 비슷한 꼬리표를 붙였는데, 이는 내용 설명이나 저자 이름 등 필요한 정보를 표시하기 위한 것이었다. 한 작품의 두루마리들은 한 상자에 다 담아두기도 했으며, 그런 경우 꼬리표에 권수를 표시하기도 했다. 두루마리들을 상자에 담아두면 한데 묶어 보관하는 데도 편리했지만, 여기저기 들고 다니는 데도 편리했다.

모든 두루마리가 나무 상자에 보관되었던 것은 아니다. 두루마리를 보관하는 방은 벽에 선반을 만들어 칸을 나누어놓기도 했을 것이다. 이런 '책장'—선반에 두루마리들이 가득 누워 있었을 것이다—이 있는 옛 도서관들은 현대의 벽지가게 창고와 비슷해 보였을 것이다. 하나의 작품을 이루는 두루마리들은 한 칸을 가득 채웠을 것이고, 두루마리 한 권짜리 작품들은 다른 칸에 보관해두었을 것이다. 이들 모두

1세기경의 폼페이 벽화. 그림에서 볼 수 있듯이, 다 읽은 부분은 말아가면서(아직 읽지 않은 부분은 풀어가면서) 두루마리를 읽을 수 있었다.

두루마리들은 캅사capsa라고 알려진 모자 상자 같은 용기에 보관되기도 했다.

꼬리표나 어떤 칸에 꽂혀 있는지에 따라 구별했다. 또 한 칸에 두루마리들을 너무 많이 쌓지 않도록 조심해야 했을 것인데, 자칫하다가는 밑에 깔린 두루마리들이 짓눌릴 염려가 있었기 때문이다. (히브리 두루마리들을 수평으로 보관할 것인지 혹은 수직으로 보관할 것인지를 놓고 수 세기에 걸친 논쟁이 있었다. 대부분의 유대인 회당에서는 궤에 수직으로 세워 보관하고 문을 닫아놓았다. 그래야 덜 거룩한 책이 더 거룩한 책 위에 놓이는 일을 막을 수 있었기 때문이다) 초기의 책 표지에는 장식이 많았기 때문에, 이 책들을 보관할 때도 비슷한 문제가 생겼다. 이런 책들은 높이가 낮은 선반에 눕혀서 보관하곤 했다. 그래야 그 책 위에 다른 책을 올려놓는 일을 피할 수 있었기 때문이다. 아니면 거의 수직으로 벽에 기대놓은 상태로 좁은 선반에 보관하기도 했다.

기원전 300년에 세상에 존재하는 모든 책의 사본을 보관하겠다는 야심찬 목표를 가지고 건설된 알렉산드리아 도서관은 일찍이 수십만 권의 두루마리를 소장했을 것으로 여겨지고 있다. 배가 항구에 들어올 때마다 배에 실린 두루마리들을 필사해 도서관에 보관했다. 출처가 분명치 않은 이야기에 따르면, 알렉산드리아에 보관할 사본을 만들기 위해 아테네로부터 소포클레스, 유리피데스, 아이스킬로스 등의 작품을 빌려왔는데, 필사가 끝나면 원본 두루마리는 이집트에 보관하고 사본을 그리스에 돌려주었다고 한다. 어쨌든 알렉산드리아의 엄청난 두루마리를 보관하는 것은 도서관 사서들에게는 만만치 않은 문제였을 것이다. 그러나 작은 규모의 개인 서재에서는 상황이 그렇게 난감하지 않았을 것이다.

키케로가 그리스 친구 아티쿠스에게 보낸 편지에 따르면, 아티쿠스는 키케로의 사서 티라니오가 선반을 만들고 책에 꼬리표를 붙이는

알렉산드리아 도서관을 묘사한 그림. 수평으로 보관된
두루마리들을 볼 수 있다.

것을 돕기 위해 조수 두 명을 보냈다.

"보내주신 사람들이 목공 작업과 꼬리표 붙이기로 내 서재를 아름답게 만들어주었습니다. … 이제 티라니오가 내 책들을 정리하니 집에 새로운 정신이 깃든 것 같은 느낌이 드는군요. … 어떤 것도 이 선반들보다 더 단정해 보이지는 않을 겁니다……."

서가를 만들어 이용하는 일에서 느끼는 기쁨은 수천 년 동안 애서가들이 즐겨 이야기하는 화제였으며, 일부 책 소유자들은 책의 내용보다 스타일을 더 앞세우기까지 했다. 그러나 모든 사람이 서가에 정리된 책을 보고 키케로처럼 즐거워했던 것 같지는 않다.

키케로보다 몇 세대 뒤에 살았던 로마 정치가이자 철학자, 아들 세네카는 "책 수집의 악惡"에 대해 썼다.

> 값비싼 나무로 만든 책장을 사다놓고 이름도 없는 무가치한 저자들의 책을 쌓아놓은 뒤 수천 권의 책 사이에서 하품을 하고 돌아다니는 사람을 어떻게 용서할 수 있을까? 그는 책 제목이나 장정에 대해서는 알지 몰라도 그 외의 것에 대해서는 아무것도 모른다. 가장 큰 서재는 가장 게으른 사람 집에 있다. 그런 집에는 책들이 천장 높이로 줄줄이 쌓여 있다. 요즘에는 서재가 목욕탕처럼 집의 필수적인 부속물이 되었기 때문이다. 이것이 배움에 대한 열정 때문이라면 용서할 수 있는 일이다. 하지만 경건하고 천재적인 작품들을 모아둔 이런 서재는 단지 남에게 보여주기 위한 것, 벽을 장식하기 위한 것에 지나지 않는다.

역시 고전이라는 것은 현대인의 귀에도 익숙하게 맴돌기 마련이다.

오늘날 우리는 (세네카가 그러했듯이) 장정은 집에 너무나도 완벽하게 어울리지만 한 번도 펼쳐진 적은 없는 책들이 꽂힌 서재를 비판하곤 한다. 이 정도는 약과다. 어떤 서재는 실내장식업자가 색깔이나 길이만 맞춰 사들인 책으로 꾸며지며, 더 심한 경우에는 오래된 책에서 책등만 잘라다가 벽 위에 그려놓은 '책꽂이'에 풀로 붙여넣기도 한다.

옛 서가에 대해서는 훗날 더럼 대성당 주교가 된 14세기 베네딕트회 수도사이자 애서가 리처드 옹거빌(리처드 드 베리라고도 알려진)이 묘사한 바 있다. 그는 《필로비블론Philobiblon》(《책에 대한 사랑The Love of Books》으로 번역되었다)에서 전쟁이 끝난 뒤 그리스를 재건하는 기쁨에 대해 이야기한다. 어머니들은 돌아온 자식들을 반갑게 맞이하고 자식들은 집을 다시 짓는다. 이 집에는 책도 다시 돌아온다.

> 옛집이 복원됨에 따라 가족들은 다시 모여 살게 되었고, 그들은 솜씨 좋게 삼나무로는 선반을, 고퍼 나무로는 기둥을 만들었다. 몇몇 칸에는 금과 상아로 무늬도 새겨넣었다. 여기에 책들을 조심해서 옮겨다가 보기 좋게 배치해놓았다. 기존의 책이 새 책이 꽂히는 것을 방해하지 않도록, 또 지나치게 많은 책을 꽂아 이웃한 책이 훼손되는 일이 없도록 했다.

기독교 시대 초기 수백 년 동안에는 서가에 두루마리만이 아니라 제본한 수서手書, 즉 코덱스codex도 보관해야 했다. 시간이 지나면서 코덱스는 점차 두루마리를 대신해 책의 기본적인 형태로 자리 잡았다. 코덱스라는 이름은 겉장이 나무로 덮여 있어서 붙여진 것인데(codex는 라틴어로 '나무줄기'를 뜻한다), '법전code'이라는 말도 여기서 나왔다. 코덱

이탈리아 폼페이에서 발견된 프레스코화로, 1세기에 그려진 것으로 추정된다. 그림 속 여자가 들고 있는 것이 밀랍 서판과 철필이며, 남자가 들고 있는 것은 파피루스 종이다.

스는 평평한 파피루스나 양피지를 접어서 꿰매 철을 한 것으로, 두루마리에 비해 몇 가지 뚜렷한 이점이 있었다. 두루마리에서는 찾으려는 구절이 끝부분에 있으면 두루마리를 다 펼쳐야 했지만, 코덱스에서는 바로 그 페이지를 넘기면 찾을 수 있었다. 또한 두루마리는 글을 쓸 때 보통 한쪽 면만 이용할 수 있었던 반면, 코덱스는 양면을 다 이용할 수 있었다.

코덱스는 나무나 상아로 만든 서판書板, tablet에서 진화한 것이다. 고전 시대에는 나무나 상아로 만든 판들을 경첩으로 한데 묶어 휴대용 필기판을 만들었다. 선 채로 혹은 말 위에 앉은 채로 글씨를 써야 하는 세금 징수원 같은 이들에게는 두루마리가 불편하기 짝이 없었다. 두루마리는 가만 내버려두면 자연스럽게 말린 상태로 돌아갔을 뿐 아니라 뭘 쓰려면 단단한 것을 받쳐야 했다. 이에 비해 손에 쥐고 쓸 수 있는 서판은 메모를 하기에 이상적이었다. 원하는 페이지를 금방 펼칠 수 있었을 뿐 아니라 그 자체로 단단해서 다른 받침이 필요 없었기 때문이다. 글은 보통 자국이 잘 남는 서판 표면을 철필로 긁어서 썼다. 두루마리와는 달리 글을 쓰는 동안 잉크병을 쥐기 위한 또 하나의 손이 필요치 않았으며, 두 손으로 모든 것을 쉽게 할 수 있었다. 작업을 끝마치면 서판은 묶거나 죔쇠로 잠가 내용을 보호하고 안전하게 운반할 수 있었다. 어떤 서판은 밀랍으로 채워진 '페이지'를 파냄으로써 글을 썼는데, 이렇게 적은 것을 좀 더 영구적인 기록(이를테면 두루마리 같은 곳에)으로 옮긴 뒤에 글을 썼던 철필의 뭉툭한 끝으로 패인 왁스 자국을 평평하게 다듬어 주면 다음 날 새로이 글을 쓸 수 있었다.

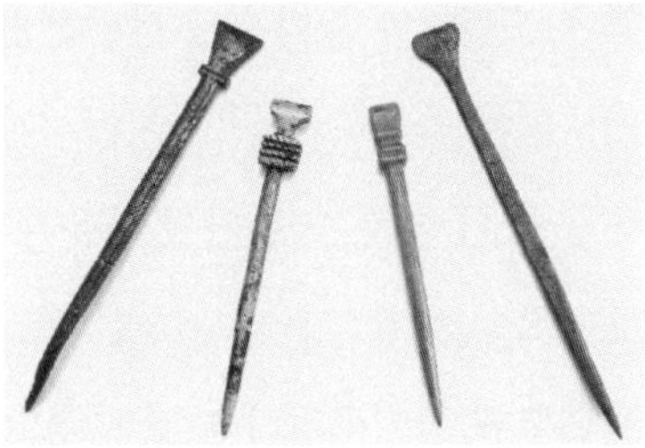

철뿐만 아니라 놋쇠, 뼈 등으로도 만들었던 필기구. 뭉툭한 끝을 볼 수 있다.

비공식적인 서판형 책으로부터 발전한 최초의 코덱스들은 기독교 시대 초기(대략 2세기)에 등장한 것으로 보인다. 기독교인들은 성경을 파피루스에 필사한 다음, 유대교 등 다른 종교의 두루마리 텍스트와는 구별되는 형태의 책으로 유통시키기 위해 코덱스라는 형태를 채택한 것으로 추측된다. 코덱스는 두루마리에 비해 분명한 이점을 가지고 있었기 때문에 "4세기 초에 이르면 기독교 문헌에서든 비기독교 문헌에서든 주요한 매체로 이용되었으며, 두루마리 이용은 급감했다."

그러나 책 소유자들이 두루마리와 코덱스 두 가지를 모두 갖추어야 했던 과도기가 있었다. 어쩌면 이러한 형식의 충돌 때문에 닫힌 장을 널리 사용하게 된 것인지도 모른다. 앞이 트인 선반들은 방을 장식하고 이웃들에게 놀라움을 선사할 능력이 있었음에도 불구하고 시간이 지나면서 꼴사나운 것으로 여겨졌고, 결국에는 문 뒤에 갇히게 됐다. 이렇게 된 데에는 몇 가지 이유가 있었는데, 전부 책 소유자들이 책을 노출시켜 보관하면서—그런 방식이 아무리 방 분위기를 좋게 하고 세련되게 꾸며주었다 해도—겪었거나 예상했던 문제들과 관련이 있었다. 사실 키케로가 새로 꾸민 서재를 그렇게 훌륭하게 여겼다는 것은 뒤집어 말하면 전에는 자신의 서재를 별로 매력적으로 여기지 않았다는 뜻이 된다. 그래서 아티쿠스의 서재를 모델로 하여 자신의 서재를 새로 단장한 것이다.

어떤 책 소유자들은 꼬리표가 붙어 있는, 두루마리의 노출된 끝부분이 눈에 거슬린다고 생각했을지도 모른다. 그래서 그들은 장 안에 든 실용적인 물건들을 감추기 위해 장에 문을 달았다. 어떤 사람들은 두루마리에 습기가 차거나, 먼지가 쌓이거나, 해충이 기어드는 것을 걱정했을지도 모른다. 또 어떤 사람들은 도둑질이나, 자기 허락도 받지 않고 책을 빌려가는 일—필요한 책을 찾다가 누가 가져갔다는 사실을 깨닫게 되었을 것이다—에 신경이 쓰였는지도 모른다. 두루마리만이 아니라 코덱스까지 보관해야 했을 때, 이 두 가지 이질적인 형태는 개방적인 책꽂이에서 부조화를 일으켰을 것이고, 그 때문에 문을 닫아놓을 필요성이 더 절실해졌을지도 모른다.

닫힌 장은 라틴어로 아르마리움armarium이라 불렀고, 이 단어는 "키케로와 그의 시대의 다른 저자들의 글에 흔하게 나타나며, 보통 온갖 종류의 귀중품이나 집안 비품을 넣어두는 가구를 가리켰다. 비트루비우스는 책장을 가리킬 때 이 단어를 사용했다." 시간이 지나면서 이 단어는 찬장, 옷장, 벽장 등을 가리키게 되었고, 영어로 옮겨 오면서 '성

기장聖器藏, almery', '대형 옷장armoire' 등의 단어를 만들어냈다. 또 다른 단어 'press'도 점차 책장, 특히 여러 칸으로 나뉜 책장을 가리키는 데 쓰였다. 이 단어는 어원학적으로 볼 때 고대 프랑스어에서 중세 영어 presse를 거쳐왔는데, presse는 군중이나 혼잡한 상태를 가리키던 13세기 단어로서, 이는 책을 보관할 빈 공간을 찾는 일이 새로운 문제가 아니었음을 암시한다. 지금도 도자기나 침대보 같은 것을 넣어두는 장을 press라고 부르곤 하는데, 미국 사서들은 이 말이 영국에서나 통용되는 영어로 취급하는 경향이 있다.

문 달린 책장book press(인쇄press에 관련된 의미와 혼동하지 마시라)은 문을 닫아 책을 안전하게 보관할 수 있었다. 이런 책장은 두루마리를 보관할 수 있었을 뿐만 아니라 (더 중요하게는) 더 새롭고 더 희귀한 코덱스들을 넣어둘 수 있었다. 많은 경우 코덱스는 두루마리보다 더 가치 있는 것으로 여겨졌다. 두루마리와 코덱스를 안전하게 보관하면서 간편하게 운반할 수 있는 것으로는 책궤를 들 수 있는데, 이는 트렁크와 흡사했다.

몇몇 문학적 전통 또한 이 두 가지 형태와 공존했다. 어떤 도서관에서는 "방 한쪽에 로마 고전들을, 다른 한쪽에 교부들이 쓴 책을 진열했는데, 이는 로마의 사원 도서관에서 그리스 문헌과 라틴 문헌을 따로 보관하는 것과 비슷했다." 문학적 전통이 다르듯이 기록물을 만드는 데 사용되는 재료도 달랐다. 실제로 재료는 무척 다양해서 다음과 같은 것들이 포함됐다.

> 작은 돌. 동굴이나 절벽의 벽면에서 나오는 큰 돌판. 점토로 만든 판이나 원통. 벽돌과 타일. 나무껍질, 나무, 종려 잎, 파피루스. 아

마포. 밀랍 서판. 금속, 상아, 뼈. 가죽, 양피지, 짐승의 생가죽. 그리고 좀 더 최근에는 종이.

오랫동안 가장 좋은 재료는 파피루스였다. 이 단어는—파피루스의 원재료이자 식물인 파피루스와 마찬가지로—이집트에 기원을 둔 것으로 여겨진다. 그리스인들은 파피루스를 비블로스byblos라 불렀는데, 이는 파피루스 수출 중심지인 페니키아의 도시 비블루스Byblus에서 따온 것이다. 여기서 다시 그리스어에서 '책'을 가리키는 말인 비블리온biblion이 나왔으며, 이 비블리온에서 '진정한 책'이라는 뜻을 가진 영어 단어 '성경bible'이 나왔다.

파피루스는 나일강변에 자라는 줄기가 단단한 늪지 식물을 원료로 만들었다. 이 식물을 쪼개고 두들겨서 평평한 판으로 만들면 얼마든지 서로 이어 두루마리를 만들 수 있었다. 처음에는 코덱스에도 파피루스가 쓰였다. 이집트에서는 파피루스가 "10, 11세기에 들어설 때까지" 계속 사용되었다. 그러나 이 가벼운 재료에는 장점만큼이나 단점도 있었다.

> 그리스 세계에서는 파피루스가 값싸고 풍부했기에 수 세기 동안 문제가 멋지게 해결되었다. 하지만 파피루스는 두 가지 단점이 있었다. 하나는 습기에 취약하다는 것이어서, 이집트처럼 건조한 기후가 아니고서는 쉽게 상했다. 로마, 특히 갈리아에서는 텍스트를 보존하기 위해 필사를 반복해야 했다. 예를 들어 타키투스 황제는 같은 이름을 가진 역사가를 자기 조상이라고 상상하여, 그의 저작을 모든 도서관에 비치해놓고 싶어했다. 그래서 공식 사본 제작자

《자연사 및 자연 현상에 대한 사전Dictionnaire pittoresque d'histoire naturelle et des phénomènes de la nature》(1838)에 실린 파피루스 삽화. 파피루스는 비단 파피루스 종이만이 아니라 돗자리, 밧줄, 바구니 등을 만드는 데에도 쓰였다.

들에게 매년 열 개의 사본을 만들어 각 도서관에 전달하라고 명령했다. 로마 시인 마르티알리스는 풍자시에서 독자들에게 비가 오면 책이 망가진다고 일깨우곤 했으며, 튀긴 생선을 싸는 데 사용하면(실제로 그렇게 하는 사람들이 있었던 것 같다) 바로 찢어져버린다고 경고하곤 했다. 또 하나의 어려움은 파피루스가 한 번만 접어도 약해진다는 점이었다. 따라서 파피루스는 두루마리 형태의 책에만 이용할 수 있었다.

따라서 사람들은 점토, 돌, 파피루스 등의 대안이 될 만한 재료를 찾으려 했을 것이다. 그러나 테크놀로지의 발전에서 흔히 일어나는 일이지만, 변화의 동력을 제공한 것은 테크놀로지 바깥에서 일어난 사건이었다. 플리니우스의 《자연사Natural History》에 따르면, 기원전 2세기 그리스의 페르가뭄 왕국을 통치했던 에우메네스 2세는 알렉산드리아 도서관 못지않은 도서관을 세우기 위해 파피루스를 수입하려 했다. 그러나 이집트 파라오 프톨레마이오스 필라델푸스는 파피루스 수출을 허락하지 않았다. 이에 에우메네스는 단념하지 않고 양의 가죽을 부드럽고 얇게 가공하여 파피루스 대신 사용할 것을 명했다. 플리니우스에 따르면 이 재료는 원산지 이름을 따 차르타 페르가메나charta pergamena라고 불렀는데, 여기서 '양피지parchment'라는 말이 나왔다. 그러나 사실상 양피지는 에우메네스의 시대에 발명된 것이 아니라 다시 채택된 것이었을 뿐이다. 이전에는 멤브라나membrana라 알려져 있던 양피지는 근대로 오면서 글자를 쓰기 위하여 "양, 염소를 비롯한 여러 동물의 가죽으로 만든" 매체 전체를 가리키는 말이 되었다.

송아지피지vellum 역시 파피루스의 대안이었다. 송아지피지와 양피지는 보통 혼동되어 쓰이지만, 엄밀히 말하면 재료가 다르다. 송아지 피지는 어원으로 따지면 '송아지 고기veal'와 관련이 있으며, 송아지 가죽으로 만든다. 그렇지만 라틴어에서 vellum은 양 가죽이나 다른 동물의 가죽도 가리킨다. 사실 "거의 모든 잘 알려진 가축들의 가죽, 심지어 생선 껍질도 글을 쓰기 위한 재료로 이용되었는데," 그중에서도 사산한 양과 송아지 가죽이 "가장 질 좋고 가장 얇은" 재료였다. 어쨌든 송아지피지나 양피지는 파피루스보다 질겼고, 불행히도 동물에서 나는 재료는 쉽게 얻을 수 없었다. "양 한 마리에서 2절판 책 한 판(두 장)밖에 나오지 않았기 때문이다." 따라서 코덱스 하나에 필요한 양피지를 얻으려면 "엄청난 양 떼"를 도살해야 했을 것이다.

동물 가죽이 바느질한 상태에서도 지탱될 수 있다는 것은 다시 말해 가죽을 일정한 크기로 잘라 꿰매서 두루마리를 만들거나, "콘서티나[아코디언 비슷한 육각형 악기] 방식으로 접어 꿰맨 판들"로 이루어진 "책"을 만들거나, 코덱스를 만들 수 있음을 의미했다. 이런 동물 가죽의 "직사각형" 모양이 "책의 모양을 규정했고, 그것이 우리에게 오늘날까지 전해져 내려오는 관습이 되었다"는 주장이 있는데, 실제로 최초의 코덱스들도 직사각형 형태였다. 하지만 이는 식물 재료인 파피루스 판을 접고 꿰매서 만든 모양이었다. 즉 파피루스 고유의 모양은 식물에서 나온 것이 아니라 두루마리로 사용하기 위한 제작 방식에서 나온 것이었다. 그런데 직사각형은 두 가지 방법으로 접을 수 있다. 세로가 더 길게 접을 수도 있고, 가로가 더 길게 접을 수도 있다. 이것을 컴퓨터 시대에는 각각 '초상화portrait' 양식과 '풍경화landscape' 양식이라고 부른다. 코덱스는 두루마리로부터 발전한 것이기 때문에, 초기 코덱스는 풍경화 양식으로 만드는 것이 자연스러웠을 것이라고 생각할지도 모르겠다. 그랬다면 단어로 이루어진 단들은 두루마리에 배치된 방식을 거의 그대로 모방했을 것이다. 그러나 접은 판들의 가장자리를 따라 제본해야 한다는 점 때문에 초상화 양식을 옹호하는 주장이 점차 설득력을 얻었을 것이다. 더 긴 곳을 꿰매야만 제본에 최대치의 힘을 실어줄 수 있었기 때문이다.

따라서 초기의 거의 모든 책은 초상화 양식으로 만들어졌으며, 이것이 지금까지도 책 제작 방식을 지배하고 있다. 20세기 말에 나온 특이한 모양의 책 두 권을 보면, 과장된 방식이기는 하지만 긴 쪽과 짧은 쪽을 제본했을 경우의 느낌을 비교해볼 수 있다. 주디스 뒤프레의《마천루Skyscraper》는 고층빌딩 자체처럼 좁고 높은 형태(가로 19센티미터, 세로 45센티미터)였다. 주제에 어울리게 책은 긴 쪽에 제본되어 있었으며, 이 제본이 책이 어떤 자세로 있든 페이지들을 힘차게 받쳐준다. 이 책은 책꽂이에서나 독자의 손에서나 빳빳하게 서 있으며, 잘 건축된 높은 건물의 모습과 느낌을 전해준다. 반면 이후에 나온 뒤프레의 책《다리Bridges》는 길고 납작한 형태다. 이번에는 가로가 45센티미터, 세로가 19센티미터이며, 짧은 쪽에 제본이 되어 있다. 이 책은 매우 조심해서 다루어야 한다.

고대 텍스트를 기록하던 재료의 모양이 어디에서 연유한 것이든, 초기 코덱스들은 보통 그 재료를 두 개의 나무판 사이에 넣고 제본했다. 나무판 가장자리는 비스듬하게 깎아내거나 반원형을 이루게 했고, 가운데 끼운 책이 표지에 잘 고정되도록 나무판에 홈들을 파놓았다. 이러한 코덱스의 나무판은 분명 서판 책의 형태와 비슷했지만, 손바닥만 한 서판 공책에 사용된 것보다 크고 두꺼웠을 것이다. 따라서 코덱스는 서판보다 훨씬 무겁고 사용하기에 불편했겠지만, 두루마리처럼 읽기에 불편하지는 않았을 것이 틀림없다.

고대 코덱스는 탁자나 선반에 보관하는 경우가 많았다. 탁자나 선반은 글을 쓰는 면과 비슷하게 경사지게 해놓기도 했다. 그런 경사진 표면 위에 놓인 책의 앞표지는 안에 쓰인 내용이 무엇인지 알려주는 겉장 역할만 한 것이 아니라 예술 작품으로서 전시되기도 했다. 나무판은 양피지, 가죽, 직물 등을 씌워 장식을 할 수 있었는데, 특별히 귀중한 책은 보석 등으로 표지를 호화롭게 장식하는 "보석 장정"을 했다. 종교적이거나 의식적인 이유로 그렇게 꾸며줄 가치가 있는 내용이라고 여겨져서였다.

책 표지에 제목이나 저자를 밝히는 경우는 거의 없었다. 사실 코덱스에는 오늘날 우리가 생각하는 것과 같은 제목이 없었다. 책을 가리킬 때는 앞페이지의 첫 몇 단어를 이용했다. 예를 들어 우리가 오늘날 《사물의 본성에 대하여De rerum natura》라고 알고 있는 책은 그 저자인 루크레티우스가 서두에서 한 말인 "Aeneadum genetrix"를 제목처럼 불렀을 것이다. 페이지 번호도 없었다. 구절들을 참조하려면 텍스트의 주요 단어를 이용했다.

두루마리든 코덱스든 학자가 연구하거나 필사하고 싶은 구절을 발견하면 손으로 필기구를 집는 동안 그 페이지를 고정시켜둘 수단이 있는 것이 편리했다. 두루마리들을 고정시키는 데는 여러 기발한 장치들이 사용되었다. 1456년 더 헤이그에서 쓰인 《노트르담의 기적Les Miracles de Nostre Dame》 수서를 보면 성 제롬이 갸름한 구멍을 낸 탁자를 사용하는데, 이것도 그런 장치의 한 예다. 이 테크놀로지가 고대의 것이건 아니건—르네상스 시대 화가들은 어떤 유물을 그 역사적 시기와 관계없이 자유롭게 묘사했을 가능성이 있다—이 그림은 가구의 원칙이 책의 요구에 적응하고 있음을 보여준다. 어떤 경우에는 파피루스 자체 무게만으로 두루마리를 제자리에 고정시켜놓을 수 있었다. 필요한 경우에는 줄 끝에 달린 추들을 두루마리 위에 펼쳐놓음으로써 두루마리가 움직이지 않고 더 평평하게 펼쳐지게 했다. 이런 모습은 15세기 부르고뉴의 대공 선한 필립의 비서였던 서기 장 미엘로를 그린 그림에서 그 예를 찾아볼 수 있다. 그러나 이 그림에서는 미엘로가 어떤 의식용 문서를 작성하는 것이 아니라면, 이상하게도 시대착오적인 면이 보인다. 미엘로는 코덱스에 적힌 것을 두루마리에 필사하고 있기 때문이다(이 그림에서는 미엘로가 줄에 달린 추를 이용해 코덱스를 고정시킨 것을 볼 수 있다. 이 추는 지금도 희귀본 도서관에서 사용되고 있는 유용한 장치다).

미엘로는 소형 천막처럼 생긴 책상에서 일하고 있다. 두루마리는 책상 위에 펼쳐진 채로 고정되어 있다. 이 그림에서 책상은 극단적으로 기울어져 있다. 거의 수직에 가깝다. 이는 작업하는 면을 가능한 한 수직으로 세우는 것이 바람직했음을 보여준다. 화가들이 이젤에 거의 수직으로 세워놓은 캔버스에서 작업하기를 좋아하는 것과 비슷하다. 사실 고대나 중세에 서기가 했던 일은 문자를 사람들에게 예술적으로 제시하는 것이었다고 말할 수도 있다. 실제로 서기 일을 하는 사람들은 작가보다는 도안공 기능을 했다. 심지어 문맹인 서기들도 필사 작업을 할 수 있었다.

기울기가 좀 누그러지기는 했지만 경사진 책상은 19세기까지 계속 사용되었으며, 지금도 이렇게 경사지게 디자인된 것을 찾아볼 수 있다. 타자기 자판도 그중 하나다. 오늘날 많은 컴퓨터 키보드의 밑바닥에는 펼쳐서 고정시킬 수 있는 발이 달려 있어, 키보드 전체를 경사진 상태로 놓고 이용할 수 있다. 과거의 수동 및 전동 타자기를 연상케 하

장 르 타베르니에가 그린 〈장 미엘로의 초상〉(1456년 이후). 15세기 프랑스 서기 장 미엘로가 두루마리에 글을 쓰고 있다.

학자 성 제롬을 그린 이 15세기 그림에서는 긴 홈이 파인 독서대 위에 두루마리를 펼쳐놓은 모습을 볼 수 있다.

는 모습이다. 내 노트북 키보드는 경사져 있지 않기 때문에 나는 노트북 아래에 책을 괴어놓고 경사진 키보드를 치는 것과 같은 효과를 얻는다. 이렇게 하면 위쪽에 있는 자판에 좀 더 편안하게 손가락을 얹을 수 있다. 물론 몸을 기울여도 똑같은 효과를 얻을 수 있지만, 그런 자세는 금방 피로감을 가져온다. 나는 키보드로 문자를 입력할 때가 아니더라도 경사진 상태가 바람직하다는 것을 알게 되었다. 이 책 교정을 볼 때도 안락의자에 앉아 왼 다리 위에 오른 다리를 올려놓는다거나 스툴 위에 다리를 올려놓는 식으로 원고를 얹어놓고 글을 쓸 경사진 면을 만들었다. 앞으로 보겠지만, 어떤 형태든 간에 경사진 책상이나 선반은 서가의 발전에서 의미심장한 역할을 했다.

종교적이거나 법적인 관례에 두루마리를 계속 사용하는(지금까지도 두루마리 담당관Master of Rolls이라는 직책이 있다) 영국 같은 나라를 제외하면, 시간이 지나면서 코덱스는 점차 두루마리를 몰아냈다. 일찍이 4세기부터 일반적인 텍스트들이 두루마리에서 코덱스로 필사되었으며, 이렇게 해서 선반이나 장에는 보통 오늘날의 책과 비슷한 형태의 것들만 놓이게 되었다. 도서관이 다루어야 하는 책의 수가 늘어남에 따라(도서관 소장 도서는 늘 팽창하는 듯하다) 책을 보관하는 가구도 늘어나고 점점 커졌다. 일반적으로 책장은 오늘날 찬장이나 옷장과 비슷한 형태를 유지했으며, 중세에는 자물쇠를 채워둔다든가 하는 방식으로 안전을 도모하는 일이 늘어났다.

안전이 중요한 문제가 된 것은 물론 모든 책을 손으로 제작했기 때문이다. 각 글자, 단어, 문장, 문단, 페이지, 나아가 책 한 권 전체가 서기가 공들여 제작한 것이었다. 서기는 다른 원고를 필사하거나 서기장의 구술을 받아 적었다. 서기장은 마치 고대의 3단 노가 달린 군선에서 노 젓는 노예들을 감독하는 사람처럼 책 제작자들을 감독했다. 구술 시스템은 오늘날에도 교실에 남아 있어, 학생들이 교사가 하는 말을 공책에 받아 적는 모습을 흔히 볼 수 있다. 때로는 말 그대로 받아 적기도 하지만 (특히 교사가 칠판에 판서를 하거나 시험에 나올 가능성이 있는 부분에 대해 말할 때) 간결하게 줄여 적는 것이 더 일반적이다. 이런 시스템은 기자회견에도 남아 있다. 회견장에서 기자들은 공인이 하는 말을 받아 적는데, 농담 삼아 이들을 서기라고 부르기도 한다. 뉴스메이커의 이미지는 인공위성을 통해 전자적으로 전송되고 또 기자들은 녹음기나 노트북을 사용한다 해도, 기자회견은 여전히 중세의 책 제작 방식에 따라 움직인다.

물론 오늘날에는 정보가 단상 앞에 선 공보 비서관의 입에서 나오든, 우주에서 마이크를 앞에 둔 채 둥둥 떠 있는 우주인의 입에서 나오든 라디오, 텔레비전, 인터넷을 통해 즉시 전 세계로 전송된다. 기자가 현장에서 노트북에 작성하는 글은 신문사 컴퓨터로 전송되어, 스크린에서 편집된 뒤, 자동으로 조판된다. 조간신문이 윤전기에서 인쇄되어 나오기 전까지는 종이에 글자 하나 찍히지 않는 것이다. 이런 현대적인 신문 제작 과정은 필사를 하는 서기나 성경 필사본을 보고 활자를 고르는 구텐베르크식 식자기로부터 동떨어진 일처럼 보일지도 모른다. 그러나 이 모든 것에는 어떤 동일성이 있으며, 바로 이런 지점이 테크놀로지의 역사를 흥미롭고 의미 있는 것으로 만들어준다. 테크놀로지의 역사는 과거에 어떤 일이 이루어졌던 방식만을 일러주는 것이 아니다. 오늘날에 일이 이루어지는 방식에 대해서도, 미래에 이루어질 방식에 대해서도 그것을 제대로 볼 수 있는 관점을 제공한다.

3장

# 궤, 회랑, 열람실

수도원은 그 거주자들이 기도와 성경 연구에 종교적으로 헌신하는 장소임은 말할 것도 없고, 수서를 제작하고 보관하는 장소이기도 했다. 그렇다고 해서 중세 초기 수도원에 책이 꽉 들어차 있었다는 뜻은 아니다. 수도원 전체의 책 보유량은 코덱스 수십 권 정도였을 것이다. 수백 권을 소장한 도서관은 정말 큰 곳이었다고 할 수 있다. 따라서 다른 수도원에서 빌려온 책을 필사하여 새 수서를 하나 추가하는 일은 중요한 사건이었을 것이다. 또 수도원에 보관한 책을 한 권 필사한 다음 그것을 다른 수도원에 있는 코덱스와 맞바꾸기도 했을 것이고, 선물이나 유물로 코덱스를 기증받기도 했을 것이다.

몇몇 수도원은 무척 외진 곳에 있다는 사실만으로도 책을 안전하게 보관하기에 적당한 조건을 갖췄다고 말할 수 있겠지만, 수도원 내에도 소장 도서들을 관리하기 위한 매우 엄격한 절차가 있었다. 수도원에 사서를 두는 것은 일반적인 관행이었던 것으로 보인다. 사서는 '선창자先唱者, precenter'라 불리기도 했는데, 이는 물론 노래를 지도하는 사람을 가리키는 말이기도 했다. 선창자는 찬송가, 성시집 등을 관리해야 했다. 따라서 사서/선창자는 언제라도 수도원의 책들이 어디에 있는지 알아야 했다. 중세 초기 베네딕트 수도회에는 각 지회 구성원들이 미리 정해진 시간에 한자리에 모여 그 전해에 빌려간 책을 돌려주고 새 책을 빌려가는 관습이 있었다. 11세기에 영국 베네딕트 수도회의 "일반적인 수도원 관행"을 묘사한 글을 보면 이런 구절이 나온다.

> 사순절 첫 주일 다음 월요일, 형제들이 성당 참사회 집회소로 오기 전 사서들은 카펫을 펼쳐놓고, 1년 전에 독서를 위해 지정해주었던 책들을 제외한 모든 책을 그 위에 올려놓는다. 형제들은 모두 손에 책을 한 권씩 들고 참사회 집회소로 들어온다…….
> 이어 사서가 형제들이 지난 1년간 누가 어떤 책을 가지고 있었는지 밝히는 글을 낭독한다. 형제들은 자기 이름이 불리면 독서를 위해 맡아두었던 책을 갖다놓아야 한다. 자신에게 맡겨진 책을 읽지 않은 사람은 양심에 따라 그 자리에 엎드려 잘못을 고백하고 용서를 빌어야 한다.
> 그런 다음 사서는 새로 책을 나눠준다. 형제들에게 각기 다른 책을 나누어주는 것이다.

대학 도서관이 매 학년말에 교수진—중세 수도사들처럼 장기간 책을 보관하는 것을 허락받는다—에게 책 반환을 요구하는 관습의 기원은 베네딕트파 수도회의 관행으로까지 거슬러 올라갈 수 있다. 어떤 책을 1년 안에 읽지—또는 필사하지—못한다는 것은 그 수도원의 문자 해독 수준이 낮거나 학문적 호기심이 약하다는 사실을 보여주는 것일 수 있는데, 이 점은 오늘날의 교육기관에서도 마찬가지다. 베네딕트 수도회에서 도서 반납 행사를 할 때 카펫을 깔았다는 사실은 책을 읽었든 읽지 않았든 간에 세심하게 다루었음을 보여준다. 아우구스티누스 수도회 역시 비슷하게 조심스러운 관행을 유지했다.

> 선창자라고도 불리는 사서는 수도원의 책들을 책임져야 한다. 사서는 각각의 책을 모두 보관해야 하고 또 알아야 한다. 또한 벌레나 부패로 인한 훼손을 방지하기 위해 책을 자주 검사해야 한다. 사서는 또 매년 사순절이 시작되면 참사회의 수도원에 책을 전시해야 한다……. 사서는 형제들에게 그들이 이용하고 싶어하는 책을 건네주고, 두루마리에 책 제목과 그 책을 받은 사람의 이름을 적어야 한다. 필요할 때는 책을 빌려주면서 담보물을 받아야 한다. 책을 빌려간 사람은 먼저 사서의 허락을 받지 않는 한, 아는 사람이든 모르는 사람이든 다른 사람에게 책을 다시 빌려줄 수 없다. 사서 또한 같은 가치를 지닌 담보물을 받아두지 않고는 책을 빌려주지 않는다. 빌려줄 때도 두루마리에 빌린 사람의 이름, 빌려주는 책의 제목, 담보물을 적어야 한다. 크고 귀중한 책일 경우에는 고위 성직자의 허가를 받지 않고는 아는 사람이든 모르는 사람이든 아무에게도 빌려줄 수 없다.

"책이 귀했고, 따라서 정직도 귀했던" 중세에 "크고 귀중한 책"은 어디에 보관했을까? 도서관이 작았을 뿐 아니라 책 한 권이 사라지면 같은 책을 구해 메꿔놓을 수도 없었기 때문에, (책이 사용 중이거나 책임감 있는 개인에게 대출 중이 아닐 때) 책을 보관하는 가장 일반적인 방법은 군인들이 침대 밑에 두는 트렁크 비슷하게 생긴 장이나 궤에 넣고 잠가두는 것이었다. 궤는 장과 함께 이용됐지만, 좀 더 작은 책을 보관하거나 책을 운반할 때 쓰였던 것 같다. 영국 서부 웨일스 국경 근처에 위치한 헤리퍼드 성당에 있는 책궤 세 개는 19세기까지 살아남았다(이때는 그것이 책궤임을 알아볼 수 있었다). 그중 하나는 1360년경에 만들어진 것인데, 길이가 1.8미터에 높이가 52센티미터, 폭이 52센티미터였다. 궤 겉면에는 정교한 조각이 새겨져 있었으며, 모서리마다 튼튼한 발이 달려 있었다. 뚜껑에는 자물쇠가 세 개 달려 있어 궤를 열려면 열쇠 세 개가 필요했다. (당시 자물쇠를 만들던 방식 때문에 하나의 열쇠로는 그 열쇠에 맞는 자물쇠 외에 다른 자물쇠를 열 가능성이 거의 없었다)

물론 이런 종류의 궤는, 심지어 수서본이 가득 들어 있다 해도, 약탈자들이 마음만 먹으면 얼마든지 손댈 수 있었다. 아예 궤 자체를 들고 가버리면 그만이었기 때문이다. 더욱이 나무로 된 궤는 튼튼한 도끼 한 자루면 쉽게 부술 수 있었다. 따라서 궤를 이용한 목적은 분명한 도둑질로부터 책을 보호하기보다도(이런 이들은 수도원 내로 들어오지 못하게 막아야 했다) 은밀하게 책을 빌려가는 사람들, 즉 좋은 이유에서든 수상쩍은 이유에서든 특정한 책을 빌려갔다가 자신이 책을 빌렸다는 사실을 기억하지 못하거나 기억하고 싶어하지 않는 사람들로부터 책을 보호하려는 것이었다. 자물쇠를 채워둔 것은 허락받지 않은 사람이 궤를 여는 것을 막기 위함이었지만, 더 중요한 이유가 있었다. 열쇠 세 개를 세 명의 수도사에게 나누어주면 한두 명이 다른 이들 모르게 궤를 열 수 없었다. 열쇠를 가진 사람 가운데 한 명은 물론 사서였을 것이다. 따라서 사서는 누가 궤에서 책을 꺼내는지를 항상 파악하고 그것을 기록에 남길 수 있었을 것이다. 움베르토 에코의 소설《장미의 이름The Name of the Rose》을 보면 중세 수도사들이 도서관에서 책을 보호하기—또는 감추기—위해 얼마나 공을 들였는지 생생하게 느낄 수 있다.

헤리퍼드의 중세 책궤 가운데 또 하나는 책 외에 다른 모든 것을 보관하는 장소로 이용되면서 지금까지 살아남았는데, 철 세공을 볼 때 14세기 유물로 추정된다. 이 궤는 아주 가벼운 나무인 포플러로 제작되었지만, 근대에 들어서면서 뚜껑은 무거운 오크로 새로 달았다. 원래 구조물은 비교적 가벼워 운반이 편했을 것이다. 쇠로 만든 띠와 모서리의 보강물은 운반 도중에 훼손되는 것을 막기 위한 장치였다. 주교가 필요한 책들을 가지고 여러 거처를 옮겨 다님에 따라 이 궤도 함께 따라다녔을 텐데, 띠는 궤 안에 든 책의 하중을 분산시켜주는 역할도 했다. 이 궤는 길이가 1.2미터 정도이고, 높이는 45센티미터, 폭은 50센티미터 정도이다. 따라서 헤리퍼드의 두 궤는 폭이 거의 비슷하다는 사실을 알 수 있는데, 이는 궤 안에 책을 배치하는 방식 때문이었다. 작은 궤에는 운반 중에 마모될 수 있는 조각이 새겨져 있지 않았고, 끝에 고리가 달려 있어 장대를 걸어 옮길 수 있었다. 헤리퍼드에 있는 또 하나의 궤는 나무둥치를 잘라 뚜껑을 만들었기 때문에 뚜껑이 평평하지 않고 둥글었으며 나무껍질까지 그대로 남아 있다.

책궤를 이용한 사람은 여러 곳을 돌아다니는 주교들만이 아니었을 것이다. 왕족도 수도원 거주자처럼 책궤를 이용했다. 12세기의 한 채식 사본을 보면 세인트앨번스 대수도원장 시몬이 책궤 앞에 앉아 책을 읽는(혹은 시몬이 뒷사람에게 책 내용을 보여주는) 삽화가 나온다. 궤 뚜껑이 열려 있기 때문에 시몬이 든 책은 책궤에서 나온 것임을, 책궤 안에 분명 다른 책들도 들어 있음을 알 수 있다. 궤의 자물쇠 가운데 하나는 오른쪽 끝에 보인다. 따라서 맞은편 끝에도 자물쇠가 있다는 것을 알 수 있으며, 중간에 세 번째 자물쇠가 있을 가능성이 높다(실제로 부분적으로 가려진 뚜껑에 고리 두 개가 선명히 보인다). 이 궤를 열기 위해서는 열

12세기 세인트앨범스 대수도원장이었던 시몬 앞에 놓인 책궤. 중세에는 책을 궤에 넣어 보관하는 경우가 많았다.

쇠를 가진 다른 사람이 적어도 한 명은 더 필요했을 것이다—대수도원장이 열쇠 두 개를 모두 가지고 있지 않는 한. 열린 뚜껑 위에는 주교관으로 보이는 것이 놓여 있다. 그런 관을 쓸 만한 사람인 대수도원장은 지금 보고 있는 책을 꺼내기 위해 궤 안쪽으로 몸을 굽혔을 것이며, 그 과정에서 관이 머리에서 떨어지는 것을 막고 싶었을 것이다. 궤 안쪽도 살짝 들여다보이는데, 책 한 권이 책등을 바닥에 대고 서 있는 것처럼 보인다. 즉 책의 앞마구리가 위를 향해 놓여 있는 것이다. 이는 대수도원장이 원하는 책을 찾기 위해 궤 안을 뒤적거렸기 때문일 수도 있지만, 원래부터 책이 그렇게 놓여 있었기 때문일 수도 있다. 그렇다면 책등이 아닌 앞마구리에 책을 구분하는 표시가 있었을 가능성이 높다.

시몬은 책을 궤 앞쪽 가장자리로 받쳐놓고 읽는 것처럼 보인다. 궤의 높이도 적당하다. 궤는 일부러 어떤 틀 위에 올려 적당한 높이로 맞춰놓은 것처럼 보인다. 중세 책궤들은 일반적으로(적어도 실물로나 삽화로 남아 있는 경우에는) 다리가 달려 있거나 아니면 어떤 틀 위에 올려져 있는데, 여기에는 적어도 두 가지 이유가 있었다. 첫째, 궤를 바닥에서 몇 센티미터라도 떼어놓으면 운반을 할 때 좀 더 쉽게 들어 올릴 수 있다. 둘째, 궤 아랫부분을 바닥에서 떼어놓으면 궤의 재료인 나무, 나아가 궤 속에 든 내용물을 습기로부터 보호할 수 있다. 중세의 석조 수도원에서는 습기가 상당한 걱정거리였다. 아우구스티누스 수도회의 관습에 대한 기록을 보면, 사서는 돌로 된 벽감에 놓인 책들 "안쪽에 나무를 대어, 벽의 습기 때문에 책이 젖거나 상하지" 않도록 조심해야 했다—이런 열린 서가에 보관되는 책들은 수도사들이 예배를 볼 때마다 이용하는 시편서처럼 비교적 흔한 책들이었다.

자물쇠로 잠그는 궤에는 물론 상당한 가치가 있는 책들, 궤가 열려 있는 동안 누가 집어가서는 안 될 책들을 보관했을 것이다. 책을 읽는 사람은 잠시라도 궤에 등을 돌리고 한눈을 팔 수 없었다. 혹시 허가받지 않은 사람이 책을 빌려가고 싶은 유혹을 느꼈다가, 궤가 다시 닫히기 전에 되돌려주지 못할 수도 있었기 때문이다. 따라서 시몬처럼 궤 안의 책들을 마주 보고 책을 읽는 것은 책의 안전을 도모하려는 행동이었다. 더욱이 궤가 도서관이라고 할 만한 곳의 구석에 놓여 있다 해도, 근처에 책을 올려놓거나 읽을 수 있는 탁자나 책상이 있었을 것이라고 가정할 수는 없다. 사실 중세 독자들은 평평한 면에 책을 올려놓고 읽는 것을 불편하게 여겼을 가능성이 높다. 그들은 책을 다른 책 위에 올려놓거나, 현대의 성서 낭독대나 악보대 같은 경사진 면에 올려놓고 읽는 경우가 많았기 때문이다. 실제로 '성서 낭독대lectern'라는 말은 '읽다'라는 뜻을 가진 라틴어 동사 legere에서 나왔다. 반면 종종 낭독대와 혼동해서 쓰여왔고 현재는 가끔 동의어로서 사용되는 성서대podium라는 말은 서 있는 데 받침대가 되는 물건을 가리킨다. 이는 이 말이 '신도석pew'이라는 말과 관련이 있다는 것에서도 알 수 있는데, 신도석 같은 교회 가구는 서가의 진화에서 중요한 역할을 했다.

시몬은 책궤 옆에서 책을 읽으면서 조명이 아쉬웠을지도 모른다. 시몬은 빛을 최대한 얻기 위해 책을 옆으로 떨어뜨려놓고 읽는 것처럼 보이기는 하지만, 아무래도 벽을 마주하고 있으니 책 위로 그늘이 졌을 가능성이 높다. 물론 전구가 등장하기 전에는 촛불이나 등잔이 존재했다. 그렇지만 당시 독자들은 오늘날 우리가 밀폐된 공간에서 간접 흡연이나 악취에 대해 불평하듯이, 촛불이나 등잔의 효과에 대해 불평했다. 따라서 오랜 세월 동안 사람들은 환한 낮에 책 읽기를 선호했다. 온화한 기후에 적절하게 방향 잡힌 창가에 연구 공간을 가진 운 좋은 학자들에게는 창가에 앉아 책을 읽는 것, 혹은 날씨 좋은 날이면 책을 들고 정원에 나가 아름답고 향기로운 꽃 옆에 앉아 책을 읽는 것보다 더 유쾌한 일은 없었을 것이다. 특별한 섭생과 규제에 따라야 하는 수도원 회랑에 갇혀 있었던 중세 수도사들에게는 이런 식으로 책과 관련된 즐거움이 많았을 것이다. 그러나 프라이버시를 원하는 수도사들은 야외에서 책을 읽으면 마음이 어수선해진다고 생각했을 수도 있다.

수도원에서 일반적으로 쓰이는 책들은 교회로 통하는 문 근처 회랑 벽의 움푹 파인 곳에 나무를 대놓고 보관하는 경우도 있었다. 그림에 나온 예는 12세기 말 포사누오바의 시토 수도회 수도원에 만들어진 것이다. 나무 선반과 문들은 세월이 흘러 이 공용 아르마리움armarium commune이 책을 보관하기에 적당치 않다고 판단했을 때 떼어내 다른 데 사용한 것으로 보인다.

시간이 지나면서 수도사들은 오늘날의 많은 학자들처럼 사적이고 폐쇄적인 공간에서 공부하기를 바라게 되었다. 이런 폐쇄 공간을 열람실carrel이라고 불렀는데, 이 칸막이를 친 작은 방은 청소 용구를 넣어 두는 창고만 한 경우가 많았지만 그럼에도 혼자만의 공간이었기 때문에 다들 부러워했다. 문헌에 남아 있는 수도원 열람실에 대한 최초의 언급은 아우구스티누스 수도회에 관련된 것으로, 1232년까지 거슬러 올라간다. 열람실은 "기묘한 목재 고안품", "초소만 한 크기의 아주 작은 서재" 등으로 묘사되는데, 이렇게 작은 크기에도 불구하고 르네상스 시대 개인 서재의 모델이 되었다.

열람실이 발전해온 방식은 테크놀로지가 사용 가능한 수단들을 이용하여 진화하고, 마주치는 문제들을 해결하면서 변화하는 방식을 보여주는 아주 좋은 예다. 수도원 회랑과 훗날 고딕 성당의 건축 양식은 우리에게도 익숙하다. 뜰이나 정원을 내다보는 포장된 보도의 바깥 가장자리에 줄지어 서 있는 돌기둥들은 사진으로도 자주 볼 수 있다. 보도 안쪽은 보통 텅 빈 벽이며, 그 벽 너머에 예배당이나 교회나 성당이 자리 잡고 있다. 이 벽에는 창이 없다. 창이 있다 해도 보도 폭 때문에 바깥의 빛이 잘 들어오지 않았을 것이다. 더욱이 교회에는 고창층高窓層에 달린 창들을 통해 빛이 들어오기 때문에 별도로 창을 둘 필요가 없었다. 1층 근처에 창문이 없었기 때문에, 예배를 보는 사람들은 바깥에서 무슨 일이 벌어진다 해도 신경 쓰지 않고 예배에만 전념할 수 있었다.

보도와 뜰을 갈라놓는 기둥들에 의해 형성된 이 오목한 공간은 의자가 놓이면 책을 읽기에 더없이 좋은 곳이었다. 볕이 잘 들어서였다. 책을 읽는 것만이 아니라 글을 쓰고 필사를 하기에도 좋은 곳이었기 때문에, '필사실scriptorium'이나 집필실이 따로 없는 수도원에서는 이곳이 나이 들었거나 정치적 수완이 좋은 수도사들이 차지하는 인기 있는 공간이었다. 점차 열람실로 알려지게 된 이 공간은 비교적 고립된 상태에서 조용하게, 따라서 좀 더 집중해서 일하는 곳이었다(물론 이런 조건 때문에 공부만이 아니라 낮잠을 자는 데도 좋은 공간이 되었다).

글로스터 성당 회랑에 줄줄이 자리 잡은 오목한 공간들을 볼 수 있다. 이곳은 열람실로서 아주 훌륭한 공간이었을 것이다.

온화한 지역에서는 열람실이 잠이 올 정도까지는 아니더라도 상당히 아늑한 피난처였겠지만, 추운 지역에서는 오히려 잠이 깨는 공간이었을 것이다. 사실 "북부의 겨울 추위 때문에 글을 쓰기 어렵다고 불평하는 서기들이 많았다." 나아가 이 열람실은 회랑 보도로 통하기 때문에 지나다니는 사람들에게 신경이 쓰이지 않을 수 없었다. 원시적인 열람실 공간의 이런 불리한 점들을 해결하여 더 따뜻하고 더 독립적인 공간을 만들기 위해 징두리 벽판으로 열람실을 둘러싸게 되었다. 이 목재 파티션에는 문을 달고, 뜰로 열린 공간에는 유약을 바른 창을 달아 집중을 방해하는 요소와 기후 변화로 인한 고통을 차단했다. 헤리퍼드 성당의 전직 참사회원이자 중세의 사슬 도서관에 대한 글을 쓰기도 한 버닛 스트리터에 따르면, "우리가 감탄해 마지않는 아름다운 채식 사본을 수도사가 읽고, 필사하고, 그렸던 곳은 일반적으로 알려져 있는 것과는 달리 어두운 '작은 방cell'이 아니라 회랑의 빛이 잘 드는 열람실이었다."

프랑스 클레르보의 시토 수도회 회관에 있는 열람실은 16세기 초에 "수도사들이 글을 쓰고 공부하는" 곳으로 묘사되었다. 그러나 18세기 초에 이르면, 적어도 이 수도원에서는 열람실이 조용히 명상하고 공부하는 곳이 아니었다.

> 커다란 회랑을 나서면 대화의 회랑이 나온다. 그런 이름이 붙은 건 이곳에서는 형제들이 대화하는 것이 허용되기 때문이다. 이 회랑에는 열두 개 내지 열다섯 개의 작은 방들이 죽 늘어서 있는데, 전에 형제들이 책을 쓰던 곳이었다. 이런 이유로 지금도 이 방들을 집필실이라고 부르고 있다.

모든 테크놀로지가 그렇듯이 중세의 열람실을 이용하는 데도 오용 문제가 있었던 것 같다. 이를테면 방을 사용하는 사람들이 남들은 들어오지 못하게 방에 책을 잔뜩 쌓아놓아 다른 사람들이 책을 이용할 기회를 박탈하곤 했다. 이는 도서관 에티켓을 위반하는 행위였다. 그럼에도 중요한 일을 하는 데 닫힌 공간이 갖는 이점은 누가 보기에도 분명한 것이어서, 열람실을 만들고 이용하는 시스템은 그런 위반 행위를 근거로 반대하는 사람들의 목소리에도 불구하고 계속 확대되었다.

열람실 수가 제한되어 있을 때(늘 그렇게 느껴졌지만)는 그 공간을 가장 필요로 하는 사람들이 열람실을 요구했고 또 그들에게 할당되었다. 아니면 나이가 많은 사람들이 차지하기도 했다. 13세기 중후반에 저술 활동을 했던 웨어 대수도원장의 말에 따르면, 초심자들은 어느 정도 경험이 쌓였을 때에야 회랑에 앉아 "나이 든 수도사들에게 속한 책들을 장(아르마리움)에서 꺼내 보는 것이 허락되었다. 그러나 아직은 집필을 하거나 열람실을 가지는 것이 허용되지 않았다." 열람실은 "사적이고 불법적일 가능성이 있는 소유물을 보관할 수 있는 곳"이라는 것도 한 가지 이유였다. 사실 "수도사 개개인이 열람실을 점유하고 문을 잠가놓는 것은 많은 불평의 원인이 되었다. 그래서 열람실을 1년에 서너 번은 정기적으로 조사하라는 감독의 명령이 자주 내려오곤 했다."

오늘날에도 도서관에는 온갖 종류의 열람실이 있다. 어떤 연구도서관의 열람실은 중세 열람실과 거의 다를 것이 없다. 내가 오랫동안 폐쇄된 서재 겸 작업 공간을 할당받아 사용해온 듀크 대학에서는 퍼킨스 도서관에 현대적인 고딕 양식 건물을 증축했는데, 서가 전체에 걸쳐 아주 바람직한 열람실들이 배치되어 있다. (원래 도서관에도 열람실이 있었는데 현재는 창문이 없다. 건물을 증축하는 과정에서 창문을 다 가려버렸기 때문이다) 문을 닫고 잠글 수 있는 이 열람실의 크기는 서가 내에서의 위치에 따라 다르다. 서가 안쪽 벽에 붙어 있고, 따라서 창문이 없는 열람실은 옷장만 해서 작은 책걸상을 넣을 정도밖에 안 된다. 2.5미터 높이의 벽 때문에 프라이버시는 보장되지만 위쪽은 천장 없이 뚫려 있다.

물론 이런 열람실을 현대 도서관에 설치할 수 있는 것은 인공조명 덕분이다. 내가 처음 할당받은 열람실은 안쪽에 있어서 모든 창문으로부터 멀리 떨어져 있었는데, 이 열람실과 건물 바깥벽 사이에는 책장들이 많았다. 따라서 전기가 나간다든가 도서관이 문을 닫는다든가 해서 불이 꺼지면 매우 깜깜했다. 몇 번인가 도서관이 문을 열기 전에 도착했을 때는 지팡이로 더듬어가며 안으로 들어갔다. 서가의 불들이 아직 켜지지 않았기 때문에 더듬더듬 내 열람실을 찾아 감촉과 습관에 의지해 열쇠를 자물쇠에 밀어넣었다. 안에 들어가서야 작은 램프를 켜 읽고 쓰는 데 필요한 조명을 얻을 수 있었다.

퍼킨스 도서관에서 가장 크고 가장 좋은 열람실은 바깥 벽에 붙어 있는 것이었다. 이곳 열람실 크기는 (중세와 마찬가지로) 대개 창문들 또는 창문을 수직으로 나누는 세로 중간틀들 사이에 세워진 기둥의 간격에 의해 좌우되었다. 나는 오랫동안 그쪽 열람실을 탐냈으나, 내가 할 수 있는 일이라고는 열람실 관리자에게 부탁해 긴 대기자 명단 끝에 내 이름을 올려놓는 것뿐이었다. 시간이 지나 새로운 열람실을 할당받게 되었는데, 건물 북서쪽에 면한 창이 있는 열람실 중 하나였다. 전에 사용하던 열람실보다 크지는 않았지만 벽이 천장까지 올라가 있어 프라이버시가 확실히 보장되었다. 이 열람실은 높은 창을 통해 빛이 들어와 아주 흐린 날이 아니면 인공조명 없이도 작업할 수 있었다(그러나 늦은 오후의 햇살이 들어오면 지나친 빛과 열 때문에 깜깜할 때만큼이나 일을 하기가 어려웠다).

열람실로 책을 빌려오는 일은 아주 편했다. 당시 400만 권을 소장하고 있던 이 멋진 도서관의 서가를 배회하다 아무 책이나 집어 들고 일단 내 열람실로 돌아온다. 그곳에서 대여표와 좁고 길쭉하게 생긴 녹색 카드를 작성한다. 그런 다음 녹색 카드와 대여표를 책갈피처럼 튀어나오도록 책 사이에 끼워넣어 문에서 가장 가까운 책상 한쪽 구석에 갖다놓는다. 이 문에는 작은 창문이 있는데, 원래는 창문을 가리지 못하게 되어 있다(하지만 많은 이들이 우편엽서, 포스터, 플래카드 등으로 가려놓곤 했다. 열람실 점유자는 그것을 통해 개성을 확립하고, 자신이 쓰는 논문 주제를 알리고, 프라이버시를 보호하려 했던 것 같다). 직원은 하루에 한 번씩 각 열람실을 확인하는데, 녹색 카드가 튀어나온 책이 있으면 마스터키로 따고 들어와 대출 절차를 밟은 다음 책을 놓아두고 문을 잠그고 간다.

책을 돌려주려면 녹색 카드만 뒤집어서 꽂은 다음 똑같은 책상 모퉁이에 놓아두면 된다. 그러면 직원이 책을 가져가고, 반납이 완료되었다고 대출 기록을 바꾸어놓는다. 이보다 더 이상적인 도서 대여 방법은 생각할 수 없을 것 같다는 느낌이 들 것이다. 하지만 1년간 국립인문학센터에서 《연필》을 집필하며 더 나은 방법을 만나게 됐다. 이 센터에는 연구실—보통 방만 한 크기의 열람실을 그렇게 불렀다—들이 길게 늘어서 있을 뿐, 일반적인 의미의 도서관은 없었다. 대신 사서 한 명과 직원 두 명이 있어, 그들이 지역 연구소와 도서관 간 대여 시스템으로부터 센터 연구자들이 원하는 책을 구해온다. 구해온 책은 공동 구역에 쌓아두고 뽑아가게 하는데, 책을 돌려줄 때도 그곳에 갖다 놓으면 된다(이 센터는 지금도 이런 시스템을 이용하는 것으로 알고 있지만, 불행히도 듀크의 열람실 대여 시스템은 더 이상 운영되지 않는다. 아마 직원들에게 들어가는 비용 때문일 것이다. 그래서 요즘 나는 마치 책을 집으로 빌려갈 때처럼 대출계로 책을 가지고 내려가야 한다. 내가 그 책을 집으로 가져가느냐 열람실로 가져가느냐 하는 것은 대출계의 관심사가 아니다).

열람실을 애용하면서 빌려놓은 책들이 늘어나 작은 책상 위의 하나뿐인 책꽂이가 꽉 차고 창틀이나 바닥에까지 책이 흘러넘치게 되었다. 그래서 나는 도서관 맨 꼭대기 층에 있는 커다란 열람실을 탐내게 되었다. 꼭대기 층의 신고딕 양식 창문들은 폭이 2.1미터에 높이는 가장 높은 곳이 4.2미터에 달했다. 세월이 흘러 나는 실제로 이 열람실들 가운데 한 곳을 얻게 되었다. 건물 북동쪽 면에 있는 열람실이었다. 햇빛이 직접 들어온다는 느낌이 드는 시간은 아주 이른 아침 잠깐뿐이었지만, 창이 워낙 컸기 때문에 자연 산광散光은 충분하고도 남았다. 아주 드문 경우에만, 또는 저녁 시간에만, 널찍한 책꽂이를 갖춘 큰 책상에 하나뿐인 작은 램프를 사용했다(열람실 위의 아주 높은 천장에 조명 설비가 있었으나, 손이 닿기 힘든 전구는 망가져 있는 경우가 많았다).

20세기 말의 열람실이 중세의 열람실과 아주 흡사한 방식으로 배치되고 건축된다는 것은 중세의 열람실 디자인이 합리적임을 말해준다. 이런 열람실들이 지금까지 살아남기 위해 헤쳐나와야 했던 온갖 역경을 생각하면 더욱 그렇다는 느낌이 든다. 그러나 중세 수도원에서 이용되던 시스템 가운데 일부는 공간 부족 문제와 부딪히게 되었는데, 이는 수도사들이 그렇게 귀하게 여겼던 열람실 근처에 책을 보관해야 했던 사정과 관계가 있다.

열람실에 할당되거나 감추어지지 않은 책들을 넣은 장이나 궤를 보관할 수 있는 논리적인 장소 가운데 하나는 폐쇄된 회랑 보도의 안쪽 벽이었다. 이 위치라면 열람실에서 공부하는 사람들이 책을 편리하게 이용할 수 있었을 것이다. 책을 이용하려면 사서의 열쇠가 필요했겠지만, 보관 장소에서 공부방까지 거리가 멀지 않아 무거운 책을 운반하기 용이했을 것이다. ("새천년의 첫 도서관"이 될 것이라는 희망 속에서 파리에 새로 문을 연 국립도서관에 근무하는 프랑스 노동자들은 1998년에 파업을 벌였는데, 파업 사유 중 하나는 전산화된 시스템—어차피 망가졌지만—으로 배달할 수 없는 크고 무거운 책들을 들고서 펼친 책 모양을 닮은 L자형 탑들에 있는 서가로부터 상당히 떨어진 열람실까지 "무거운 문과 긴 복도를" 지나야 한다는 것이었다) 스트리터에 따르면 1300년경이 되면 수도원의 "한 줄로 늘어선 열람실"에서는 "가까운 보관 장소에서 가져온 책들을 반半공공 구역에서 책의 안전을 책임진 사람들의 감독하에 좋은 빛을 받으며 읽는 것"이 관행이 되었다고 한다.

회랑을 따라 늘어선 책 보관소는 열람실에서 편리하게 이용할 수 있다는 이점이 있었을 뿐 아니라, 달리는 별 쓸모가 없는 공간을 아주 유용하게 이용할 수 있다는 이점도 있었다. 열람실이 완전히 정착되기 전에 회랑은 조용히 명상하는 장소였을 것이며, 간혹 허락이 떨어진 경우에는 대화 장소가 되었을 것이다. 벽을 따라 또는 벽감 안에 설치된 돌의자들은 앉아서 생각을 하거나 대화를 하기에 편리한 장소였을 것이다. 이 뒷벽들은 일반적으로 장식을 하지 않았으며, 수도사들도 대부분 이 벽보다는 반대편의 파란 하늘이나 녹색 풀밭 쪽으로 눈길을 주었을 것이다.

열람실들이 야외로 통하는 시야를 가로막기 시작하고, 명상을 하는 사람들이나 대화를 나누는 사람들이 열람실 안에서 공부하는 사람들의 주의를 산만하게 하면서, 그 벽 앞의 공간을 책을 저장하는 용도로 이용하자는 제안은 반대에 부딪히지 않았을 것이다. 특히 바깥 벽 기둥 사이에 창문이 설치되어 있어 회랑의 보도를 비바람으로부터 보호할 수 있는 경우에는 권장사항이었을지도 모른다. 열람실이 자리 잡고 있다 해도 빛은 충분히 들어와(열람실 안의 내용물을 보호하기 위해 자물쇠와 열쇠를 달아둔 문을 통해서, 또는 완전히 막힌 문일 경우에는 문 위를 통해서) 책을 찾는 사람들이 불편할 일은 없었을 것이다. "탄압 이전 더럼의 '수도원 교회'를 목격한 자의 기록"인 "진귀한 책"《더럼의 의식》에 기록된 더럼 성당의 배치는 다음과 같다.

> 교회 문의 구석에서부터 합숙소 문의 구석에 이르기까지 회랑의 북쪽 면은 모두 회랑에서 안뜰 쪽으로 조금 들어간 땅에 바닥에서 꼭대기에 이르기까지 유리를 설치해놓았다. 그리고 모든 창문에

> 는 열람실이 설치되었다. 늙은 수도사들은 전부 열람실을 하나씩 가지고 있었으며, 혼자 몇 개를 가지고 있는 경우도 있었다. 수도사들은 식사를 한 뒤 회랑으로 갔다. 그곳에서 자기 열람실에 들어가 오후부터 저녁까지 책을 읽으며 공부를 했다. 수도사들은 매일 이렇게 공부를 했다.
>
> 이들 열람실에는 징두리 벽판을 대 앞부분을 빼고는 모두 막혀 있었다. 앞부분의 문에는 조각을 파 그 틈으로 빛이 들어올 수 있었다. 모든 열람실에는 책을 올려놓을 수 있는 책상이 있었다. 열람실은 창문을 가르는 기둥 사이의 공간보다 크지 않았다.
>
> 열람실 너머로 교회 벽에는 판벽널을 두른 커다란 장이 있어 이곳에 온갖 책을 넣어두었다. 이곳에는 옛 교부들이나 다른 거룩한 사람들이 쓴 책들과 더불어 세속적인 저자들이 쓴 책들도 있었다. 다들 자신이 하고 싶은 공부를 했으며, 언제라도 도서관에 들러 책을 가져다 열람실에서 공부를 할 수 있었다.

바꿔 말하면, 적어도 더럼에는 마당으로 통하는, 회랑의 한쪽 면 전체에 거의 바닥부터 꼭대기까지 유리가 덮여 있었다는 것이다. 창문마다 세 개의 열람실이 설치되었으며, 수도사들은 매일 그 안에 들어가 공부를 했다. 작은 열람실은 판벽널로 폐쇄되어 있었으나 문에는 틈이 있어 그곳으로 빛이 들어왔다. 물론 사서를 비롯해 회랑을 지나는 다른 사람들의 시선도 그곳을 통과할 수 있었다. 각 열람실은 창문의 수직 분할선들 사이의 공간보다 넓지 않았다. 열람실 맞은편, 교회의 창문 없는 벽에는 책들이 가득한 장이 설치되어 있었다. 이 책장은 잠겨 있지 않았던 것으로 보이며, 안에 있는 책들은 얼마든지 가져다 공부할 수 있었다.

열람실과 책장 사이의 회랑 공간으로 들어오는 모든 빛은 한쪽 면—더럼의 경우에는 유리를 덮은 남쪽 벽—에서 들어올 수밖에 없었으며, 이 빛은 책장을 마주 보고 있는 사람의 뒤통수에 닿았을 것이다. 따라서 책장을 마주 보고 선 채로 책꽂이에서 책을 꺼내 펼치게 되면 책에 그림자가 드리웠을 것이다. 책에 있는 글자를 좀 더 쉽게 보려면 약간 몸을 틀어 이용할 수 있는 모든 빛이 책에 닿도록 했을 것이다. 가장 좋고 편안한 자세는 열람실 안에 앉아 있는 사람들과 마찬가지로 회랑이 뻗은 방향을 바라보는 것이었다. 책을 들고 바깥쪽을 바라보면 강한 빛이 펼친 책 위로 곧장 쏟아져 오히려 불편했을 것이다.

소장 도서의 양이 비교적 적고 증가 속도가 느린 동안에는 습관이 지배했으며, 자신의 그림자에 덮인 책을 보아야 한다거나 (무거운 책은 책장이나 책꽂이 가장자리에 받쳐야 했기 때문에 이 자세를 그대로 유지하는 경우도 많았을 것이다) 제대로 빛을 받으려면 몸을 90도 틀어야 하기 때문에 책의 무게를 두 손으로 감당하기가 약간 힘들다거나 하는 작은 불편만으로는 어떤 급격한 변화가 일어날 수 없었다. 따라서 책을 보관하는 가구를 빛이 좀 더 잘 드는 곳으로 옮겨야 한다는 압력은 거의 없었다. 변화가 일어난 것은 도서관이 소장한 책의 수가 거의 감당할 수 없을 정도로 늘어나, 책의 보관 및 진열 방법만이 아니라 사용 방법까지 바꾸어야 했을 때였다.

# 4장

# 사슬에 묶인 책

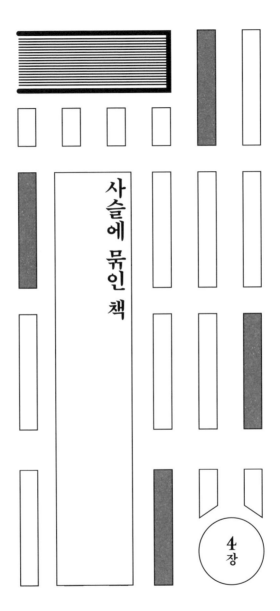

중세에 도서관이 이전할 때에는 책을 궤에 담아 옮기는 경우가 많았다. 특히 수도원에서는 책궤 수가 계속 늘어났는데, 이는 부분적으로 주교 같은 책 소유자들이 죽으면서 이미 책이 (당시 기준으로) 넘쳐나고 있던 수도원에 보관할 가구까지 갖춘 책들을 유증함으로써 일어난 일이었다. 수많은 수도사들, 또 수도원을 찾는 손님들로부터 이 책들을 모두 안전하게 보관한다는 것은 관리 및 편의라는 면에서 볼 때 만만한 문제가 아니었다. 특히 누가 책 한 권을 보고 싶어할 때마다 궤의 열쇠를 가진 사람들이 모두 모여야 한다는 것은 불편하기 짝이 없는 일이었다.

궤는 책을 옮기거나 보관하는 데는 좋았지만, 책을 이용하는 데는 전혀 좋은 방법이 아니었다. 궤 안에 쌓인 책 속에서 바닥 근처에 있는 책을 찾으려면 많은 책을 들어내야 했다. 이런 불편은 책을 궤 안에 나란히 꽂아놓으면 어느 정도 덜 수 있었다. 시몬 대수도원장의 그림에서 볼 수 있듯이 책의 한쪽 가장자리가 나란히 위를 향하게 하는 것도 한 방법이었다. 어차피 개별적인 책 내용을 확인할 수 있는 표시를 해놓는 일이 거의 없었기 때문에, 어느 쪽 가장자리가 위를 향하든 문제되지 않는 경우가 많았다. 필요한 경우에는 궤 뚜껑 안쪽에 표를 붙여 책이 어디 있는지 표시해둘 수도 있었다(오늘날 초콜릿 상자에서 이용하는 방법이다).

책장(아르마리움)은 뚜껑이 문이 되도록 궤를 뒤집어놓은 것이라고 생각할 수 있다. 기선 여행의 전성기에는 이런 방식으로 사용할 수 있는 고급 기선용 트렁크들이 있었다. 그러나 단순히 트렁크를 뒤집어놓는 것만으로는 내용물이 뒤죽박죽이 됐을 것이다. 따라서 기선용 트렁크는 철사, 후크, 칸막이, 선반 등을 이용해 모든 물건을 제자리에 단정하게 보관할 수 있도록 설계되었다.

그러나 책궤를 뒤집어놓는 것만으로는 별 도움이 안 됐을 것이다. 책들이 감당할 수 없을 정도로 높이 쌓이게 되었을 것이기 때문이다. 뒤집어놓은 궤 안에 선반을 몇 개 설치하면 책들이 분리되어 어느 정도 관리할 수 있었겠지만, 아주 귀중한 책의 경우에는 선반 하나를 독차지했을 것이다. 책을 넣고 빼기 쉽게 하려면 폭이 더 넓은 궤나 장이 개발되어야 했을 텐데, 폭이 넓어진다는 것은 문짝이 넓어진다는 뜻이었다. 이렇게 되면 문을 여닫을 때 책장 앞의 바닥 공간이 지나치게 많이 필요했다. 그래서 장에는 두 짝짜리 문을 달았으며, 그 결과로 나온 가구는 뒤집어놓은 궤 두 개를 나란히 붙여놓은 것으로 생각할 수도 있다.

장에 선반을 달면서 책들을 더 세심하게 다룰 수 있었고, 필요한 책을 더 쉽게 꺼낼 수 있었다. 따라서 수도사들이 일을 하는 회랑 안이나 근처에 더 많은 수의 책을 보관하기 위해서는 궤보다 장이 적합했다. 수도원, 나중에는 교회와 대학에 장서가 계속 늘어나면서 책을 보관하는 데 별도의 방을 사용하기 시작했다. 책들은 점점 공개적으로 진열되었는데, 동시에 안전하게 보관되어야 했다. 예를 들어 성물실 일부를 도서실로 개조하면, 책을 탁자나 문이 잠기지 않은 장, 심지어 아예 문이 없는 장에 공개적으로 진열하면서도 회랑 복도로 통하는 문 하나만 잠가놓으면 책들을 안전하게 보관할 수 있었다. 수도사들은 도서실 내에서 혹은 회랑에서 책을 읽는 것이 허용되었으며, 책을 관리하고 책임질 도서실 관리자를 한 명 두었다. 그러나 이 제도가 완벽한 것은 아니었다. 책들이 이따금 사라졌기 때문이다. 이런 손실을 막기 위해 우스터셔의 이브샴 수도원에서는 사서가 책장(이제 armarium 대신 press라는 말이 더 자주 사용되었다)의 책을 관리할 뿐 아니라, 회랑을 감독하여 책의 행방을 추적하는 일까지 맡게 되었다.

> 젊은 수도사들에게 책장 관리를 맡기는 일과 책장을 온전한 상태로 보존하는 일은 선창자의 임무 가운데 하나가 되었다. 수도사들이 회랑에 앉아 있을 때면 선창자는 종이 치기가 무섭게 회랑을 돌아다니며 혹시 어떤 형제가 부주의하게 책을 반납하지 않았을 경우를 대비해 책을 회수하는 일에 나선다.
> 선창자는 일을 위임받은 이상 주의력과 지식을 총동원하여 수도원의 모든 책을 책임지고 관리해야 한다. 어떤 사람도 선창자의 두루마리에 기입하기 전에는 책을 가지고 나가지 못하며, 적절한 보증인 없이는 누군가에게 책을 빌려줄 수도 없다. 물론 이 보증인 역시 두루마리에 기재해야 한다.

이렇게 걱정을 하고 감독을 해야 했음에도, 많은 책을 소장한 기관이나 개인—인쇄술이 도입되기 전에는 극소수였을 것이다—은 안전

이 6세기 수서의 권두 그림은 기원전 4세기 히브리 서기이자 사제인 에즈라가 열린 책장 앞에서 일하는 모습을 보여주고 있다.

하게 진열할 수만 있다면 책들을 자랑하는 것을 싫어하지 않았다. 책장을 그린 가장 오래된 삽화에서도 알 수 있듯이, 오래전부터 특별한 가치나 의미가 있는 책에는 정교하게 장식된 표지가 덮여 있었다. 앞선 장에 실린 그림은《코덱스 아미아티누스Codex Amiatinus》의 권두 그림으로, 기독교 시대인 6세기 중반에 제작된 것으로 보인다. 책장 안에는 다섯 개의 선반이 있는데, 맨 아래 선반을 제외하면 선반마다 책이 두 권씩 놓여 있다. 책들은 주홍색으로 장정되어 있으며, 포개지지 않고 나란히 놓여 있다. 책의 앞마구리를 가로지르는 죔쇠가 분명히 보이는데, 이것을 기준으로 보면 책들이 앞표지가 위로, 아랫마구리가 바깥쪽으로 나오도록 진열되어 있음을 알 수 있다.

에즈라의 책장에는 아홉 권의 책이 놓여 있다. 에즈라가 기록하고 있는 책을 위한 자리로 보이는 곳은 갈대 펜 상자와 뿔로 만든 잉크통이 차지하고 있다. 에즈라는 책장 바로 앞에 앉아 있다. 따라서 권한 없는 사람이 책을 집어갈 걱정 없이 책장 문을 열어놓을 수 있다. 책장 속 선반들은 수평임에도 뒤쪽을 향해 비스듬히 올라간 것처럼 보인다. 이는 (지금은 관례가 된) 원근법이 아직 완전히 자리 잡지 않은 시대에 그려진 그림이어서 나타난 현상이다. 근처에 놓인 작은 테이블에서도 비슷한 모습을 볼 수 있는데, 화가는 테이블 왼쪽 뒷다리를 그리느라 꽤나 애를 먹었던 것 같다.

첫 천 년이 끝날 무렵이면 큰 도서관은 책을 수백 권씩 소장하게 되었으며, 따라서 고정되고 예측 가능한 장소에 책을 보관하는 일이 점점 중요해졌다. 에즈라의 책장이 규모, 용량, 책의 배치에서 전형적인 것이었다고 가정할 때, 도서실에는 책 열 권 정도마다 그런 책장이 하나씩 필요했을 것이며, 필요한 바닥 공간은 그에 비례하여 커졌을 것이다. 에즈라의 책장 하나에 바닥 면적 4.5제곱미터 정도가 필요하다고 추정한다면, 100권 정도의 책을 보관할 책장 열 개를 갖춘 도서관 면적은 45제곱미터 정도가 될 것이다. 그렇게 많은 책장을 한 방에 배치한다는 것은 쉬운 일이 아니었을 것이다. 책장 문을 여닫고, 사람들이 주위에서 움직이며 책을 살펴볼 수 있으려면 책장 주위에도 큰 공간이 필요했을 것이며, 그랬을 때 도서실에 필요한 총 면적은 책장 배치 방법에 따라 90에서 135제곱미터, 또는 그 이상이 되어야 했을 것이다. 이는 이탈리아 중부 테라치나 근처 포사누오바 수도원의 회랑으로 통하는 성물실 끝쪽에 만들어진 도서실의 실제 크기이기도 하다. 이 방은 아르마리움 코무네armarium commune, 즉 공동 책장과 아주 가까운 곳에 자리 잡고 있었다. 공동 책장은 교회 문 옆의 벽에 설치되어 있었으며, 이곳에는 예배에 사용되는 책들을 보관했다.

책을 보관하고 잠글 수 있는 방이 따로 있으면 에즈라의 책장에서 문을 떼어버릴 수 있으므로 좀 더 효율적인 책장으로의 자연적인 진화가 이루어질 것이라고 상상할 수 있다. 우선 책장들끼리 더 가깝게 붙여놓을 수 있고 책도 더 넣을 수가 있다. 그러나 문 없는 책장은 책들을 노출시키기 때문에 도난에 취약했다. 또한 도난보다 가벼운 죄이기는 하지만 역시 무분별하기 짝이 없는 행위, 즉 책을 빌린 사람이 책을 갖다놓는다 해도 제자리에 두지 않는 일이 일어날 가능성이 높았다.

보석 등으로 화려하게 장식한 책들은 좀 더 안전한 책장에 두지, 흔한 책들과 함께 놓지 않았을 가능성이 높다. 장정이 아주 화려한 책들은 마치 징이 박힌 갑옷을 입은 기사가 갑옷 차림이 아닌 보병에게 피해를 줄 가능성이 있는 것처럼 다른 책들을 훼손할 가능성이 있었다.

실제로 그런 책들을 함께 늘어놓는 것은 19세기 중반까지 금지된 일이었다. 금지를 하는 이유는 물론 "죔쇠 또는 돌기가 달리거나 표지 가장자리를 높인 책들은 옆에 놓인 책들에 손상을 준다"는 것이다. 따라서 "조각으로 장정되거나 죔쇠가 달린 책들은 옆에 놓인 책들을 위해 선반이 아니라 쟁반, 탁자, 서랍 등에 보관하라"고 권고되었다. 돌기가 달리거나 징이 박힌 책들을 표지를 위로 해서 탁자나 개별 독서대에 한 권씩 올려놓으면 옆에 있는 책들에 피해를 주는 것은 막을 수 있었다. 그러나 책이 늘어나고 안전 문제가 심각해짐에 따라 책을 보관할 다른 방법이 필요해졌다.

창고에 궤짝을 집어넣듯이 그냥 한 방에 책장들을 자꾸 집어넣는 것은 소용이 없었다. 키가 큰 가구들이 서로 빛을 차단하게 되었고, 메모를 하기 위해 양피지 책장을 찢는다든가 하는 식으로 책을 훼손하는 나쁜 행동도 잘 드러나지 않았기 때문이다. 이런 기술적 목적—책을 진열하면서도 빛을 차단하거나 사람의 모습이 감추어지지 않도록 하는 것—을 달성하는 한 가지 방법은 안에 칸막이가 된 장이 아니라, 마치 교회에 긴 좌석들을 늘어놓듯이 특별한 방에 길고 넓은 독서대를 놓고 그 위에 책을 진열하는 것이었다. 실제로 상황이 이런 식으로 전개되어, 표면이 경사진 독서대에 책을 나란히 진열하게 되었다. 서거나 앉아서 읽기에 적당한 높이와 각도로 책을 올려놓을 수 있도록 독서대를 만들면, 그 자리에서 책을 펼쳐 읽을 수 있었다. 그러나 책을 제자리에서 옮기지 못하게 하려면 사슬로 독서대에 묶어놓아야 했다. 이런 제약이 독서대의 발전 방향을 규정하게 되었다.

사슬에 묶인 책은 사슬의 길이 내에 책을 올려놓을 수 있는 책상이나 탁자가 없으면 책을 읽을 수 없었다. 이 사실이 책장의 구조를 규정하는 조건이 되었다. 또한 사슬에 묶인 책은 창가로 가져갈 수 없었기 때문에 창이 책 근처에 있어야 했다. 이것이 건물의 설계를 규정했다.

따라서 옛 도서관의 사슬은 단순한 흥밋거리가 아니다. 어떤 유인원 조상이 앞발을 걷는 대신 쥐는 데 사용했다는 사실이 인간의 직립 자세와 도구 사용의 조건이 되고, 또 향후 인간의 발전 조건이 되었듯이, 책이 사슬에 묶여 있다는 사실은 17세기 말까지 역사적으로 중요한 영국 도서관들의 구조 및 발전의 조건이 되었다. 이는 심지어 1626년 이후 사슬이 사용되지 않았던 케임브리지에서도 중요한 조건이 되었다. 책들은 일반적으로 알려져 있는 것보다 훨씬 나중에까지 계속 사슬에 묶여 있었다. 1742년에는 맨체스터 채섬 칼리지에서, 1751년에는 보들리언 도서관에서 새 사슬을 구입했다. 옥스퍼드 퀸스 칼리지에서는 1780년까지 사슬을 떼어내지 않았다. 머튼에서는 1792년까지 떼어내지 않았다. 매그덜린은 옥스퍼드에서 마지막까지 사슬을 유지한 칼리지였다. 이곳에서는 사슬이 1799년까지 사용되었다.

이렇게 책을 사슬에 묶은 관행은 역사가 길다. 사슬을 사용한 첫 번째 이유는 늘 열쇠를 이용해 방이나 장의 문을 잠그고 열 필요에서 벗어나자는 것이었다. 책은 얼마든지 읽을 수 있었지만, 책 자체는 사슬을 통해 고리와 연결되고, 고리는 긴 막대에 걸려 있었다. 고리를 이용해 샤워 커튼을 샤워 막대에 거는 것과 마찬가지다. 책은 "사슬의 길이 내에서" 읽어야 했기 때문에, 막대가 붙어 있는 독서대나 책상에 나란히 보관해야 했다. 독서대는 모두 한쪽을 향했기 때문에 쭉 늘어놓으면 마치 교회의 긴 신도석 같았을 것이고, 앞에는 사람이 앉을 수 있는 의자가 구비된 경우도 많았다. 또는 양쪽 면을 가진 독서대를 배치하고, 그 사이에 또 긴 의자들을 등을 맞대고 양면으로 배치해놓기도 했다. 어떤 독서대는 가슴 높이로 만들어 의자를 없앴고, 따라서 공간을 적게 차지함으로써 독서대를, 나아가 책을 더 많이 갖다놓을 수 있었다. (오스트레일리아 멜버른의 빅토리아 주립도서관 같은 현대 도서관에도 참고열람실에는 그런 독서대를 갖다놓았다. 그러나 열람실 이용객은 전자식 문을 통과하기 때문에 사슬은 불필요하다)

중세 독서대에 책을 고정시키는 튼튼한 쇠사슬은 사람들이 책을 펼쳐 읽는 것을 방해하지 않을 만큼 길었다. 책은 누군가 읽지 않을 때면 마치 전시해놓듯이 독서대 위에 표지를 드러낸 채 놓여 있었다. 막대는 독서대 위나 아래에 있는데, 그에 따라 사슬은 책 표지 위쪽에 붙기도 하고 아래쪽에 붙기도 한다. 표지는 비교적 묵직한 나무판으로 만들어졌는데, 보통 책의 크기와 무게, 나무의 강도에 따라 두께가 달라졌다(0.6센티미터에서 1.2센티미터 사이). 사슬은 책 표지 가장자리, 즉 죔쇠 근처에 부착되기도 했다. 초기에는 나무 막대를 사용했을 수도 있지만, 이것은 쉽게 닳거나 부러져 책의 안전을 지켜주지 못했을 것이다. 따라서 사람이 많이 들락거리는 도서관 같은 곳에서는 곧 쇠막대가 사용되었을 것이다.

책을 사슬로 묶는 관행을 연구한 학자들 가운데 적어도 한 사람은 이런 의문을 품었다.

'이 귀중한 도서관들을 구조적 분석과 역사적 연구의 방법으로 파악하려 하는 것, 즉 도서관들을 일련의 진화적 과정을 거친 결과물로

1571년에 문을 연 플로랑스 메디치 도서관의 독서대를 그린 이 그림은 책들이 독서대에 사슬로 묶여 있는 모습을 보여준다. 독서대에 펼쳐놓고 읽지 않을 책은 아래에 있는 선반에 쌓아둘 수 있었다. 책을 보호하기 위해 책 위에 덮을 수 있는 시트를 준비하고, 독서대 끝에 책 목록이 적힌 표가 붙어 있는 것을 눈여겨보라.

파악하는 것은 신성한 것에 대한 모독일까?'

그러나 모든 사람이 이런 관점을 가졌던 것은 아니며, 어떤 경우에는 사슬의 기원에 대해 과학적인 설명보다는 시적인 설명을 제시하기도 했다.

> 특히 논란이 되는 책들은 가장 무질서한 귀신들이 달라붙곤 하므로 늘 다른 책들과는 구별된 시설에 가두어두었다. 또한 우리 조상들은 책들이 서로 폭력적으로 부대낄 것을 꺼렸기 때문에 튼튼한 쇠사슬로 책을 평화롭게 묶어두는 것이 분별 있는 행동이라고 생각했다. 쇠사슬이 처음 발명된 경위는 다음과 같다. 스코투스의 책이 처음 나왔을 때, 이 책은 어떤 도서관으로 옮겨져 지정된 자리를 차지하게 되었다. 그러나 이 작가는 자리를 잡자마자 스승 아리스토텔레스를 찾아갔다. 둘은 합심하여 플라톤을 붙들었고, 그가 거의 800년 동안이나 평화롭게 안식하던 자리, 곧 신학자들 사이의 자리에서 쫓아내버렸다. 이 일이 성공한 뒤 두 찬탈자는 플라톤 대신 왕좌에 앉았다. 그러나 미래의 평화를 유지하기 위해, 더 큰 논객들은 모두 사슬로 단단히 묶어놓으라는 포고가 떨어졌다.

어느 쪽 이야기를 믿든 간에 책을 사슬로 묶어두는 것은 이만저만 불편한 일이 아니었다. 수도사가 책을 자기 열람석으로 가져가 필사하고 싶으면, 또는 다른 사슬 도서관에서 책 한 권을 빌려도 좋다는 허락을 받으면, 쇠막대를 지탱하는 구조물을 풀고 원하는 책에 걸린 사슬 고리가 나올 때까지 다른 사슬 고리들을 다 빼내야 했다. 그런 다음에야 독서대에서 원하는 책을 집어 들고, 사슬이 엉켜 책의 위치를 혼동하는 일이 일어나지 않도록 다른 사슬 고리들을 원래 순서대로 쇠막대에 도로 끼워야 했다. 뿐만 아니라 쇠막대를 푸는 일은 자물쇠와 열쇠에 의해 엄하게 규제되고 있었다(책장을 여는 데 여러 개의 열쇠가 필요했던 것처럼, 쇠막대를 고정시키고 있는, 독서대 끝의 걸쇠를 푸는 데도 두 사람이 가진 서로 다른 열쇠가 필요했던 경우가 드물지 않았다).

독서대는 기본적으로 서서 읽는 독서대와 앉아서 읽는 독서대 두 가지로 나눌 수 있었다. 케임브리지 대학에는 (빅토리아 주립도서관에서 볼 수 있는 것과 같은) 서서 읽는 독서대가 더 흔했으며, 이런 독서대는 17세기를 넘어서까지 인기를 끌었다. 케임브리지 대학의 어떤 열람실에는 "처음부터 다른 종류의 책상이나 탁자가 제공되었다는 증거가 전혀 없다." 일부 칼리지에는 앉아서 읽는 낮은 독서대가 있었다. 피터하우스가 그런 경우다. 1418년 이곳에는 총 302권의 책이 있었는데, 그중 143권은 사슬에 묶여 있었고, 125권은 "연구원들 사이에 나뉘어 맡겨졌고," 나머지 책들 가운데 "일부는 팔려는 것이었고 일부는 궤에 쌓아 둔 것"이었다.

서서 읽는 독서대가 앞에 긴 의자가 놓인 독서대보다 더 오래된 것인지는 분명치 않다. 사실 의자가 있는 독서대가 이용되는 경우가 그 반대의 경우보다 압도적으로 많았다. 이는 의자가 있는 독서대가 사람들이 주로 선택하는 디자인이었음을 보여주며, 또 그것이 먼저 개발된 것일 수도 있음을 강력하게 시사한다. 어쩌면 의자가 있는 독서대는 교회 신도석에서 발전한 것인지도 모른다. 신도석에 앉으면 찬송가나 시편을 앞자리의 등에 보기 편한 각도로 올려놓을 수 있었다. 예배 동안에 잠깐이라도 앉거나 무릎을 꿇을 수 있게 해줌으로써 긴 예배를 더 쉽게 견딜 수 있게 되었듯이, 독서대 앞에 의자가 갖추어져 있으면 더 오랜 시간, 더 열심히 공부할 수 있었을 것이다.

서서 읽는 독서대는 공간 절약에 대한 요구 때문에 앉아서 읽는 독서대로부터 진화한 것일 수도 있다. 의자가 차지하는 공간을 없애면 더 많은 독서대, 따라서 더 많은 책을 보관할 수 있기 때문이다. 물론 서서 읽는 독서대가 먼저 진화해 나온 것일 수도 있다. 예배 시간에 무거운 책을 들고 읽어야 하는 수도사들의 불편을 해결하는 방편이었을지도 모른다. 또 다양한 독서대 시스템이 개발된 것으로 보아, 앉아 읽는 독서대와 서서 읽는 독서대가 각기 다른 수도원에서 동시에 독립적으로 진화해 나온 것일 수도 있다(심지어 독서대가 수도사들이 무릎을 꿇고 기도하는 자리인 기도대에서 진화해 나온 것이라는 주장도 있다).

어쨌든 현대인들은 독서대를 갖춘 열람실을 보면 신도석이 갖추어진 예배당이라고 착각할 수도 있다. 사실 신도석에 앉으면 앞좌석 등에 찬송가나 시편이 놓인 것을 흔히 보게 된다. 어떤 예배당은 신도석이나 성가대석에 예배용 책을 놓을 수 있도록 아예 독서대 같은 책상이 달려 있기도 하다. 실제로 19세기에 헤리퍼드 성당을 수리할 때 도서관에 있던 낡은 독서대 좌석을 이용해 예배당 신도석을 만들었다는 사실이 밝혀지기도 했다. 유물의 진화에서 발생한 묘한 비틀림이라고나 할까. 케임브리지 킹스 칼리지에서도 비슷한 일이 있었다. 1851년 대학에서 발주한 기록에 따르면, 래티라는 목수와 "사이드 예배당에 있는 책장을 책받침과 무릎 꿇는 자리를 갖춘 신도석으로 개조한다"는 계약을 맺었다. 이 책장들은 17세기에 장서의 증가로 쓸모없게 된 독서대들의 나무를 이용해 만들었을 가능성이 높다. 그리고 그 장서들 가운데 적어도 일부는 18세기 말까지 사슬에 묶여 있었다.

독서대 시스템의 원칙에 따라 세워진 고딕 도서실의 고전적인 예는 네덜란드 쥐트펀에 위치한 성 발퓌르히스 교회에 있다. 12세기에 세워져 16세기에 증축된 이 교회의 도서실은 언뜻 보면 신도석을 갖춘 예배당과 흡사하다. 개 뒷다리처럼 구부러진 방의 한쪽 면을 따라 양면 독서대 열 개가 배치되어 있고, 그 사이에는 좌석이 놓여 있다. 맞은편 배치는 불규칙하며, 중간에 문도 있다. 독서대 위나 아래에는 수평 선반이 없다. 따라서 이 독서대들은 책장 발달의 초기 형태를 보존하고 있음을 알 수 있다. 의자는 평범한 긴 의자다. 양쪽 끝에 장식이 있다는 점만이 우리가 요즘 어린이 야구장이나 일반적인 라커룸에서 보는 긴 의자와 다를 뿐이다.

쥐트펀의 질서정연한 도서실은 독서대 시스템의 좋은 예이지만, 그것이 가장 초기에 독서대들이 배치되던 방식인지, 아니면 이 시스템의 후기 발전 방식인지는 뚜렷이 알 수 없다. 독서대 시스템에 기초한 중세 도서관들은 대부분 좀 더 세련된 의자, 즉 서로 등을 맞댄 의자들을 갖추고 있었다. 이에 비하면 쥐트펀의 배치는 공간을 덜 차지하는데, 이것이 개인 서재나 수도사 열람실의 구성 방식—하나의 의자가 하나의 독서대를 마주 보았다—과 직접적인 관련이 있다고 생각할 필요는 없다. 도서관 독서대들은 교회 신도석과 달리 한 방향만 볼 필요가 없었기 때문에, 가구 배치는 종교적인 고려가 아닌 설치의 편의성이나 효율성에 의해 결정되었다. 쥐트펀의 경우처럼 양면 독서대를 놓고, 독서대들 사이에 양면 의자가 아닌 단순한 의자를 설치하면 주어진 바닥 공간 안에서 더 많은 책을 진열할 수 있었을 것이다.

책들은 긴 독서대에 사슬로 묶여 있었기 때문에, 따라서 독서대 위에서 읽어야 했기 때문에, 어떤 빛을 어떻게 이용하는가가 최대 관심사가 되었다. 책을 읽는 사람이든 보관하는 사람이든 빛을 등지고 앉는 자세는 좋지 않다는 것을 알고 있었다. 그렇지만 사슬이 달린 책을 손에 들고 빛을 향해 돌아앉는다는 것은 현실적이지도 않을뿐더러, 대부분의 경우에는 가능한 일도 아니었을 것이다. 보통 사슬 길이가 독서대에서 책을 읽을 수 있는 정도밖에 안 됐기 때문이다. 따라서 창문들과 평행하게 자리 잡은 독서대는 바람직하지 않았으며, 독서대의 긴 면이 창문과 수직을 이루어 햇빛이 측면에서 책을 비추도록 배치하는 경향이 있었다. 쥐트펀의 도서실은 교회 동쪽 끝의 툭 튀어나온 부분에 자리하고 있기 때문에 그 기하학적 형태에 맞추어 방이 휘어 있다. 그럼에도 독서대들은 빛을 최대한 이용할 수 있도록 자리 잡고 있다.

사실 서서 읽는 독서대든 앉아서 읽는 독서대든 독서대를 이용하는 곳에서는 어디서나 창문을 통해 들어오는 빛을 최대한 이용할 수 있도록 가구를 배치했다. 그러나 책이 늘어나 부속 예배당이나 낡은 식당 같은 기존의 방을 도서실로 개조할 때는 창의 배치를 그대로 이용할 수밖에 없었다. 사실 당시 건물들은 돌로 지은 것이 많았고, 벽은 구조적으로 중요한 의미를 지녔다. 건물 하중을 지탱하지 않는 현대의 칸막이벽 건물—이 경우에는 벽 전체를 하나의 커다란 창문으로 만들어도 상관없다—과는 달리 창을 쉽게 움직일 수가 없었다. 중세에는 도서실로 설계되지 않은 방에 독서대나 의자를 갖다놓게 되면, 일부는 창 옆에 놓이는 혜택을 받을 수 있었지만(그래도 창의 높이는 적당치 않았을 것이다) 일부는 창문들 사이의 긴 벽에 놓일 수밖에 없었을 것이다. 따라서 독서대에 사슬로 묶인 책을 읽는 데 이용할 수 있는 빛은 독서대의 위치에 따라 아주 좋은 상태에서부터 형편없는 상태에 이르기까지 다양했을 것이다.

어떤 기관이 보유한 책들이 늘어나면서 이 책들을 보관하고자 하는 구체적인 목적을 가지고 새로운 방이나 건물을 지을 때마다 최대 고려사항은 빛이었다. 도서실은 기존의 구조에 겹쳐 짓는 경우가 많았다. 이를테면 회랑 복도가 그러했는데, 이 경우에는 보통 길고 좁은 도서실이 생겼다. 도서실이 위층에 자리 잡게 되면 보안에도 좋고 빛도 더 잘 들었는데, 다만 창문 사이의 벽이 구조적으로 필요했기 때문에 창문들은 간격이 촘촘할 수밖에 없었다. 이런 구조적인 제약 때문에 양면 독서대의 배치가 발전했는지도 모른다. 양면 독서대(이미 있던 것일 수도 있고 새로 주문 제작을 해야 하는 것일 수도 있었다)를 두 창문 사이의 공간에 넣고 독서대 한쪽 끝을 벽에 붙여놓을 수 있도록 창문 간격을 잡는 것은 얼마든지 가능한 일이었다. 이렇게 해놓고 의자를 독서대들 사이에 두면, 창문의 폭 내에서 양면 의자를 독서대와 적당한 거리를 두고 배치할 수 있었을 것이다.

도서실 용도로 지어진 방은 창문 배치 때문에 건물 밖에서도 금방 알아볼 수 있다. 창문 간격이 비교적 좁고 규칙적인데, 오래된 도서관 건물의 가장 뚜렷한 특징으로 남아 있다. 벽에 창문들이 좁은 간격을 두고 촘촘히 나 있으면 보통 안에 책꽂이가 있다는 뜻이기 때문이다. 1층에 커다란 고딕식 창문이나 문이 달린 건물이라면 위층의 촘촘한 창문이 더 두드러진다. 지금은 파리의 에콜 폴리테크니크로 통합된 콜레주 드 나바르가 그 예로, 이 건물은 1867년에 철거되었으나 사진은 지금까지 남아 있다. 또 다른 예는 옥스퍼드 대학의 머튼 칼리지다. 모브 쿼드랭글Mob Quadrangle* 에서 보면 건물 2층의 두 면에 있는, 간격이 규칙적인 창문들이 모퉁이에서 만나는 것처럼 보인다. 한쪽 면에는 구도서관이 있고 다른 쪽 면에는 신도서관이 있다. 각각 건물의 '옛' 부분

1860년 호프바우어가 그린 콜레주 드 나바레의 도서관. 촘촘하게 나 있는 창문을 보라.

과 '새' 부분에 자리 잡고 있는데, 창문을 낸 방식은 둘 다 똑같다. 링컨 성당, 솔즈베리 성당, 세인트폴 성당, 웰스 성당 등도 영국에서 찾아볼 수 있는 예들이다.

창문과 자연 채광이 중요했던 또 한 가지 이유는 화재에 대한 두려움이었다. 옛 도서관들 가운데 다수는 해가 지면 문을 닫았는데, 촛불이나 기름 등잔을 사용하는 것이 너무 위험해서였다. 새 도서관을 지을 때는 가능한 한 기존 건물들로부터 멀리 떨어진 곳에 지었다. 다른

* 옥스퍼드 대학 머튼 칼리지에 있는 사각형 뜰을 말한다. 쿼드랭글은 본래 명상이나 휴식을 위해 수도원에 만들었던 네모난 안뜰을 가리키는 말로, 영어권 국가의 대학 건물에는 이를 모방한 공간이 많다.

건물에서 화재가 일어나더라도 도서관까지 번지는 것을 막기 위함이었다. 소르본 '구도서관'에 대한 17세기의 묘사에 따르면, "근처 어느 집에서 불이 나도 도서관이 불에 탈 위험은 거의 없었다. 도서관과 모든 주택 사이에 충분한 간격이 있었기 때문이다."

새로운 책들이 들어와 도서관의 소장 도서들이 늘어남에 따라 독서대 시스템은 점점 압박을 받게 되었다. 도서실로 사용되는 방 전체가 독서대로 꽉 차고, 독서대는 또 책으로 꽉 차는 시점이 올 것이 틀림없었기 때문이다. 20세기 말 현재 미국 의회도서관에는 1700만 권의 책이 있는데, 이를 독서대를 이용해 보관한다면 바닥 공간에만 2000에이커, 즉 8제곱킬로미터 정도가 필요할 것이다. 그렇게 되면 의회도서관은 내셔널 몰을 넘어 현재 스미스소니언협회와 워싱턴 기념관이 자리한 주변 땅까지 다 차지할 것이며, 멀리 백악관까지 이르게 될 것이다. 책이 너무 많으면 독서대에는 보고 싶은 책을 활짝 펼쳐놓을 공간도 모자라게 된다. 공간을 확보하려면 보지 않는 책은 독서대 가장자리에 매달아두면 된다고(종종 공중전화 부스에 전화번호부가 그렇게 걸려 있듯이) 상상해볼 수도 있다. 물론 이것은 미학적으로 좋은 해결책이 아니고, 책 장정에 해를 끼칠 수도 있다. 따라서 도서실에서 관행으로 굳어지기는 힘들었다.

독서대가 사용된 것은 정교하게 장정한 책을 진열해두기 위해서만이 아니라 그 책을 편리한 위치에 펼쳐놓고 읽기 위해서였다. 또 한 가지, 중세의 독서대는 서기나 학자가 종이나 책을 놓고 글을 쓸 수 있는 책상 노릇도 겸했다. 사실 '책상desk'이라는 말은 독서대의 경사진 표면을 묘사하는 말로 자주 사용되었다. 그러나 사슬에 묶인 책으로 꽉 찬 독서대에서는 책들을 옆으로 밀고 책상 공간을 확보하는 것이 매우 어려웠다. 사슬이 책을 제자리에 묶어두는 역할만 할 정도로 짧은 경우에는 특히 문제가 심각했다. 간단히 말해서 경사진 책상 위에서 기존의 책들을 치우고 일할 공간을 만드는 것은 어려운 일이었으며, 잉크병을 안전하게 둘 수 있는 평평한 공간을 찾는 것 또한 쉽지 않은 일이었다.

독서대 시스템(도서관 사가들이 이렇게 부른다)의 이런 한계와 귀찮은 점 때문에 독서대에는 새로운 특징들이 덧붙여졌는데, 이는 결과적으로 책을 위한 가구들이 더 많은 용량을 갖추는 것으로 이어졌다. 우리가 현재 알고 있고 사용하고 있는 책장으로 진화하는 첫 단계는 경사진 독서대의 위나 아래에 수평 선반을 덧붙이는 일이었다. 이 선반 위에 경사진 독서대 위에 있던 책들 가운데 일부를 올려놓음으로써 일할 만한 공간을 얻을 수 있었다. 특히 수평 선반이 독서대 위쪽에 있을 때는 잉크병을 올려놓기에 편리했다. 따라서 갈대나 깃펜을 쥐지 않은 손으로 책장을 넘기거나 붙들고 있을 수 있었다. 오늘날 강사들은 그곳에 물병을 올려놓는다.

독서대에 선반을 덧붙임으로써 도서관 가구의 발전에 또 하나의 본질적인 특징이 생겨났다. 활판 인쇄가 도입된 이후 도서관 소장 도서의 수는 점점 빠르게 증가했는데, 새로 들어온 책은 기존 책들 사이의 적당한 자리에 사슬로 묶이기는 했지만, 굳이 독서대 위의 공간을 차지할 필요는 없었다. 수평 선반에 쌓아둔, 장정이 정교하지 않은 책들 위에 올려놓을 수 있었기 때문이다. 이는 책을 보관하는 데는 아주 좋은 방법이었지만 책을 읽고자 할 때는 문제가 있었다. 쉽게 상상할 수 있듯이, 독서대 위의 경사진 표면에 있던 책을 치워 공간을 확보하고 수평 선반에 쌓여 있던 책들 가운데 한 권을 뽑아 경사진 표면에 올려놓다 보면 사슬들이 뒤엉키기 십상이었다. 매듭을 풀거나 엉킨 줄을 푸는 데 능숙한 사람이 아니라면 대단히 갑갑한 상황이었을 것이다. 설사 사슬들이 절망감을 불러일으킬 정도로 뒤엉키지는 않는다 해도, 시간이 지나면 이리저리 꼬여 길이가 눈에 띄게 줄어들 것이고(전화선이 꼬이는 것처럼) 결국 선반에 있는 책을 독서대 위에 옮겨놓는 것조차 어려워졌을 것이다. 이렇게 사슬이 꼬이고 짧아지는 문제를 해결하기 위해 책 사슬에 회전 고리를 장착하게 되었는데, 이로써 그런 짜증나는 일은 대부분 피해 갈 수 있었다.

소장 도서가 늘어남에 따라(늘 늘어나기만 하는 것 같다) 하나 이상의 장, 독서대, 도서실이 필요해졌고, 그 가구를 들여놓을 더 큰 공간을 찾아내야 했다. 도서실로 설계된 방이 독서대로 꽉 차게 되면 대안은 다른 방에 독서대를 갖다놓거나 아니면 독서대를 개조하여 위로 높이 올리는 것이었다. 16세기 무렵에는 일반적으로 후자가 채택되었다.

5장

# 더 완벽한 책장

공공도서관에서 책들을 사슬에 묶어 보관하고 전시하던 중세의 독서대 시스템이 다음 단계로 진화하게 된 것은 모든 테크놀로지가 진화하는 것과 같은 이유에서였다. 그 시스템을 이용하던 사람들이 변화하는 환경 속에서 시스템에 실망하고 더 나은 방법이 있음에 틀림없다고 생각하게 된 것이다. 독서대의 경우, 수도원에서 대학으로 확산됨에 따라 사서나 이용자나 점차 문제를 느끼게 되었다. 책을 보관하고 보호하며, 독자가 쉽게 읽을 수 있도록 제공하는 일을 맡은 사서들은 도서관이 점점 번잡스러워지고 있음을 알아차렸다. 도서관 공간을 확장하려는 시도는 오늘날 더 많은 공간에 대한 요구들이 부딪히는 것과 똑같은 문제에 부딪혔을 것이다. 즉 공간을 관리하는 권한을 지닌 이가 (새로운 건물까지는 아닐지언정) 새로운 방 하나가 더 필요하다는 사실에 동의하게 되었다 하더라도, 빈 공간을 찾고 그것을 도서실에 걸맞게 꾸밀 자원을 찾는 문제 때문에 확장이 지연되는 경우가 허다했을 것이다.

그러는 동안 도서관 쪽에서는 기존의 독서대 시스템을 가지고 버텨나가야 했다. 처음에는 새로 들어온 책들을 경사진 표면 위의 기존에 있던 책들 사이에 두었을 것이다. 표지를 위로 오게 해서. 그러나 이렇게 하면 두 독자가 나란히 놓인 책을 읽고자 할 때 몹시 불편했을 것이다. 길지 않은 사슬 때문에 책을 독서대로부터 멀리 가지고 갈 수도 없었을 것이다. 시간이 지나면 책이 너무 많아져서 다른 책을 가리지 않고서는 책을 펼칠 공간이 거의 없었을 것이다.

옥스퍼드 대학은 1444년 글로스터 대공 험프리에게 새 도서관을 짓는 일을 도와달라는 청원을 하면서 옛 도서실이 비좁아지는 문제를 거론했다. 청원자들의 말에 따르면 "사슬이 너무 촘촘하게 배치된 나머지 어떤 학생이 책을 읽으려 할 경우 주위에 있는 서너 권의 책을 다른 사람들이 볼 수 없는 일이 다반사"였다. 이런 상황은 훗날 혼잡한 서가에서 사람들이 책을 살펴보려 할 경우, 혹은 옛 대영박물관 열람실이나 뉴욕 공립도서관 주열람실 같은 큰 참고도서실에서 열람석을 차지하려 할 경우에 벌어지는 상황과 크게 다르지 않았던 것 같다(이는 또한 20세기 말 도서관이나 학교에서 컴퓨터를 이용하려 할 때에도 되풀이될 예정이었다). 컴퓨터는 케이블—사슬과 마찬가지로 컴퓨터의 이동을 제한한다—에 고정되어 있는데다 보조 하드웨어를 비롯해 마우스패드, 책, 종이 따위를 올려놓을 추가적인 공간을 필요로 한다. 컴퓨터 이용은 늘어나는 데 반해 같은 공간에 더 많은 컴퓨터를 두는 것은 불가능했고, 새로운 공간을 확보해야 했다. 도서관에서는 책을 멀리 떨어진 창고로 옮긴다든지 부피가 큰 참고서들을 작은 디스크로 대체함으로써 이 문제를 해결했다. 그러나 전자우편이나 인터넷이 중요한 통신 수단이 되면서 도서관에서의 컴퓨터 이용은 계속 증가하고 있다. 백과사전이나 다른 대량 데이터베이스가 담긴 CR-ROM들을 쌓아두는 공간도 계속 늘어난다. 상황이 이렇기 때문에 도서관 당국은 컴퓨터 이용

시간을 규제하는 정책 수립 문제를 놓고 골머리를 앓고 있다.

15, 16세기의 사서들 가운데 일부는 설사 더 많은 공간을 확보할 수 있다 해도, 새로운 공간 역시 금방 꽉 차버릴 것임을 분명히 알았을 것이다. 독서대 아래나 위에 수평 선반을 한두 개 설치하는 것은 빠르지만 일시적인 해결책이었고, 이는 해결한 문제만큼이나 성가신 새 문제들을 만들어내기도 했을 것이다. 가치가 떨어지는 책이나 장정이 까다롭지 않은 책은 독서대 위의 선반에 겹쳐 쌓을 수 있었지만, 책들이 점점 쌓이고 사슬이 엉키면서 어떤 책이 양면 독서대 어느 면에 놓여 있는지 알기가 쉽지 않았을 것이다. 이렇게 되면 사서가 정리해놓은 책의 순서가 엉망이 되었을 것이며, 책이 반대편으로 넘어가는 바람에 즉시 찾지 못하는 일도 벌어졌을 것이다.

독서대 건너편으로 잉크가 쏟아지는 일도 많았을 것이다. 독서대에서 책을 읽던 사람이 수평 선반 위에 있는 책들을 무심코 밀었을 때 맞은편에서 일하고 있던 학자의 머리맡에 놓여 있던 잉크병이 어떻게 되었을지는 충분히 짐작할 수 있는 일이다. 이런 상황에서 많은 사서와 도서관 이용자들은 틀림없이 더 나은 방법이 있다는 생각을 했을 것이다.

그 나은 방법은 '진열대 시스템'이라고 불리는 형태로 찾아왔다. 책 보관의 역사를 처음으로 자세하게 살펴본 존 윌리스 클라크에 따르면, 책이 사슬에 묶여 있는 한 책을 진열하고 읽을 수 있는 독서대는 사라질 수가 없었다. 사슬은 일부 도서관에서 17세기까지 계속 살아남았으며, 어떤 경우에는 18세기 말까지도 남아 있었다. 문제는 사슬이 있는 책상을 유지하면서 새로운 요소를 도입하는 것이었는데, 클라크에 따르면 이 문제는 어떤 상상력 풍부한 목수가 해결했다고 한다. 목수는 "등을 맞대고 붙여놓은 두 책상 사이에 넓은 선반을 설치하여 두 책상 사이를 몇 센티미터 정도가 아니라 상당한 간격으로 떨어뜨려놓은 다음, 가운데 선반 위에 선반을 한두 개 더 얹으면" 쓸모 있는 배치가 이루어질 것이라고 생각했다. 이 창의적인 목수의 구상은 간단히 말해, 두 개의 독서대 책상 사이에 높고 선반 폭이 넓은 서가를 설치하자는 것이었다. 지금으로 치면 위가 책장으로 된 접이식 책상secretary desk 두 개의 등을 붙여놓은 다음 책상을 열어놓은 모습을 상상하면 될 것이다.

양면 독서대 위나 사이에 세워진 선반은 책상에서 사용하지 않는 책을 보관할 공간을 제공했다. 이때 책을 수평이 아닌 수직으로 꽂아둠으로써 이웃한 책들을 가능한 한 적게 건드리면서 원하는 책을 쉽게 뽑을 수 있었다.

책꽂이의 기원에 대한 클라크의 설명에 이의를 제기한 캐넌 스트리터는 현대의 도서관 가구는 독서대와 장의 조합에 의해 진화했다고 믿었다. 스트리터에 따르면 16세기 서가는 중세 책장의 특징들을 물려받고 있는데, 중세 책장들 가운데 다수는 수직만이 아니라 수평으로도 칸이 나뉘어 있었다. "책들이 밀착되어 서로 상하게 하거나 책을 찾는 사람이 시간을 낭비하지" 않도록 책들을 분리하여 보관할 수 있는 구획이 만들어져 있었던 셈이다. 양면 독서대 사이에 높은 서가가 덧붙여지게 된 경위가 어떠하든, 이는 책을 보관하는 방식과 서가가 진화하는 데 중요한 계기가 됐다. 스트리터는 이런 혁신이 16세기 말에 이루어진 것으로 보고 있다.

시간이 지나면서 양쪽에 수직 지지대가 있는 수평 선반에 책을 수직으로 꽂게 되었다. 이것은 진열대 시스템 이전에는 일반적으로 이루어지지 않다가, 진열대 시스템과 더불어 보편화된 관행이었다. 처음에는 책장과 마찬가지로 선반에도 책을 계속 수평으로 쌓았을 가능성이 높다. 실제로 두 선반 가운데 높은 것은, 아래쪽 선반에 쌓아둔 책들 중간에 있는 책을 뽑으려 할 때 그 위에 있는 책들을 올려두기 위해 사용되었을 것이다. 이런 시나리오대로라면, 쌓여 있는 책 더미에서 원하는 책을 뽑는 것은 찬장에서 작은 접시들 밑에 깔린 큰 접시를 뽑아내는 일과 비슷했을 것이다. 또는 '하노이의 탑' 게임을 하는 것과 비슷했을지도 모른다. '하노이의 탑'은 한쪽 말뚝에 뒤죽박죽 꽂혀 있는 크고 작은 원반들을 두 번째 말뚝에 큰 것부터 순서대로 꽂아야 하는 베트남 게임이다(그러나 작은 원반 위에 큰 원반을 꽂을 수는 없다는, 사람을 미치게 만드는 규칙을 어겨서는 안 된다). 중세 책상들 사이에 있는 선반은 폭이 넓었기 때문에 한 선반에 있는 책을 위의 선반으로 옮기는 과정에서 맞은편에 있는 책들을 밀거나 잉크병을 쓰러뜨리는 일은 피할 수 있었다. 그러나 책을 쌓는다는 것(작은 책 위에 큰 책을 쌓을 수도 있었다)은 틀림없이 위태로운 상황을 초래했을 것이다.

물론 시간이 지나면서 장서가 늘어났을 것이고, 아랫선반이 꽉 차면 윗선반에도 책을 쌓기 시작했을 것이다. 이때까지도 책은 모두 수평으로 쌓았을 것이다. 그러나 이런 상황이 계속되면, 책들이 모든 곳에 빈틈없이 쌓여 보고 싶은 책을 뽑기 위해 그 위에 놓인 책들을 잠시 치워둘 만한 공간도 남지 않게 되었을 것이다. 그렇다고 무거운 책들 밑에 깔린 책 한 권을 그냥 뽑아내는 것은 예나 지금이나 중력에 대한 심각한 도전, 식기가 놓인 테이블보를 재빨리 잡아 뽑는 것보다 더 어려운 도전이었을 것이다.

사서가, 아니면 실제로 무거운 책들과 씨름해야 하는 독자들이 언제 어떻게 서가에 책을 수직으로 꽂게 되었는지는 아마 알 수 없을 것이다. 어쨌든 이렇게 하면서 책을 보관할 공간이 늘어났고, 책을 뽑을 때 큰 힘을 들이지 않게 됐다. 다른 책을 옮길 필요가 없었거니와 이웃해 있는 책들의 저항이 약했기 때문이다.

다들 알다시피 책 여러 권을 수직으로 꽂을 때 생기는 문제는, 책이 책장 끝에서부터 끝까지 꽉 채우지 못하면 쓰러지기 쉽다는 것이다. 이를 막으려면 맨 끝에 있는 책을 기울여서 지탱하거나, 수평으로 쌓은 책 더미로 지탱하거나, 북엔드로 지탱해야 한다. 중세나 르네상스 시대에 북엔드는 흔한 물건이 아니었던 듯하다. 이 시대의 개인 서재 선반에 적은 수의 책들이 수직으로 꽂혀 있는 모습을 묘사한 그림들이 있는데, 이는 분명히 예외적이었다. 사실 이 시대에 선반에 책을 수직으로 꽂는 것은 수평으로 쌓는 것이 더 이상 용이하지 않을 때 하는 일이었다. 즉 진열대 시스템이 포화 상태에 이르기 전에는 하지 않는 일이었다.

그러나 시간이 지나면서 학자나 사서들은 독서대 위의 선반에 책을 수직으로 꽂을 생각을 하게 되었다. 그런 생각이 들 즈음이면 책이 너무 많아 선반 한쪽 끝에서 다른 쪽 끝까지 꽉 채울 때였으므로 책이 쓰러지는 문제는 저절로 해결되었다. 그러나 이 시점에 이르러서도 책꽂이를 오늘날의 방식대로 이용하는 수준으로의 진화는 아직 완성되지 않았다. 처음에는 책을 앞마구리가 밖으로 나오고 책등이 선반 안을 향하도록 꽂았기 때문이다. 이렇게 한 이유는—책등에 저자나 제

이 그림은 책을 수직으로 두 줄 꽂아넣을 수 있을 만큼 넓은 선반에서는 어떻게 책을 사슬에 묶어두었는지 보여준다. 선반 건너편에 사슬로 묶여 있는 책들의 책등을 주의해서 보면, 책 앞마구리가 바깥을 향하고 있음을 알 수 있다.

목 등이 적혀 있지 않았다는 이유는 둘째 치고—책에 아직 사슬이 달려 있었는데, 사슬을 책 앞표지나 뒤표지의 세 가장자리에는 아무 데나 부착할 수 있었지만 책등에는 쉽게 또는 효과적으로 부착할 수가 없어서였다. 예를 들어 책을 책상 위의 선반에 수평으로 쌓아둘 때는 사슬을 뒤표지 위쪽에 부착했을 것이다. 이렇게 하면 사슬이 앞표지(보통 뒤표지보다 장식이 더 많다)를 훼손할 일도 없고, 책을 독서대에 펴놓고 읽을 때 사슬에 방해받을 일도 없다. 어떤 책들은 뒤표지 아래쪽에 사슬이 붙어 있었다. 어떤 도서관에는 선반이 독서대 아래쪽에 붙어 있었는데, 이런 경우에는 사슬을 뒤표지 아래에 붙인 책이 읽기에 편했다. 또한 사슬을 책의 어디에 부착하느냐 하는 문제에는 지역적 관습이나 장인의 개성도 작용했던 것 같다.

책들이 선반에 수직으로 놓이게 됐을 때, 표지 위쪽에 부착된 사슬은 책 앞마구리나 옆면으로 흘러내리면서 책들 사이에 혹은 페이지 사이에 끼어 손상을 입혔을 것이다. 그렇다고 표지 아래쪽에 사슬을 부착하면 책을 꽂거나 뽑을 때 사슬이 선반에 흠집을 낼 수 있었다. 또한 사슬 때문에 책이 비스듬히 놓이게 되면서 제본에 부담을 주었을 것이다. 더욱이 주의를 기울이지 않으면 책이 사슬을 깔고 앉으면서 삐딱하게 놓일 수 있었고, 장정이나 페이지가 훼손될 수 있었다. 아니면 사슬이 두 책 사이에 끼어 장정에 흠집을 낼 수도 있었다. 따라서 책을 수직으로 꽂을 때 사슬을 부착하기 가장 좋은 위치는 바로 앞마구리였다. 사슬이 선반 앞쪽으로 늘어지게 하면 다른 책에 걸리적거릴 일도 줄어들 터였다. 자연스럽게 앞마구리가 바깥쪽을 향하도록 책을 꽂게 됐다. 이런 배치는 클라크의 에세이나 스트리터의 조사에 등장하는 많은 삽화에서도 찾아볼 수 있는데, 이 삽화들을 보면 앞표지 위쪽에 사슬을 부착하기를 선호했던 것 같다.

결국 책에 사슬이 붙어 있을 경우 사슬을 어디에 부착하든 도서관 이용자는 가능한 한 사슬이 붙은 거추장스러운 부분을 책장 바깥쪽으로 향하도록 책을 보관할 수밖에 없었다. 따라서 책등을 제외한 다른 마구리가 선반 바깥쪽을 향하게 되었다. 시간이 지나면서 책등이 선반 안쪽을 향하도록 꽂는 것은 하나의 관습으로 자리 잡았고, 개인 서재에서도 책이 늘어남에 따라 책을 이런 방식으로, 즉 수직으로 나란히 꽂기 시작했다.

16세기 말에 도입된 책장의 수직 칸막이는 중세 초기 또는 그 후의 책장에서 영향을 받은 것일 수도 있지만, 순수하게 구조적인 이유로 나타난 것일 수도 있다. 만일 수직 칸막이가 없었다면 책을 수직으로 꽂기까지 더 오랜 시간이 걸렸을 것이다. 중간에 있는 수직 지지대는 수평으로 보관할 수 있는 책들의 수를 제한할 뿐 아니라, 수직으로 꽂은 여러 권의 책을 지탱할 수 있는 딱딱한 '북엔드' 역할도 했기 때문

옥스퍼드 보들리언 도서관의 이 책장은 책의 무게 때문에 선반이 휜 모습을 분명하게 보여준다.

이다.

중세에 일반적인 독서대의 길이는 2미터가 넘었는데, 이 정도 길이의 선반이 양 끝 수직 지지대에 의해서만 지탱된다면 무거운 책들을 올려놓을 경우 심하게 휠 수 있었다. 선반이 활 모양으로 휘게 되면 보기 좋지 않을뿐더러 아래 꽂힌 책들에 해로울 수도 있었다. 선반이 내려앉으면서 책을 잡아 빼기 힘들 만큼 꽉 죌 수도 있었기 때문이다. 따라서 수직 지지대 사이의 선반 길이는 짧을수록 좋다고 할 수 있다.

중세인들에게는 없었던 이론과 공식으로 무장한 현대 엔지니어들에게 견고한 책꽂이를 설계하는 문제는 본질적으로 다리를 설계하는 문제와 다를 것이 없다. 엔지니어들에게는 책들이 빽빽이 꽂힌 선반이나 차들이 꼬리에 꼬리를 물고 늘어선 다리나 하중이 균일하게 걸린 빔의 문제로 나타난다. 빔이 받칠 수 있는 힘은 이미 확고하게 정리된 공식으로 계산될 수 있는데, 그 공식에 따르면 경간徑間의 길이를 두 배로 하면 빔이 견뎌야 하는 압력은 네 배로 늘어나고, 두께를 두 배로 하면 압력은 4분의 1로 줄어든다. 바꿔 말하면, 힘이라는 면에서 볼 때, 선반의 길이를 반으로 줄이거나 두께를 두 배로 늘이는 것은 똑같은 결과를 낳는다.

그러나 엔지니어들이 휨이라고 부르는, 선반이 처지는 현상은 문제가 다르다. 길이와 두께를 바꾼다 해서 비례적으로 반대 효과를 낼 수 없기 때문이다. 책꽂이 선반의 길이를 두 배 늘이면 전과 같은 종류의 책을 꽉 채웠을 때보다 열여섯 배 휠 것이다. 그러나 두께를 두 배로 하면 처지는 현상은 8분의 1 줄어들 것이다. 따라서 아주 긴 선반이 지나치게 처지는 것을 막으려면 어울리지 않게 두껍게 만들어야 하는데, 이것은 대부분의 사람들이 생각하는 균형 잡힌 책꽂이의 모습과는 거리가 멀다.

이 문제에 대해 생각해본 사람들에 따르면, "책꽂이 설치에서 가장 자주 눈에 띄는 실수는 처짐의 요인을 고려하지 않은 것"이라고 할 수 있다. 사서이자 운율학자인 멜빌 듀이는 책꽂이 길이의 "중용"은 100센티미터라고 믿었는데, "경험상 100센티미터가 넘는 선반은 책을 완전히 채웠을 때 중앙이 처지기" 때문이다. "이렇게 처지게 되면 서재의 모양을 망칠 뿐 아니라 때때로 선반이 수직 지지대에서 빠져버리는 일도 발생하며, 늘 책들이 선반 중심을 향해 기울게 된다."

공대 2학년생이면 배우는 빔의 공식을 이용해 초보적인 계산을 해보면 길이 2미터, 두께 2.5센티미터, 폭 30센티미터의 선반(중세에 사용됐을 법한 선반이다)은 2.5센티미터 두께당 2킬로그램이 나가는 가벼운 책들을 올려놓아도 가운데가 6센티미터 이상 휜다는 것을 알 수 있다.

오늘날 소나무로 만든 두께 2센티미터, 폭 20센티미터, 길이 95센티미터짜리 선반(양 끝에서 걸이못으로 지탱된다)에 비슷한 무게의 책을 올려놓으면 0.4센티미터 정도 휜다. 앞선 것보다 15분의 1 정도 휘는 것이지만, 그래도 눈에 띌 만하다. 어쨌든 선반 길이를 15센티미터만 줄여도 휨에 큰 차이가 나타난다. 처지는 것은 선반 길이의 네제곱에 비례하기 때문이다. 실제로 같은 재료로 만들어 같은 무게를 올려놓는다고 할 때, 90센티미터짜리 선반은 75센티미터짜리 선반에 비해 두 배 이상 휜다. 이런 계산이 가능하기 전, 현대적 관점에서 보자면 물건을 필요 이상으로 복잡하게 만드는 경향이 있던 시절에도 노련한 목수들은 선반이 지나치게 휘어 미학적으로나 기능적으로나 제 몫을 못 하는 것을 막기 위해 선반에 60센티미터 간격으로 지지대를 설치하곤 했다. 뜻하지 않게 수직 지지대로 사용되던 판자들은 책들을 선반 위에 배치하는 방식도 바꿔놓았을 것이다. 엔지니어들은 열역학적 효율을 구할 때든 완벽한 책꽂이를 만들 때든 자연의 법칙을 피할 수 없다는 사실을 안다. 그러나 그들은 때때로 교묘한 해결책을 내놓아, 자연을 자연 자신과 싸우게 만든다.

나는 예전에 인디애나주 웨스트라파예트에 사는 대학 동창을 찾아간 적이 있는데, 그 친구도 책꽂이의 힘과 아름다움이라는 문제를 놓고 고민하고 있었다. 그는 막 원룸 아파트로 이사한 참이었는데, 책꽂이 몇 개를 이용해 방을 분할하고 싶어했다. 그는 대학원생이었기 때문에 벽돌과 판자를 이용해 책꽂이를 만들 계획이었다. 또 그는 공학도였기 때문에 책꽂이를 하나의 구조물로, 즉 벽돌 받침대에 의해 지탱되는 나무 빔으로 보았다. 고속도로 다리가 가능한 한 평평해야 하는 것처럼 그도 자신의 책꽂이가 가능한 한 곧고 평평하기를 바랐다.

그는 모든 빔은 무거운 하중을 받으면 눈에 띄게 구부러진다는 것을 알았고, 그가 이용하고 싶어하는 특별히 긴 판자에 공학 교과서나 참고서를 올려놓을 때도 같은 현상이 벌어질 것임을 알았다. 만약 판자 양 끝에만 벽돌을 받친다면 판자 중앙이 심각하게 처질 터였다. 물론 중앙에 제3의 벽돌을 넣어 받칠 수도 있었다. 그러나 그는 돈을 더 들여 더 무거운 짐을 집으로 운반하는 것이 싫었거나, 아니면 책을 놓을 수 있는 공간에 벽돌을 놓는 것이 아까웠던 것 같다. 아니면 엔지니어들이 좀 더 우아한 해결책이라 부르는 것을 찾아내려 했던 것인지도 모른다.

벽돌 받침대의 간격이 넓을수록 판자가 더 많이 처지리라는 것은 굳이 엔지니어가 아니더라도 알 수 있는 일이다. 벽돌 받침대 간격을 줄이면 판자 중앙이 처지는 정도가 줄어들 것이다. 하지만 책들을 판자 중앙 부분에 올려놓는다면 판자 양 끝은 날아가는 글라이더의 날개처럼 위로 휘어 전체적으로 활 모양의 선반이 될 것이 틀림없었다. 반대로 책들을 판자 양 끝에 쌓아둔다면 판자는 마치 땅 위에 있는 글라이더의 처진 날개처럼 아래로 휠 터였다. 그러나 내 친구는 선반 한쪽 끝에서부터 반대쪽 끝까지 책으로 꽉 채울 예정이었다. 중앙에 놓인 책들은 판자 가운데를 누르면서 양 끝을 들어 올릴 터였다. 반대로 판자 양 끝에 놓인 책들은 끝부분을 눌러줌으로써 판자 중앙 부분을 들어 올려, 선반이 처지는 것을 전체적으로 완화해줄 터였다. 실제로 내 친구는 (이렇게 만든 책꽂이에 보관하려 했던) 몇 권의 참고서로부터 공식을 도출해, 판자의 휨을 최소화할 수 있는 벽돌 배치 간격을 계산해냈다. 그렇게 해도 선반이 처지는 것을 완전히 피할 수는 없었지만, 언뜻 보아서는 거의 눈에 띄지 않았다. 엔지니어라면 이를 두고 휨 현상과 책을 위한 공간이라는 면에서 볼 때 최적화된 디자인이라고 말할 것이다.

처짐을 줄이는 또 다른 방법은 얇은 판자 앞부분에 비교적 두꺼운 나무 띠를 붙이는 것이다. 그렇게 하면 두께가 늘어나기 때문에 선반은 더 단단해진다. 예를 들어 내 서재에 있는 책꽂이는 2센티미터 두께의 합판으로 만들어졌는데, 앞 가장자리에 폭 2센티미터, 두께 2.5센티미터의 단단한 나무 띠가 선반 윗부분과 같은 높이로 붙어 있다. 이는 합판의 마감재 역할을 할 뿐 아니라 원래 합판의 두께를 늘려 힘을 강화해주는 역할도 한다. 이런 방법을 이용하면 선반이 실제보다 더 두꺼워 보인다는 이점도 있다. 따라서 얇고 값싼 나무를 쓰면서도 책장의 경간 및 수직재에서 더 두꺼운 선반이 갖는 효과를 낼 수 있다. 케임브리지 매그덜린 칼리지에는 새뮤얼 피프스가 17세기에 만든 책장들이 지금까지 남아 있는데, 어떤 선반 밑에는 황동 막대가 붙어 있다. 아마 한 번 처졌던 선반을 밑에서 받쳐 원래의 수평 상태로 돌려놓기 위해 붙여놓은 것 같다.

아이오와 대학의 희귀본 서가에 가보면, 멀리서 보았을 때 개인 서재의 나무 책장처럼 보이는 장(꼭대기에 멋진 코니스cornice가 붙어 있기 때문이다)에 보관된 책들이 있다. 중고 책방들이 헌책을 구할 때 책장까지 끼워 사듯이, 도서관의 특별 장서들 역시 책장까지 함께 물려받는 것이 틀림없다(중세 수도원 도서관들이 주교의 책과 더불어 그 책들을 보관하고 운반하던 궤를 얻는 것과 마찬가지다). 어쨌든 아이오와의 책장들은 사실 강철로 만들어졌으며, 나무를 흉내 내 마무리를 한 것뿐이다. 이 책장은 강판 선반을 압착 강판 수직 지지대의 틈에 끼워 만든 것인데, 잘 살펴보면 경첩이 있다. 원래 이 책장에 문이 달려 있었음을 알려주는 것이다. 몇

코니스는 원래 건축 벽면에 수평으로 된, 띠 모양의 돌출 부분을 가리키는 말이다.

존 헤일스가 그린
새뮤얼 피프스의 초상.

Fig. 70. The interior of the Library of the University of Leyden.
From a print by Jan Cornelis Woudanus, dated 1610.

이 1610년 인쇄물에는 라이든 대학의 사슬 도서관이 묘사되어 있다. 책들은 주제에 따라 배치되었으며, 이용되지 않을 때는 수직으로 꽂아두었다. 오른쪽 앞의 닫힌 책장, 뒤쪽 벽의 또 다른 도서 보관용 벽장을 눈여겨보라.

몇 선반은 폭이 일반적인 선반의 두 배여서, 원래 소유자가 책을 두 줄로 꽂고 싶어했거나(17세기에 피프스가 그렇게 했고, 20세기 말 현재 이 도서관이 그렇게 하고 있는 것처럼) 큰 책들을 눕혀서 보관하려 했음을 보여준다. 강판 선반들은 강도와 견고함을 위해 흔히 그러하듯이 앞쪽과 뒤쪽 가장자리를 아래로 접었는데(나무 선반과 같은 두께를 흉내 내려는 의도도 있었을 것이다) 선반 가장자리를 따라 추가로 강판을 접어 용접해놓았다. 이렇게 해서 상자형 빔이 만들어진 셈이 되었으며, 덕분에 선반의 강도는 더욱 높아졌다. 이 책꽂이의 소유자는 아주 무거운 책을 올려놓아도 선반이 직선을 유지하는 데 만족스러워했을 것이며, 이런 만족감은 중세 사서들이 느꼈던 것과 크게 다르지 않을 것이다.

중세 말에 선반이 처지는 것을 막기 위해 사용되었던 수직 칸막이는 동시에, 아마 우연이겠지만, 책들을 수직으로 보관하게 해줌으로써 공간을 절약하고 책을 쉽게 빼는 것을 가능하게 해주었다. 도서관 책꽂이에 책들이 적당히 들어차고 양쪽 수직 지지대가 북엔드 역할을 해주면, 책들은 앞표지와 뒤표지를 맞댄 채 수직으로 서서 서로를 지탱해주었다. 이상적인 상황에서라면 책이 너무 빽빽하거나 너무 헐겁게 꽂히지 않았을 것이며, 책 각각의 사슬은 아래로 늘어져, 다른 책이나 사슬을 건드리지 않고도 쉽게 원하는 책을 뽑을 수 있었다. 이런 식으로 배치된 책들은 그 어느 때보다도 단정하고 말끔했을 것이다. 수평으로 책을 쌓아두어서는 좀처럼 단정하게 책을 배치할 수 없었기 때문이다. 차려 자세를 한 병사들처럼 수직으로 배치되어 한 줄로 서 있는 같은 크기의 책들은 인쇄기에 들어가 있는 책들처럼 보였을 것이다. 인쇄기에는 제본의 풀이 마르면서 책이 비뚤어지거나, 쌓아놓은 책이 압력에 뒤틀려 힘들게 작업해놓은 것이 망가지지 않도록 책들을 조심스럽게 배치해야 했다.

단정하게 서 있는 책들의 모습을 보고 제본소 인쇄기press에 들어가 있는 책들을 떠올린 사람은 한둘이 아니었을 것이다. 이런 비슷한 모습 때문에 책장을 가리키는 말로 'press'를 사용하게 되었는지 아닌지는 어원학적으로 밝혀지지 않았지만, 책장을 가리키는 'aramarium'은 영어에서 'book press'로 널리 알려지게 됐으며, 시간이 지나면서 'bookcase'와 'press'라는 말은 서로 바꾸어 쓸 수 있게 되었다. 책을 보관하는 가구를 무엇이라 부르든 간에 책은 계속 늘어났으며, 책을 보관할 공간은 계속 부족해졌다. 책장은 선반 세 개 높이로 만들어지기 시작했으며, 사람들은 이제 책상이 되어버린 독서대 아래의 빈 공간도 책을 보관할 장소로 눈독을 들이게 되었다. 주목할 만한 예외가 몇몇 있기는 했지만—이탈리아 북부 도시 체스나의 15세기 도서관이나 케임브리지 트리니티 홀의 17세기 도서관에서는 책상 아래에 수평 선반을 덧붙였다—일반적으로 책상 아래 공간은 그때까지 빈 채로 남아 있었다. 의자에 앉은 학자의 무릎이나 발이 그 공간을 채울 뿐이었다. 그러나 시간이 지나면서 늘어나는 책과 수서 때문에 고민하던 사서들은 이 사용되지 않는 공간에 책궤들을 집어넣기 시작했고, 나중에는 선반을 설치해 책을 놓기 시작했다. 선반을 설치할 공간에 대한 필요가 책들이 발에 차여 훼손되는 것을 막고자 하는 욕망을 이긴 셈이다.

사서는 이 책상 아래 선반에는 책들을 책등이 바깥을 향하도록 꽂음으로써 책 앞마구리가 학자들의 신발에 차이거나 긁혀 훼손되는 것을 막을 수 있었다. 책등은 제본에서 가장 약한 부분이기 때문에 이미 상당히 훼손되어 있는 경우가 많았지만, 인쇄기가 발달하고 인쇄된 책들이 늘어남에 따라 책을 어디에 보관할 것인가가 주요한 관심사로 떠올랐다. 새로운 책들, 특히 크기가 작은 책들은 거의 사슬에 묶이지 않았다. 때문에 이 책들은 책등이 안으로 가든 밖으로 나오든 똑같이 편하게 보관할 수 있었다. 그러나 습관의 힘 때문에 책등을 선반 안쪽으로 두는 경우가 많았다.

1620년대 케임브리지 대학에 세인트존스 칼리지(영국 작가 존 이블린은 일기에 이 건물이 케임브리지 대학에서 "가장 훌륭하다"고 묘사했다)가 세워졌을 때, 새 도서실에는 새로운 종류의 책장이 들어왔다. 세인트존스 도서관으로 만들어진 이 방은 길이 33미터, 폭은 9미터로 도서관 특유의 길쭉한 구조였다. "옆면 벽에는 끝이 뾰족하고 창구窓口가 둘인 높은 창 열 개가 나 있고 꼭대기에는 창 장식이 달려 있었다." 이러한 배치는 과거 사서들에게 아주 쓸 만했을 뿐 아니라 이에 대해 별 불만이 나오지도 않았기 때문에 여기서도 채택된 것이다. 방의 너비는 2.4미터 높이 책장을 두 줄로 벽과 직각을 이루도록 배치하고 또 중앙의 넓은 통로에 탁자나 독서대를 둘 수 있을 정도였다. 책장들은 1.1미터 간격을 둔 창문들 사이에 자리 잡았는데, 이 정도면 책장에 부착된 책상에 의자를 놓기에 충분했다. 그러나 이제 책을 사슬에 묶어놓을 필요가 없었기 때문에, 또는 대량 생산되는 인쇄본에는 사슬이 실용적이지 않았기 때문에, 책장에 책상을 붙일 필요가 없었다. 책상이 없다면 의자도 필요치 않았고, 따라서 창문 앞의 공간이 비게 되었다. 이곳에는 낮은 책장을 갖다둘 수 있었고, 그렇게 하면 물론 선반 공간이 늘어나 더 많은 책을 꽂을 수 있었다.

창문을 일부러 바닥에서 1.2미터 높이에 만들었는지(빛을 가리지 않으면서도 그 정도 높이의 물건을 창 앞에 둘 수 있도록) 아닌지는 알려져 있지 않다. 아니면 창 앞에 긴 의자가 아닌 "낮은 책장"을 두자는 생각이 먼저 들어 창턱이 1.2미터 높이가 된 것인지도 모른다. 닭이 먼저인지 달걀이 먼저인지는 알 수 없지만 이런 배치가 세인트존스에는 꽤 쓸모가 있어, 도서실의 책 수용량이 50퍼센트 증가했다. "낮은 책장"은 "원래 165센티미터 높이에, 위에는 경사진 책상이 달려 있어 책을 올려놓고 공부할 수 있었다." 케임브리지 전통이었던 서서 읽는 독서대를 본떠 만들어진 이 책장은 높은 창을 통해 들어오는 빛을 가리지 않을 정도로 낮았으며, 일어선 자세에서 가슴 높이에 책(낮은 책장에서 꺼낼 수도 있었고 뒤의 높은 책장에서 꺼낼 수도 있었다)을 놓고 읽을 수 있어 편리했다. 시간이 지나면서 서서 읽는 독서대는 중간에 선반을 하나 더 붙여 책을 읽을 수 있는 높이 이상으로 높아졌고, 경사진 책상은 책장 맨 꼭대기에 흔적으로만 남게 되었다.

앉아서 읽는 것을 더 좋아하는 사람들에게는 "읽는 사람의 편의를 위해 등받이 없는 의자가 제공되었다." 고정된 것이 아니었기 때문에 자유롭게 옮길 수 있었던 이 의자는 또 다른 목적을 가지고 있었음이 분명하다. 다리가 바깥쪽으로 벌어진 것을 보면, 사람이 위에 올라서도 기울지 않도록 설계된 것임을 알 수 있기 때문이다. 이 의자는 키가 작은 독자들, 또는 책장 위쪽 선반에 꽂힌 책들을 더 잘 보고 싶은 사람들에게 요긴하게 쓰였을 것이 틀림없다.

세인트존스 도서실 책장은 원래 밑에 받침이 달려 있어서 가장 낮은 선반도 바닥에 직접 닿지 않았을 것으로 여겨진다. 이런 받침은 케임브리지 피터하우스 도서실에서도 찾아볼 수 있는데, 이는 책장에 의자가 고정되어 독자들이 책장을 등지고 앉아 책을 읽었기 때문에 사용된 것으로 보인다. 받침을 달 수 있었던 것은 책을 묶어두거나 사람을 걸리적거리게 하는 사슬이 없었기 때문이다. 의자 표면은 위쪽 선

책들이 사슬에서 풀려나자 책상이나 고정된 의자도 불필요하게 됐다. 이 그림에 나온 케임브리지의 세인트존스 도서실 배치에서도 그것을 알 수 있다. 오른쪽의 서서 읽는 독서대는 창 바로 앞에 자리 잡았다. 의자는 올라서서 높은 선반에 있는 책을 꺼내거나 낮은 책장 앞에 앉는 데 사용되었다.

16세기 케임브리지 피터하우스 도서관에서는 책에서 사슬을 떼어냈다. 그림에 나오는 책장들은 17세기 중엽에 만들어진 것이다. 이 책장들의 특징은 아랫부분에 날개가 달려 있다는 것인데, 이런 날개는 한때 책장 하단과 이웃한 책장 사이의 벽을 따라 설치되어 있던 의자의 끝부분이었다. 포디엄podium이라 불렸던 이런 의자는 높은 선반에 꽂힌 책을 뽑을 때 올라서는 발판으로 이용되기도 했다.

반에 있는 책을 볼 때 올라서는 발판으로 이용되기도 했다. 이런 의자들은 시간이 지나면서 치워졌는데, 아마 책을 꽂을 공간을 더 확보하기 위해서였을 것이다. 하지만 오늘날에도 책장 하단에 받침이나 의자의 흔적이 남아 있는 것을 볼 수 있다. 세인트존스 칼리지에서도 피터하우스와 같은 배치와 변화가 있었다는 것은 그곳에서 높은 책장들을 계속 "큰 의자"라고 불렀다는 사실에 의해서도 확인된다. 책장들 양 끝에는 아직까지 받침이 남아 있는데, 이런 받침이 앞쪽에도 있을 경우 의자의 등받이 역할을 할 만한 높이까지 올라갔을 것이라고 짐작된다. 어쨌든 이런 받침과 의자를 떼어내고 선반들을 설치하자 더 많은 책을 보관할 수 있게 되었다.

또 세인트존스 책장들은 원래 한가운데에 벽기둥이 있었던 것으로 보인다. 벽기둥이 존재했다는 사실은, 여러 증거 가운데서도 코니스 바로 아래에 있는 중앙 까치발bracket에 의해 뒷받침된다. 벽기둥은 더 많은 공간을 확보하기 위해 의자와 등받이를 없앨 때 함께 없앴을 가능성이 높다. 기둥을 받쳐줄 받침이나 의자가 없다면 그런 벽기둥은 건축학적으로 매력이 있는 것도 아니고, 구조적으로 자기 몫이 있는 것도 아니기 때문이다. 세인트존스 책장들은 다섯 선반 가운데 아래 네 선반에 있는 좁고 장식 없는 수직재들 때문에 더 흥미를 끈다. 맨 위 선반에 그런 수직재가 없다는 것은 이런 수직재들의 목적이 적어도 아랫부분에서는 구조적인 것이었음을 강력하게 증거한다. 즉 책장에 구획을 짓거나 책이 넘어지지 않게 옆에서 지탱해주는 역할보다는, 선반이 처지는 것을 막는 역할이 더 컸다는 것이다. 오늘날의 책장들에는 물론 수직재가 꼭대기까지 쭉 뻗어 있다. 그렇지만 이렇게 하는 주된 이유가 구조적인 것인지, 기능적인 것인지, 미학적인 것인지에 대해서는 논란이 있을 수 있다.

처짐을 막아주는 수직적 요소들은 낡은 책장에 구획을 짓기도 했다. 이런 맥락에서 수직재들은 책들을 똑바로 선 자세로 유지해주는 데만이 아니라 책을 찾는 데 중요한 역할을 했다. 책장 끝에 붙여놓는 도서 목록은 책들을 구획별로 분류해놓아, 원하는 책을 쉽게 찾을 수 있었다. 실제로 스트리터는 이렇게 말한다.

> 독서대에 덧붙여진 것은 선반(현대 책장에 있는 것과 같은 선반)이 아니라 칸막이, 즉 벽장을 분할하는 도구다. 이런 관점은 계속해서 칸막이에 부여된 중요성에 의해 뒷받침되고 있다. 이는 분류체계를 통해 알 수 있다. 1749년이라는 늦은 시기에도 헤리퍼드의 도서 목록은 알파벳 체계를 기초로 작성되지 않았다. 그것은 각 책장에 있는 칸막이들의 목록이었다.

따라서 세인트존스 도서관의 칸막이가 없는 맨 꼭대기 선반은 책장 발달의 후기 단계와 관련된 것이 분명하다. 스트리터에 따르면 진열대 시스템에 의해 도입된 책장들은 긴 선반을 수직재를 이용해 분할했다기보다는, 칸들을 수평으로 줄지어 세워놓은 것으로 보이기 때문이다. 실제로 헤리퍼드 책장의 칸들은 세로가 아니라 가로로 번호가 매겨져 있다. 이는 선반이 아니라 칸이 책장의 일차적 단위라는 스트리터의 주장을 뒷받침해주는 대목이다.

따라서 헤리퍼드 성당의 복원된 사슬 도서관에서 책을 찾는 방법은 지금까지도 다음과 같다.

> 역사적 도서관에서는 관례이지만, 각 책에는 책장에서의 정확한 위치를 표시하는 독특한 서가 기호가 붙어 있다. 이것은 세 가지 요소로 구성된다. 구역을 표시하는 문자(A-P), 선반을 표시하는 숫자, 선반에서의 위치를 표시하는 숫자. 선반은 위에서부터, 그리고 구역 안쪽에서부터 번호를 매긴다. 따라서 각 구역의 세 줄에서 안쪽에 있는 선반은 각각 위에서부터 1, 4, 7이 된다. 어떤 책장의 앞쪽 가장자리에는 지금도 이런 숫자들이 적혀 있다.

이는 오늘날 도서관이나 서점, 개인 서재에서 책을 배치하는 방법과 다르다. 아마 책을 꽂는 선반이 상당한 길이로 늘어났을 때부터 변화가 일어나기 시작했을 것이다. 우리는 책장에 꽂힌 책을 훑어볼 때, 선반의 수직 받침대를 만나면 더 나아가지 않고 왼쪽으로 돌아가 그 선반들의 집합—현재 미국 사서들은 '섹션section'이라고 하지만 영국에서는 오랫동안 '티어tier'라고 불렀던—에서 한 칸 아래에 있는 선반부터 다시 순서대로 꽂힌 책들을 보기 시작한다. 물론 이 순서는 주제에 따른 것일 수도 있고, 알파벳에 따른 것일 수도 있고, 숫자 체계에 따른 것일 수도 있다. 어쨌든 결과적으로 현재 우리 책꽂이들은 옛날에 두루마리에 쓰인 글처럼 단 형식으로 짜여 있다. 물론 가끔 큰 도서관, 책방, 서재에서 선반이 긴 책꽂이가 당당한 모습을 보여주기는 하지만, 그것이 그곳의 질서에서 핵심이 되는 것은 아니다. 책 자체도 한 페이지를 아래까지 완전히 읽은 다음에 다음 페이지의 꼭대기로 올라가기 때문에, 현대적 체계의 배치와 다르지 않다. 우리는 왼쪽 페이지 맨 윗줄을 읽다 좌우 페이지 사이의 여백을 가로질러 오른쪽 페이지로 가 그 줄을 마저 읽은 다음, 다시 왼쪽 페이지로 돌아가 두 번째 줄

헤리퍼드 성당의 사슬 도서관은 1500여 권의 책이
"17세기의 책장에 사슬로 묶여" 있어 "현존하는 영국 최고의
사슬 도서관"이라 일컬어진다.

을 읽기 시작한다는 것은 꿈도 꾸지 못할 것이다. 멜빌 듀이(그의 성은 Dewey지만 철자 개혁론자이자 도서관 분류학자인 이 사람은 다른 많은 단어들을 줄여 썼듯이 자기 이름도 Dui로 짧게 쓰려고 했는데, 성공하지는 못했다)는 섹션은 영국식으로 '티어'라 쓰고 책장은 '페이스face'라고 쓰는 데(이렇게 쓰는 것이 더 짧아서 그랬는지도 모른다) 또 다른 비유를 들었다.

> 선반은 신문의 줄에, 티어는 단에, 페이스는 면에 해당한다. 도서관의 변함없는 규칙은 신문을 읽듯이 순서에 따라 책을 배치하는 것이다—즉 왼쪽에서 오른쪽, 위에서 아래다. 수직 칸을 넘어가는 것은 신문에서 단 사이의 공백을 넘어가는 것과 마찬가지다. 선반 아래에서부터 위로 번호를 붙이고 배치하는 것은 중국식 방법이다. 책 번호를 오른쪽에서부터 왼쪽으로 붙여나가는 것이나,

카드 분류표를 서랍 뒤쪽에서부터 앞쪽으로 배치하는 것과 마찬가지다.

이런 어색한 일이 일어나는 것은 바닥에 가까운 곳에 높은 공간을 배치하고 점차 그 위에 공간을 쌓아올리기 때문이다. 이럴 경우 높은 건물의 층수처럼 아래에서부터 번호를 매기게 된다. 어떤 관행에 대해서든 이론이 만들어질 수 있으나, 이 관행은 뒤집힌 것이 분명하기 때문에 없애야 한다.

어떤 질서에 따른 책의 배치가 필요했던 것은 주로 16세기에 늘어나기 시작한 대규모 공공도서관에서였을 것이다. 이는 장서 공간을 절약하기 위해서만이 아니라 이용자나 사서—사서는 보통 자신이 돌보는 책을 매일 이용하는 사람이 아니라 보관자였다—가 책을 찾는 것을 돕기 위해서도 필요했다.

어쨌든 중세에 처음으로 줄을 맞추어 책을 보관하게 됐을 때는 앞서 말한 여러 가지 이유에서 책등이 책장 안쪽을 향하도록 배치했다. 책등은 그야말로 '등'으로서 인공물의 기계적인 측면이었지, 세상에 내세울 만한 것이 아니었다. 책등은 장정에서 사슬을 부착하기에 가장 어울리지 않는 부분만이 아니라 가장 남 앞에 내놓기 힘든 부분으로 여겨졌을 가능성이 크며, 따라서 사람들 눈에 띄지 않게 돌려놓았을 것이다. 책등은 문, 즉 책 표지에 달린 경첩이었다. 이따금 경첩을 보기 좋게 만들기도 하지만, 애초에 경첩을 눈길을 끌 만한 것으로 만들려 하지는 않는다. 경첩은 꼭 삐걱이는 소리를 내지 않더라도 성가신 부분이며, 좀 더 의미 있는 부분—문—에 불가피하게 따라오는 부속물이다. 경첩은 봄으로써가 아니라 소리를 들음으로써 발견하게 될 가능성이 크다. 물론 더 좋은 것은 보이지도, 들리지도 않는 것이다. 책등은 오늘날 탁자나 책상 아랫면, 혹은 컴퓨터 뒷면과 마찬가지로 눈앞에 그대로 드러내기 위해 만들어진 부분이 아니었다. (새 컴퓨터를 광고하는 사진에서 집에서는 감추기 어려운 전선이나 케이블이 뒤엉킨 모습을 본 적이 있는가?) 책등은 필수적인 구조물이지만, 탁자나 책상에서 책을 읽는 이들은 그것을 눈여겨보거나 두 번 생각하지 않을 가능성이 높다. 물론 경첩이 그러하듯이, 간혹 책등이 눈에 띌 때가 있다. 책은 문과 마찬가지로 사용되는 물건이며, 이런 이유로 정교하게 장정된 책의 책등에는 의식용 문의 경첩처럼 약간의 장식이 이루어지기도 했다. 그러나 책 표지나 문 자체만큼 화려하게 장식되는 경우는 거의 없었다. 책등은 오직 보기 흉할 정도로 닳거나 찢어졌을 때에만 관심을 끌었고, 이것이 책등이 책장 안쪽을 향하도록 꽂은 또 하나의 이유이기도 했다.

큰 도서관에서는 책들을 순서에 따라 보관하되, 서로 구별되는 특징이 없는 앞마구리가 앞으로 나오고 책등이 뒤로 가도록 보관해놓은 상태에서 책장 끝에 붙여놓은 도서 목록—헤리퍼드의 사슬 도서관에서도 이런 목록표를 붙여놓았다—을 보고 책을 찾았다. 진열대 시스템에서는 일반적으로 방의 세로 전체를 따라 넓은 중앙 통로가 있었고, 방 양쪽에 책상과 마주 보는 책장들로 이루어진 진열대들이 놓였다. 각 책장 끝에는 책장에 꽂힌 책들을 순서대로 적어 액자에 끼운 목록표가 걸려 있었다. 현재까지 남아 있는 16세기의 서술에 따르면 "두 개의 긴 회랑으로 이루어져 있고, 책들은 진열대에 정리되어 있으며, 진열대마다 끝에 모든 책의 제목이 적힌 기록부가 있는" 로체스터 주교의 커다란 개인 서재는 "영국 전체에서 가장 유명한 서재였다." 책을 바꾸거나 재배치할 경우에는 양피지나 종이에 적힌 목록을 쉽게 덧붙이거나 수정할 수 있었다.

때로 정교하게 액자로 제작되기도 한 도서 목록—찬송가나 시편 안내판 혹은 교회 게시판과 닮은—은 여전히 영국의 오래된 도서관들에서 찾아볼 수 있다. 어떤 경우에는 액자에 작은 나무 문을 달아둠으로써 목록을 이용하지 않을 때는 닫아둘 수 있었다. 이렇게 하면 메뉴판을 쭉 달아놓은 것처럼 보이는 일을 피할 수 있어 도서관에 우아한 멋을 더해주었을 것이다—케임브리지 트리니티 칼리지의 렌 도서관이 여전히 이런 모습인데, 이곳에서 방 중앙 통로를 내려다보면 나무판들 중간중간에 서가들 사이의 오목한 곳만 눈에 띈다. 목록표 액자에 문을 달아놓은 또 다른 이유는 햇빛 때문에 목록을 적어놓은 잉크가 바래는 사태를 막기 위해서였을 것이다. 인쇄가 책 제작의 표준적인 매체로 자리 잡은 뒤에도 도서 목록과 같은 자주 고쳐야 하는 낱낱의 문서는 계속 사서가 손으로 썼을 것이기 때문이다.

문이 달려 있든 달려 있지 않든 도서 목록을 책장 끝에 붙이던 관행은 도서관이나 서점에서 한 구역의 책꽂이들 끝에 표지를 붙이는 형태로 오늘날까지 남아 있다. 물론 이런 표지에는 모든 책의 목록이 들어 있지 않다. 서점에서는 역사나 기술 같은 넓은 범주를 표시하는 경우가 많고, 도서관에서는 일정한 범위의 도서 정리 번호를 적어두는 경우가 많다. 오늘날에는 어떤 범주 안에 책들이 알파벳 순서나 번호 순서에 따라 놓여 있기 때문에, 우리는 보통 원하는 책을 쉽게 찾거나 아니면 그 책이 서점이나 도서관에 없다고, 또는 누군가 먼저 가져갔다고 결론 내릴 수 있다. 집에 있는 책장은 거기 꽂힌 책들이 너무 익숙하기 때문에 그런 엄격한 순서를 필요로 하거나 따르는 경우가 드물다. 하지만 이 책 여러 곳에서 암시하듯이(부록에서 전면적으로 다뤘다)

예외가 있고 또 일부 예외적인 장서가도 있다.

책의 위치는 선반 번호를 알면 자동적으로 알 수 있기 때문에 필요하다면 목록을 하나하나 헤아려서 선반에서, 아니 칸에서 책을 찾아내는 것은 간단한 일이었다. 책을 찾는 시스템만 확립되면 장정에 저자나 제목을 표시할 필요가 전혀 없었다. 책장에 꽂힌 책에 표지가 될 만한 단어를 적을 때에는 앞마구리에, 혹은 책을 닫아두는 리본, 죔쇠 등의 장치에 적어두는 경우가 많았다. 책을 닫아두는 장치가 필요했던 것은 꽉 눌러두지 않으면 양피지에 주름이 잡혔기 때문이다. 주름 잡힌 양피지는 부풀어 올라 앞마구리가 책등의 두세 배로 불어났다. 그러나 인쇄된 책이 발전하면서 책을 닫아두는 장치들은 사라졌다. 종이로 된 페이지는 그런 장치가 없어도 앞뒤 표지 사이에 대체로 납작하게 눌려 있었기 때문이다—특히 책장 속에 편안하게 눕혀놓는 경우에는. 사슬에 묶인 책의 경우에는 사슬 자체에 붙여놓은 꼬리표로 내용을 확인하기도 했는데, 이는 두루마리 내용물을 적어놓은 꼬리표를 연상시키는 시스템이다.

영국에서 책장은 종교개혁이 일어난 16세기 무렵부터 우리가 현재 알고 있는 모습에 접근하기 시작했다. 수도원 도서관은 실질적으로 "중세의 공공도서관"이었으며, 커다란 수도원은 당시 문화 및 교육의 중심이었다. 이를테면 아이들이 교육을 받고 대학에 진학할 준비를 한 것도 바로 이런 곳에서였다. 그러나 1536년부터 1539년까지 3년이라는 짧은 시간 동안 "모든 시스템이 마치 존재한 적도 없는 것처럼 철저하게 쓸려나갔다." 프랑스 위그노 운동에서 성직자들을 향한 적대감이 "교회, 수도원, 그 내용물에 대한 전반적인 파괴로 표현"되었듯이, 영국의 종교개혁 운동은 "수도원 교단을 폐지하고, 거기에 속한 것을 가능한 한 전부 소멸시켰다." 16세기의 프로테스탄트 종교개혁은 도서관의 발달과 그 미래에 큰 혼란을 가져왔다.

"800개 이상의 수도원이 폐쇄되었으며, 그 결과 800개의 도서관이 사라졌다. 이들 도서관은 2000권의 책을 소장하고 있던 캔터베리 성당에서부터 꼭 필요한 예배용 책만 구비하고 있던 작은 수도원에 이르기까지 그 크기와 중요성이 다양했다."

이러한 파괴가 이루어진 뒤, 1540년 "영국에 남은 도서관이라고는 대학 도서관 두 곳과 오래전에 세워진 성당 도서관들뿐이었다." 1789년 프랑스 혁명기에 수도회에서 약탈한 책들이 가장 가까운 도시로 보내졌던 반면, 영국 종교개혁기에 "수도원을 채웠던 책들을 구하려는" 시도는 전혀 이루어지지 않았다. 뿐만 아니라 "건물을 헐고, 자재들은 팔았다. 금속판들은 녹였다. 책들은 태우거나 가장 천한 용도로 이용되었다." 당시 쓰인 글에 따르면 이 천한 용도란 책에서 찢어낸 종이로 음식을 싼다거나 촛대나 구두를 닦는 것이었다. 어떤 책들은 배에 실어 다른 나라로 보냈는데, 이것이 영국에 큰 손실이었음은 말할 것도 없다. 책에서 찢어낸 종이는 면지面紙로 이용되거나 아니면 압축해서 두꺼운 종이로 만들어 초기 인쇄본들의 표지로 쓰이기도 했다.

어쩌면 한정된 수의 수서만이 살아남아 "나머지는 어땠는지 상상해볼 수도 없게 된" 상황 역시 인쇄술 발명의 한 가지 이유가 되었는지 모른다. 인쇄된 책들—가장 초기의 인쇄본 가운데 다수는 수서에 적혀 있던 텍스트를 옮겨놓은 것으로, 인쇄기를 한 번 돌리는 것만으로 서기들이 몇 년까지는 아니더라도 몇 달에 걸쳐 작업하던 것의 수백, 수천 배를 찍어낼 수 있었다—의 급격한 증가로 인해 수서는 적어도 그 내용에 관한 한 가치가 줄어들었다. 더욱이 당시에는 개인적인 도서 수집가가 없었기 때문에, 아무리 싸게 내놓아도 시장이 형성되지 않았다.

대학 도서관은 사정이 약간 나았다. 1480년경에 완공된 옥스퍼드 보들리언 도서관은 16세기 중반에 이르자 상당한 양의 수서를 보유하게 됐다. 그중 가장 중요한 것은 건물이 세워지기도 전에 글로스터의 험프리 공작이 기증한 600여 권의 수서였다. 1549년 에드워드 6세가 도서관을 개혁하기 위해 옥스퍼드에 사절을 보낸 뒤(케임브리지에도 보냈다), 수서는 오직 세 권만 남게 됐다. 이때 사라진 수서들 가운데 신학적 문헌은 거의 없었다. 다수는 "붉은색으로 쓰인 머리글자 몇 개 외에는 미신적인 것이 전혀 없었는데," 이 붉은 머리글자 때문에 종교적인 책으로 보였을 뿐이다.

아주 많은 책이 사라졌기 때문에 서가는 물론 텅 비어서 불필요해졌다. 옥스퍼드 이사회에서는 "대학의 이름으로 공공도서관 책상들을 팔" 위원들을 임명했다. "책들은 전부 사라졌다. 아무도 빈 곳을 채우려 하지 않는다. 그렇다면 대학이 책장과 진열대를 팔아 정직하게 푼돈이라도 벌 수 있는 상황에서 그것들을 유지할 필요가 있겠는가?" 책이 약간 남아 있거나, 인쇄본으로 책장을 다시 채울 의향이 있는 다른 도서관에서는 가구를 급히 처분할 필요가 없었다. 하지만 책장이 더 필요하다는 생각이 들거나, 책이 넘쳐 비좁은 공간을 잘 활용할 방법을 다시 생각하기까지는 오랜 시간이 걸릴 터였다. 사실 "도서관 내부 시설에 관한 어떤 새로운 생각이 나타나기까지는 100년 가까이 걸렸다." 그동안 책상 위 선반 두세 개와 고정된 의자로 이루어진 낡은 도서 진열대는 사슬에 묶인 책—애초에 이러한 구조가 생겨난 이유였다—이 사라지고 나서도 오랫동안 표준적인 디자인으로 이용됐다.

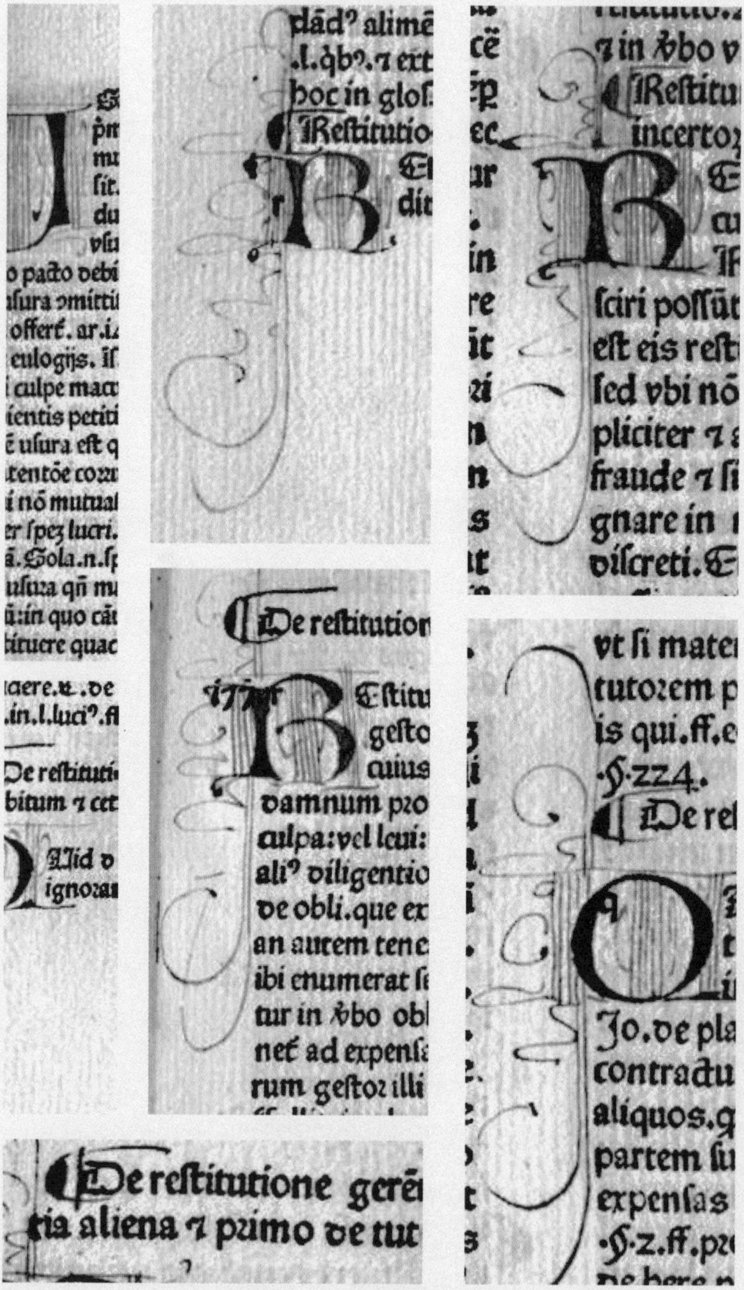

중세에 쓰인 책들은 이렇게 첫 글자를 커다랗게 (대개는 붉은색으로) 적곤 했다.

사물들의 세상을 형성하는 것은 그런 습관이다. 시간이 지나면 습관은 변하게 마련인데, 이는 그 형식이 낡아서가 아니라 습관이 부적절해지기 때문이다. 책장의 경우에는 선반에 다시 책이 차고 넘치게 된 다음에야 그런 시기가 찾아왔다.

종교개혁기에 이런저런 식으로 살아남았던 수도원 도서관의 책들은 다시 유통되었으며, 이후 커다란 개인 서재들이 성장하기 시작했다. 시간이 지나 사람들은 옥스퍼드나 케임브리지, 아니면 다른 중세 기관들의 전통에 물들지 않은 곳에 좀 더 새로운 도서관을 지었다. 이들 도서관은 오늘날 우리가 일반적으로 알고 있는 형태의 책장, 즉 책상 없는 책장을 선택했다. 책을 이용하는 것이 점점 쉬워지면서 사슬에 묶는 일이 점차 줄어들었고, 그에 따라 책상이 불필요해졌기 때문이다.

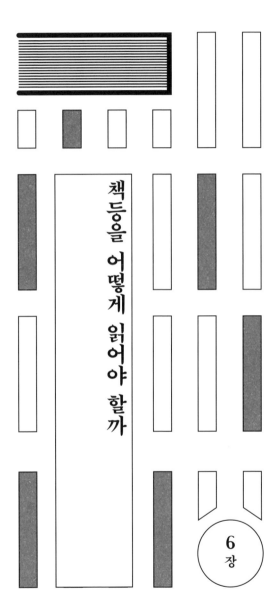

6장

# 책등을 어떻게 읽어야 할까

책을 들고 편안한 의자에 앉으면, 우리는 페이지의 윗부분과 아랫부분이 눈에서 대체로 같은 거리를 이루도록 책을 펼쳐들게 된다. 책 바로 위로 허리를 구부리지 않는 한, 책상 위에 평평하게 펼쳐놓은 책은 편하게 읽을 수가 없다. 페이지를 읽어 내려가면서 텍스트가 눈에 점점 가까워지는데다 왼쪽 페이지에서 오른쪽 페이지로 시선을 옮길 때 (잠깐이기는 하지만) 머뭇거림이 생길 수 있다. 좀 더 멀리 떨어진 활자에 눈이 다시 초점을 맞춰야 하기 때문이다. 이는 일반적인 책을 읽을 때는 큰 문제가 되지 않지만, 몇 년 전 빅토리아 여왕 시대 해군 건축가이자 엔지니어인 존 스콧 러셀의 《해군 건축의 현대적 체계The Modern System of Naval Architecture》를 읽던 중 평면 위에 놓인 책이 읽기 불편하다는 사실을 강하게 실감했다. 여러 권으로 이루어진 이 책은 가로 50센티미터, 세로 70센티미터 크기다. 단이 나뉘지 않은 텍스트는 페이지 전체에 걸쳐 가로로 뻗어 있다. 활자가 상당히 큰 편이었음에도 읽는 것이 만만치가 않았다. 내 열람석에서 읽기에는 책이 너무 컸고, 알맞게 경사진 받침대에 올려놓지 않고서는 너무 무거워서 들고 있기도 힘들었다. 그렇다고 도서관 탁자 위에 평평하게 펼쳐놓자니, 한쪽 페이지의 맨 아래까지 읽고 나서 다음 페이지의 꼭대기로 올라가는 것이 영 자연스럽지가 않았다. 편안하게 읽으려면 탁자 앞에 서서 책을 굽어보아야 했다. 만일 이 책이 중세의 커다란 독서대에 사슬로 묶여 있었다면 훨씬 읽기 편했을 것이다.

사실 우리는 일반적인 크기의 책도 쉽게 읽을 수 있도록 책상 위에 책을 받쳐줄 독서대나 이젤을 두곤 한다(노트북 스크린은 보는 상태에 맞춰 기울기를 조정할 수 있다). 자기 서재에 있는 중세 학자들을 그린 초상화나 채식 사본 삽화를 보면, 여러 수단을 이용해 책을 읽기 편하도록 비스듬하게 기울여놓은 것을 발견할 수 있다. 그들은 책을 다른 책들 위에나 벽에 기대놓기도 하고, 평평한 책상에 딸린 독서대에 올려놓기도 하고, 아예 경사진 책상에 올려놓기도 했다.

시간이 지나면서 책상 독서대는 양면 독서대로 진화하여, 학자는 두 책을 양면에 한 권씩 동시에 펴놓고 비교하거나 연구할 수 있었다. 그렇지만 마주한 면이 아닌 반대 면에 놓인 책을 보려면 학자는 책 위치를 바꾸거나, 앉은 자리에서 일어나 독서대 맞은편으로 가서 책을 보아야 했다—독서대를 들어 올려 방향을 틀지 않는 한은 그래야 했을 것이다. 이런 불편함은 자연스럽게 독서대를 좀 더 쉽게 돌리고 싶다는 마음으로 이어졌을 것이다. 곧 독서대를 기둥 위에 설치해 책을 원하는 대로 돌려가며 볼 수 있게 되었고, 이는 두 권 이상의 책을 올려놓을 수 있는 회전 독서대로 발전했다. 어떤 회전 독서대는 나사를 달아 높이를 조절할 수 있게 했다.

읽을 책이나 글을 쓸 종이를 어떻게 어떤 각도로 배치할 것이냐를 결정하는 문제, 그런 배치에 도움을 주는 가구를 선택하는 문제는 새로운 것이 아니다. 1500년경에는 휴대용 책상이 널리 사용되었는데,

이 15세기 학자는 독서대 책상 위에 독서대를 하나 더 올려놓았다. 책장은 보이지 않지만 손 닿는 곳에 책궤가 놓여 있는 것을 볼 수 있다.

이 목판화는 15세기 학자 이소타 노가롤라가 책이 어지럽게 널려 있는 서재에서 회전 독서대를 사용하는 모습을 보여준다.

이 책상은 윗면이 경사져 있었고, 글을 쓰는 데 필요한 것들을 담아둘 수 있는 칸과 작은 서랍이 있었다. 튜더 왕조 시대 어린 학생들을 위한 대화록에는 대 플리니우스를 모델로 한 학자가 공부하는 공간의 배치를 지시하는 장면이 있다. 이 장면을 보면, 휴대용 책상이 평평한 책상에 편리하게 덧붙일 수 있는 장치였으며, 회전 독서대의 대용물이기도 했음을 알 수 있다.

> 플리니우스: 침실에 있는 받침대 위에 탁자를 올려놓거라.
>
> 셀시우스: 책상보다 탁자를 더 좋아하시나요?
>
> 플리니우스: 지금은 그렇다. 하지만 탁자 위에 작은 책상을 올려놓거라.
>
> 에픽테투스: 고정된 것을 올려놓을까요, 회전하는 것을 올려놓을까요?

책 여러 권을 동시에 펼쳐놓아야 하는 학자들의 필요—혹은 책을 한두 권밖에 놓을 수 없는 기존 책상 독서대에 대한 학자들의 불만—는 르네상스 시대 장인, 발명가, 엔지니어, 더불어 학자들 자신이 책을 지탱하고 보관할 수 있는 점점 더 기발한 장치들을 고안해내는 데로 이어졌다. 당시 그림들을 보면 이런 발명품이 놀랄 만큼 많이 등장하는데, 이로부터 열람석, 개인 서재, 도서관에서 책을 어디에 어떻게 놓고 공부할 것인가 하는 문제가 사고, 대화, 건축의 진지한 주제로 등장했다는 결론을 끌어내도 무방할 것 같다.

1379년 옥스퍼드에 세워진 뉴 칼리지에는 대학 연구원 네 명에게 편의를 제공하도록 설계된 특별한 방이 있었다. 이 방에는 창문이 네 개 나 있었는데, 이 창문들과 방 모서리 사이의 거리는 고전적인 건축 원칙에 정해진 것보다 훨씬 가까웠다. 이 방 설계를 책임진 위컴의 윌리엄이 기능적인 목적을 염두에 두었기 때문이다. 각 창문 옆에는 책상과 팔걸이 없는 의자가 배치되었으며, 이 개인 열람석 같은 공간에서 연구원은 자신에게 할당된 책들을 공부할 수 있었다. 공용 공간을 이렇게 배치한 것은 각 연구원에게 좀 더 프라이버시를 보장하기 위함이었다(벽 중앙에 있는 창문 옆에 공부 공간이 배치됐을 경우를 떠올려보라).

뉴 칼리지 연구원들은 개인적으로 공부할 책을 할당받았다. 수도원이든 대학이든, 자주 찾아보는 책들을 궤나 책장에 넣고 잠가두는 것은 읽는 사람에게나 사서에게나 불편한 일이었기 때문이다. 이는 연구원들의 숙소 배치에도 영향을 미쳤다. 수도원과 달리 대학에는 개인 열람석이 없어서였다. 오늘날 우리 생활 방식이 대학 시절로부터 큰 영향을 받듯이, 14세기에 사실상 대학 기숙사였던 방의 배치는 이후 집에서 책을 보관하고 이용하는 방식에 영향을 미쳤다.

르네상스 시대에 개인 서재(침실 한구석에 마련한 것이든, 작지만 분리된 방에 마련한 것이든)는 점차 인기를 끌었다. 이런 서재는 대개 혼잡하기는 했지만 안전한 곳이었다. 집에서도 조용하고 외진 구역에 이상적으로 자리 잡고 있었기 때문이다. 잠금 장치가 필요할 때에도 서재 자체가 아닌 서재가 마련된 더 큰 방의 문에 자물쇠를 달 수 있었다. 서재는 큰 방과 통하는 골방에 자리 잡았을 수도 있고, 방 구석이나 창문 옆에 있는 단에 자리 잡았을 수도 있다. 물론 뉴 칼리지에서처럼 서재는 창가에 배치해야 했다. 책을 읽고 일을 할 수 있는 빛을 확보하는 것이 가장 중요했기 때문이다. 수도원이든 교회든 대학이든 공공도서관에서 창문 수와 위치가 열람실, 도서실, 책장의 배치에 점차 결정적인 요

루카스 크라나흐, 〈브란덴부르크 성 제롬 추기경Cardinal Albrecht of Brandenburg as Saint Jerome〉(1526). 이 16세기 그림에서도 서재가 창가에 위치해 있음을 볼 수 있다.

1517년 프란체스코 토르니엘로의 서예 논문에 등장하는 이 목판화는 그가 창가의 좁은 공간에 놓인 가대 탁자에서 일하는 모습을 보여준다. 뒤쪽 선반에 책이 놓인 모습을 잘 살펴보라.

인이 되었듯이, 서재에서도 창문이 가구 배치를 결정했다.

물론 개인 서재에서는 책을 사슬에 묶지 않고 아무 데나 올려놓았을 것이다. 궤(자물쇠가 달려 있을 수도 있고, 그렇지 않을 수도 있었다) 안에 보관한 책들은 자주 펼쳐보지 않는 것이거나 비교적 귀중한 책이었을 것이다. 궤는 책을 안전하게 보관해주었을 뿐만 아니라 먼지가 쌓이는 것을 막아주었다. 자주 찾는 책들은 점차 선반 위에 놓이게 됐는데, 선반은 보통 벽에 고정된 까치발 위에 놓였다. 이같이 벽에 붙은 선반은 서재에서 흔히 볼 수 있는 것이었으며, 책만이 아니라 잉크나 이런저런 필기구를 책상에서 눈에 안 보이는 데로 치울 때에도 요긴한 것이었다.

우리가 '북엔드'라고 부르는 물건은 없었던 것 같다. 책을 북엔드로 이용하는 일, 즉 오늘날 이따금 그러하듯이 책들을 수평으로 쌓아 수직으로 꽂은 다른 책들을 지탱하는 일은 매우 드물었다. 사실 수직으로 꽂힌 책을 묘사한 예 자체가 드물었다—따라서 이런 경우에는 책을 아무렇게나 꽂다 보니 우연히 그렇게 되었다거나, 예술적인 표현을 위해, 예컨대 책 표지와 마구리를 소재로 한 멋진 정물화를 그리기 위해서였다고 가정할 수밖에 없다. 채식 사본, 초기 인쇄본 등에 등장하는 성 제롬을 비롯한 학자들을 그린 많은 그림을 보면, 서재와 그 안의 책이 어떠했는지를 분명히 알 수 있다. 이 그림들을 보면 틈이 있는 곳마다—책상 아래 장에, 책상 앞에 놓인 선반에, 벽에 맞댄 경사진 책상 아래 혹은 평평한 표면 위에 놓인 작은 독서대 아래에 형성되는 세모꼴 공간에—책을 넣어두었다는 것을 알 수 있다. 좀 더 크고 표지를 정교하게 장식한 책들은 계속 근처 탁자나 서재 벽에 설치된 선반(경사진 것이든 평평한 것이든)에 표지가 앞을 향하게 진열해두었다. 하지만 책이 늘어남에 따라 책을 보관하는 것은 점점 골칫거리가 됐다. 책을 평평한 선반에 올려 벽에 기대놓거나 독서대처럼 경사진 선반에 표지가 보이도록 놓는 진열 방법은 관습으로 굳어져 쉽게 사라지지 않았고, 따라서 탁자나 선반에 공간이 없을 때는 넘쳐나는 책들을 눈에 띄는 모든 곳에 집어넣을 수밖에 없었다.

서재에 있는 성 제롬은 14세기 이탈리아를 비롯해 유럽 여러 나라 화가들이 즐겨 그린 소재였으며, 16세기 초 독일의 뛰어난 목판화가인 알브레히트 뒤러 역시 성 제롬을 자주 소재로 삼았다. 뒤러는 15세기 말 도제 기간을 마친 뒤 널리 여행을 했는데, 이때 성 제롬에 대해 들었을 것이다. 어쩌면 그림이나 책 속 삽화를 통해 보았을 수도 있다. 따라서 뒤러가 이 성자를 새겨놓은 판화에 다른 화가들이 제롬의 가장 유명한 활동, 즉 저술을 묘사할 때 그린 것과 같은 휴대품들이 등장하는 것도 놀랄 일은 아니다. 제롬은 여러 중요한 일을 했지만 그중에서도 불가타 성서Vulgate라 불리는 라틴어 성서를 만든 것으로 유명하다. '불가타'라는 이름이 붙은 것은 원래 히브리어와 그리스어로 쓰인 성경을 당시 일반적이었던 '천한vulgar' 라틴어로 번역했기 때문이다. 덕분에 사람들은 성경을 좀 더 쉽게 읽을 수 있었다.

성 제롬(라틴어 이름은 에우세비우스 히에로니무스다)은 4세기 중반에 훗날 '유고슬라비아'라 부르게 된 땅에서 태어났다. 그는 로마에서 공부를 하고 나서 사막에서 은자 생활을 하는 등 여러 곳에서 여러 방식으로 살았다. 사막에 살 때는 사자의 앞발에서 가시를 뽑아주었다고 한다—바로 이 때문에 서재에 있는 제롬을 그린 많은 그림에 어울리지 않게도 만족스러워하는 사자가 등장하는 것이다.

이 성자는 성경과 교회사에 대해 상당한 양의 글을 썼으며, 교부 중

15세기 말의 독서광이 안경을 쓴 채 자기 서재에 앉아 책을 읽고 있다. 선반이나 양면 독서대 아래의 장 등 모든 곳에 책이 있는 것을 볼 수 있다.

15세기에 베네데토 본피글리가 그린 그림이다. 여기서 성 제롬은 회전 독서대를 이용하고 있는데, 이 독서대에는 책 네 권을 펼쳐놓을 수 있다.

1492년에 알브레히트 뒤러가 제작한 목판화로, 성 제롬이 사자를 치료해주고 있다.

한 사람으로서 중세 학자들에게 막대한 영향을 끼쳤다. 그렇다면 그가 그토록 많은 그림의 소재가 된 것도 놀랄 일은 아니다. 하지만 이런 그림이 얼마나 사실적인가는 논란의 여지가 있다. 몇몇 그림에서 성 제롬은 두루마리에 글을 쓰고 있는데, 이는 제롬이 했을 법한 일이 아니다. 기독교 텍스트를 쓰는 데에는 이미 코덱스가 두루마리를 대체한 시점이었기 때문이다. 실제로, 카이사레아(오늘날의 이스라엘)의 팜필루스 도서관에서 훼손된 파피루스 두루마리들을 피지에 필사해 교체 중이라고 기록한 사람이 바로 제롬이었다. 가장 가능성 있는 것은, 제롬이 살았던 시대로부터 1000년이 지나 그림을 그리게 된 화가가 상상력을 발휘해 서재에 가구를 채워넣었거나, 제롬이 아닌 자신에게 친숙한 14~15세기의 복식을 그려넣었다는 것인데, 이는 예술적 자유라는 측면에서 충분히 이해할 만한 일이다. 어쨌든 이런 그림에서 찾아볼 수 있는 책 관리 방식(초기 기독교 시대의 것이든 르네상스 시대의 것이든)이 오늘날 우리가 아는 방식과 다르다는 것은 분명하다.

이탈리아 중부 페루자의 성 베드로 교회에도 15세기에 베네데토 본피글리가 그린 성 제롬의 유화가 걸려 있다. 이 그림에서 제롬은 독립적으로 서 있는 책상 앞에 앉아 있다(이런 책상은 당시 그림에서 자주 찾아볼 수 있다). 책상 표면은 경사져 있으며, 아랫부분에는 캐비닛이 있는데 문이 열려 있어 안에 든 책들이 보인다. 성 제롬은 회전 독서대처럼 보이는 장치에 펼쳐놓은 몇 개의 코덱스들 가운데 하나를 읽고 있는 것처럼 보인다(이 회전 독서대 같은 장치 역시 학자의 서재를 그린 중세 그림에 자주 등장하는 기구다). 제롬이 살았던 시대, 그리고 중세 전체에 걸쳐 책을 구성하는 방식은 많은 문헌을 비교하며 거기서 자유롭게 베껴오는 것이었다. 따라서 오늘날에는 회전식 테이블로 보일 법한 것이 당시 서재에서는 아주 편리한 기구였다. 제롬 뒤에는 태피스트리가 있는데, 이는 선반에 놓인 책들을 가리고 있을지도 모른다. 빛과 먼지를 막기 위해 책 앞에 커튼을 치는 경우가 많았기 때문이다. 캐비닛 안에 놓인 책들은 단정하게 정돈되어 있기는 하지만 선반 위에 수평으로 겹겹이 쌓여 있다. 이 책들은 윗마구리부터 좁은 캐비닛 안으로 들어갔을 것이다. 따라서 우리 눈에 보이는 것은 책의 아랫마구리와 앞마구리일 것이다. 물론 책에는 말끔하게 죔쇠가 채워져 있다. 캐비닛 구석에는 두루마리 하나가 놓여 있지만, 제롬이 그것을 참고하는 것 같지는 않다.

1492년에 뒤러가 제작한 목판화 〈사자를 치료하는 성 제롬St. Jerome Curing the Lion〉은 여러 독서대에 펼쳐져 있는 책을 보여준다(내용도 그리스어, 히브리어, 라틴어로 다양하다). 책상 아래에 있는 캐비닛에는 열린 문을 통해 책이 아닌 플라스크 같은 것이 놓인 게 보인다. 아마 잉크가 들어 있을 것이다. 그 밖에도 여러 가지 불분명한 물건들이 있다. 책상 위에도 책이 몇 권 있는데, 그중 일부는 벽에 높이 건 선반에 놓여 있다. 선반은 양쪽 끝에 달린 까치발로 지탱된다. 까치발은 뒤러가 살던 시대에 선반을 설치할 때 흔히 이용되던 수단이다. 그림 배경에 자주 등장하는 이런 선반은 오늘날의 높이 조절이 가능한 책꽂이 선반, 즉 벽에 고정시켜놓은 금속 띠에 까치발을 끼워넣고 그 위에 선반을 얹어 만든 책꽂이와 비슷해 보인다. 제롬의 시대에도, 뒤러의 시대에도 여전히 선반용 까치발은 심지어 건설 중인 벽에 직접 설치됐을 것이다. 이렇듯 버팀벽에 돌출된 모든 것을 캔틸레버cantilever라 하는데, 캔틸레버의 구조적 역학에 대해서는 갈릴레오가 〈두 가지 새로운 과학에 대한 대화록Dialogues Concerning Two New Sciences〉이라는 1638년 논문에서 맹아적인 방식으로 다룬 바 있다.

같은 높이에 박힌 두 개의 캔틸레버나 까치발에 판자를 올려놓으면 선반이 만들어진다. 하지만 뒤러가 판화에 새긴 선반에서 지금 우리의 관심을 끄는 것은 까치발이나 선반 자체가 아니라 그 위에 놓인 책이다. 선반 위에는 책 세 권이 있는데, 이 책들은 아무렇게나 놓여 있는 것처럼 보인다. 똑바로 세워져 있지 않은 것만은 분명하다. 〈사자를 치료하는 성 제롬〉은 "약간 볼품없고 낡은" 작품이라는 평가를 받기는 하지만, 이 작품이 뒤러가 15세기 학자들의 서재를 방문했을 때 본 것을 정확하게 표현했다고 믿지 않을 이유는 없다. 사자는 형편없이 표현되었으며, 원근법을 비롯한 다른 특징들은 분명 뒤러의 전성기 실력을 보여주지 못한다. 그렇지만 제롬이 있는 장소는 우리가 원한다면 자세히 살펴볼 수 있는 서재인 것이 분명해 보인다. 특히 뒤러가 선반에 책을 배치한 방식은 당시 진짜 서재에 책들이 놓인 방식과 그렇게 거리가 멀었을 리 없다. 물론 정밀화가가 그릇에 담긴 과일이나 꽃병에 꽂힌 꽃을 배치하듯이, 이 책들이 구성적인 이유로 그렇게 배치되었을 가능성도 염두에 두어야 한다. 그렇지만 만일 당시에 책들을 (오늘날 그러하듯이) 북엔드 사이에 똑바로 세워 꽂았다면, 뒤러도 틀림없이 그렇게 묘사했을 것이다.

뒤러가 20여 년 뒤에 같은 주제로 돌아왔을 때에는 기술이 월등히 향상된 상태였다. 그가 1511년에 제작한 목판화 〈자신의 방에 있는 성 제롬St. Jerome in His Cell〉에서 우리는 좀 더 능숙하게 표현된 사자와 성자, 서재를 볼 수 있다. 전체적으로 좀 더 균형 잡혀 있고, 세부사항들이 상당히 세련된 솜씨로 표현되어 있다. 뒤편에 달린 길고 높은 선반 위에는 촛대와 플라스크가 놓여 있다(마찬가지로 이 플라스크 역시 잉크를 담는 데 사용됐을 것이다). 일하고 있는 성자 옆으로, 좀 더 쉽게 손이 닿을 수

1511년 뒤러가 제작한 목판화 〈자신의 방에 있는 성 제롬〉은 쉽게 손닿는 선반에 책들이 놓인 모습을 보여주는데, 책들은 한 가지 방법으로 정돈되어 있지 않다. 앞쪽 궤 위에 놓인 책에는 장서표가 달려 있다. 책이 죔쇠에 의해 꽉 닫혀 있기 때문에 이런 방법을 사용했을 것이다.

알브레히트 뒤러,
〈서재에 있는 성 제롬〉
(1514).

있는 낮은 선반에는 책들이 놓여 있다. 책들은 전부 닫혀 있지만 현대식으로 세워져 있는 것은 없다. 책 한 권은 누운 채 아랫마구리를 드러내고 있고, 폭이 일정하지 않은 책 세 권은 앞마구리가 선반을 향해, 아랫마구리는 밖을 향해 놓여 있다. 오늘날 헌책방에서 가게 밖에 싼값에 파는 책들을 진열해놓는 방식과 같다. 이 책들 위에 책 두 권이 더 놓여 있는데, 어느 것도 책등이 드러나 있지 않다. 현대적인 기준으로 보자면 제롬의 서재에서 정돈되어 있지 않은 것은 이 책꽂이 선반뿐이다.

뒤러가 제롬을 소재로 한 판화 중 가장 유명한 것은 1514년 작품인 〈서재에 있는 성 제롬〉인데, 여기서도 〈자신의 방에 있는 성 제롬〉과 마찬가지로 촛대와 플라스크가 놓인 높은 선반을 볼 수 있다. 하지만 책이 놓인 곳은 다르다. 책은 벽에 달린 선반이 아니라 창턱과 그 앞의 의자에 놓여 있다. 창턱에 놓여 있는 책 네 권 중 어떤 것도 책등이 수직으로 세워져 있지 않다. 세 권은 앞마구리가 아래를 향하도록, 책등은 위를 향하도록 꽂혀 있으며, 한 권은 누운 채 윗마구리를 드러내고 있다. 앞마구리가 아래를 향하면 책은 제자리에 서 있을 수 있지만, 둥근 책등이 아래로 가면 제대로 서지 못하고 한쪽으로 굴러 떨어질 것이다. 그렇지만 책등이 위를 향해 꽂혀 있다고 해서 반드시 책 내용물을 드러내기 위한 것은 아니었음을 염두에 둘 필요가 있다. 뒤러의 시대에는 책등에 제목 등 식별할 만한 것을 적어넣지 않았기 때문이다.

지금까지 든 예에서 책들이 오늘날 우리가 생각하는 방식대로 질서 정연하게 꽂혀 있지 않은 것은 어떤 면에서 볼 때 간단하게 설명될 수 있다. 그림 속에 묘사된 학자들은 전부 일을 하고 있는데, 이때는 책이 어지럽게 널려 있을 것이기 때문이다. 글을 다 쓰고 새로운 글을 시작하기 전이라면 책이 단정하게 쌓여 있거나 정돈되어 있을지도 모르겠다. 학자들은 많은 책을 보유하기가 쉽지 않았기 때문에 연구에 필요한 책이 있으면 빌려 읽은 후에 돌려주었을 것이다. 제롬이 살았던 시대에는 오늘날 우리가 그러하듯이 개인적으로 책을 소유하고 정돈하는 일이 흔치 않았다. 뒤러가 제롬을 판화에 새겼던 15세기까지도 그렇게 일반적인 일이 아니었다.

그렇지만 생활에 지장이 올 만큼 책을 수집하고 보관하는 괴짜들이 점점 늘어났다. 14세기의 애서가 리처드 드 베리는 "침대에 가려면 책들을 타 넘어야 했다." 사실 개인 서재에서 인쇄본이 수서를 거의 대체한 뒤에는 침대까지 가는 것이 불가능할 지경이었다. 18세기 기업가 토머스 롤린슨—"다람쥐가 견과를 모으듯이 책을 모았던" 그는 속표지를 비롯해 몇 쪽만을 읽어 조지프 애디슨이 '톰 폴리오Tom Folio'*라는 별명을 붙여주었다—은 방에 너무 많은 책을 집어넣은 나머지 복도에서 잠을 자야 했다.

열람석에서 몇 권의 책을 읽고 또 읽는 세심한 학자나 수도사, 온갖 수단을 동원해 더 많은 책을 보관하려는 수집가—예를 들어 18세기 "애서가이자 제화공인 존 배그포드는 책이 아닌 속표지만을 모았는데," 시간이 지나자 이것이 2절판 책 64권이 됐다—라는 양극단 사이에는 크지만 꼭 필요한 서재에서 책을 보관하고 이용하는 문제에 대한 새로운 해결책을 요구한 이들이 있었다.

16세기 이탈리아 군사공학자 아고스티노 라멜리는 서재용 가구를 고안하고 발명한 이들 중 하나로, 1588년에 《다양하고 기발한 기계들

* 보통 2절판 책을 뜻하는 폴리오는 한 면에만 쪽수를 붙인 종이나 양피지, 혹은 문서를 철하는 데 쓰이는 2절 표지를 가리키기도 한다.

Diverse and Ingenious Machines》을 출간했다. '기계들의 무대'로 알려진 이 책에는 제분기에서부터 공성攻城 엔진에 이르기까지 다양한 것을 다룬 6인치에서 9인치 크기의 판화가 200장 가까이 실려 있다. 상상력을 동원해야 하는 레오나르도 다빈치의 개략적인 스케치와 달리, 라멜리의 그림들은 극히 세밀한 부분까지 꼼꼼하게 표현하고 있다.

아고스티노 라멜리(1531~1600).

라멜리의 상상도 가운데에는 물레방아처럼 생긴 회전 책상이 있는데, 당시 서양 서재에서는 이와 비슷한 것을 전혀 찾아볼 수가 없다. 중국의 과학 및 기술을 연구한 조지프 니덤은 회전 책상이 서양이 아닌 "라멜리의 디자인이 나오기 1000년 전의" 중국에 기원을 두고 있다고 주장했다. 니덤에 따르면, "라멜리의 책상이 수직 형태이고 복희伏羲 이래 중국의 책상이 수평 형태라는 것은 단지 두 공학 전통의 특징이며," 이는 "서양 공학자들은 수직적 장치를, 중국 공학자들은 수평적 장치를 선호했음을 고스란히" 보여준다. 이런 일반론이 얼마나 타당성 있는가는 논란의 여지가 있다. 마찬가지로 "회전판은 아마 처음부터 편의에 따른 것만이 아니라 종교적 상징의 일부이기도 했을 것"이라는 니덤의 추측도 논란의 여지가 있다.

물론 서양 예술에는 수평으로 회전하는 책장이 다수 등장한다. 제조업을 통해 실제로 구현됐음은 말할 것도 없다. 이런 종류의 발명품은 르네상스 시대에서 끝나지 않았다. 빅토리아 여왕 시대에 나온 가정 서재에 대한 안내서를 보면, "미국의 트러브너 씨가 만든 사각형 회전 책장은 문인들에게 유용하다. 오크 나무로 만든 이 책장은 녹색으로 칠해져 있으며, 보기에도 나쁘지 않다"고 이야기하고 있다.

이런 장치들이 높은 평가를 받았던 것이 미학적인 면 때문인지, 상징성 때문인지, 아니면 학자들의 편의 때문인지는 추측만 할 수 있을 뿐이다. 분명한 것은 필사, 번역, 해설 등의 작업을 하는 동안 이런 회전식 장치를 사용한 많은 학자들이 그것을 신이 내린 선물로 여겼으리라는 사실이다. 하지만 라멜리의 책 바퀴는 실용적이었을 수도 있고 아닐 수도 있다. 그림을 보면 독자는 (오늘날 우리가 웹페이지를 위아래로 스크롤하듯이) 바퀴를 돌려가며 책 여러 권을 참조할 수 있었을 테지만, 바퀴 위에나 근처에나 글을 쓸 만한 책상이 보이지 않기 때문이다. 시대착오적인 이야기를 좀 더 해본다면, 이 장치는 유원지에서 볼 수 있는 원형 관람차를 200센티미터에서 250센티미터 정도 크기로 축소해놓은 것처럼 보인다. 관람차에 사람이 타듯 각각의 독서대에 책을 실을 수 있는 것인데, 이는 수동적이거나 오락적인 독서에는 적합할지 몰라도 글쓰기를 포함한 적극적인 공부에는 적합하지 않다. 그럼에도 라멜리는 이렇게 말한다.

> 이것은 아름답고 기발한 기계다. 공부에서 즐거움을 얻는 사람 누구에게나, 특히 몸이 뻐근하거나 통풍에 시달리는 사람에게 아주 유용하고 편리하다. 이 기계가 있으면 한자리에서 움직이지 않고도 많은 책을 돌려가며 볼 수 있기 때문이다. 나아가 이 장치에는 또 한 가지 편리한 점이 있는데(지성이 있는 사람이라면 누구나 그림에서 똑똑히 볼 수 있을 것이다), 그것은 이 기계가 공간을 거의 차지

하지 않는다는 것이다.

바퀴에 실을 수 있는 책은 여남은 권 되는 것 같다. 바퀴 앞에 앉아 있는 사람은 크고 단단해 보이는 옆 바퀴를 손으로 잡고 돌릴 수 있는 것처럼 보인다. 라멜리는 아그리콜라—16세기 초에 아그리콜라가 쓴 광산 연구서에는 많은 기계가 등장하는데, 그는 구조의 세밀한 부분을 보여주기 위해 분해도를 이용했다—의 전통에 따라, 바퀴 일부를 잘라내 텅 빈 내부를 보여주고 있다. 내부에는 유성 기어 장치들이 서로 맞물려 있어, 독서대들이 관람차처럼 자유롭게 돌아가는 것이 아니라 어디서 멈추든 바닥과 같은 각도를 유지하도록 만들어져 있다. 바퀴를 돌리다 책이 기울어 바닥으로 떨어지는 일을 막으려면 이런 조치가 필수적이었다. 라멜리가 이 책 바퀴를 더 묘사한 글을 보면 이 장치의 이점은 이 장치가 하지 않는 것, 요구하지 않는 것에 있음을 알 수 있다.

> 이 바퀴는 … 바퀴를 한 바퀴 완전히 돌리더라도 독서대에 놓인 책이 움직이거나 떨어지지 않도록 만들어져 있다. 실제로 묶어놓거나 다른 것으로 잡아주지 않아도 책은 그 자리에 머물러, 작은 독서대에 놓았을 때와 똑같이 독자의 눈에 보이게 된다.

라멜리가 이 회전 독서 책상의 디자인이나 작동에 꼼꼼한 관심을 기울인 것을 보면 그림에 나타나는 다른 세부사항들도 아무렇게나 그려놓은 것이 아님을 추측할 수 있다. 예컨대 바퀴 너머로 보이는 문에는 자물쇠 하나와 빗장 두 개가 달려 있다. 꼭 오늘날 대도시의 아파트

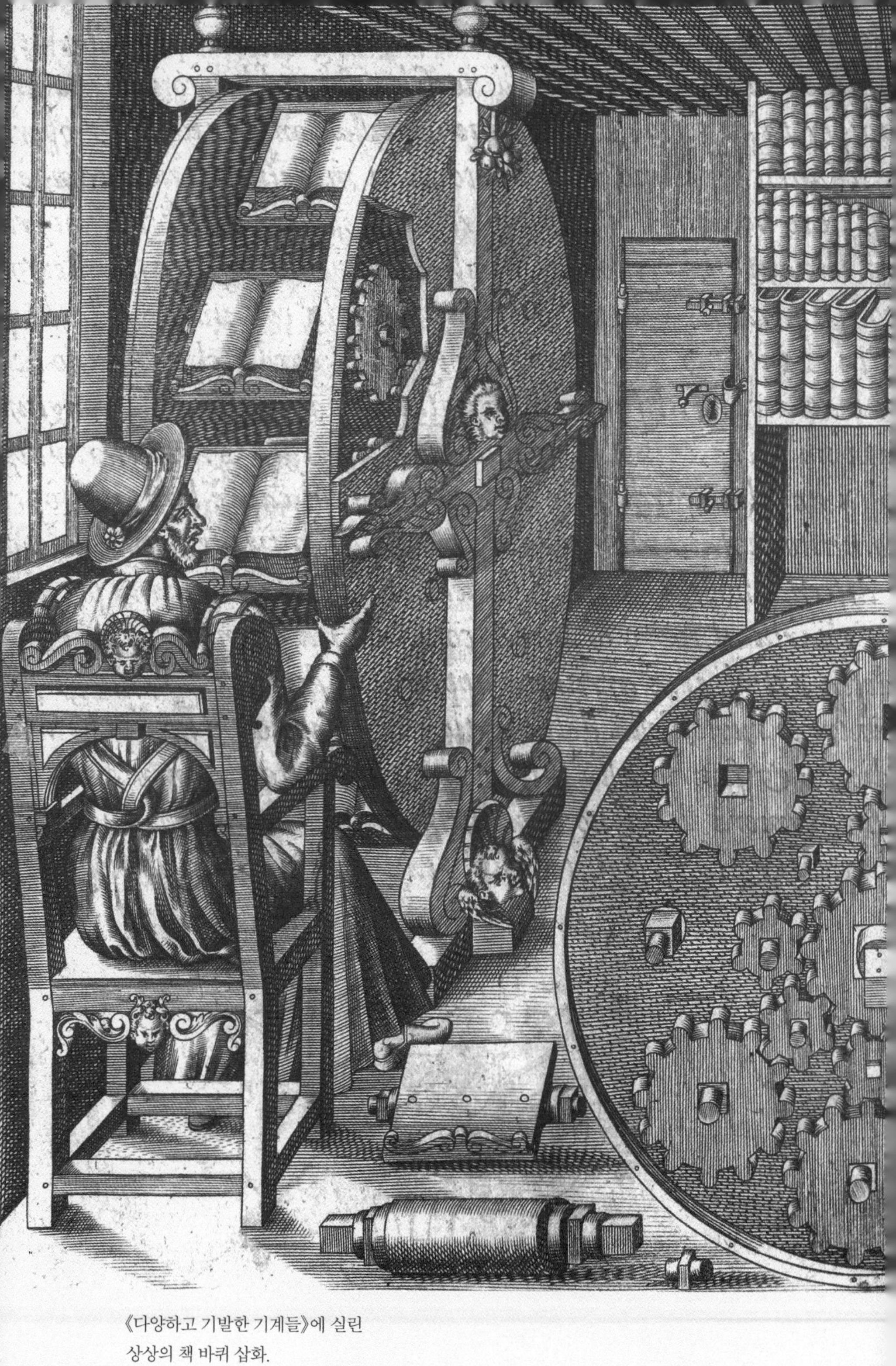

《다양하고 기발한 기계들》에 실린
상상의 책 바퀴 삽화.

현관을 보는 듯하다. 그림이 워낙 세밀하게 그려져 있어, 빗장 위치를 통해 문이 열려 있다는 사실까지 알 수 있다. 학자가 자신이나 책의 안전을 원할 때는 빗장을 잠가놓았으리라고 추측할 수 있다. 책을 읽는 데 몰두할 때에도, 바퀴에서 졸거나 침대(프레임 바깥에, 혹은 관찰자 뒤에 놓여 있을 가능성이 높다)에서 잠들까 염려될 때에도 잠가놓았을 것이다.

이 밖에도 두 가지 세부사항이 주목할 만하다. 문 옆에 선반 세 개로 이루어진 책장이 있는데, 이 디자인은 사슬이 필요 없어진 독서대 시스템으로부터 진화한 것이다. 이는 서가에 대한 이야기에서 또 하나의 장章을 이루는 것이므로 여기서는 라멜리의 책장에서 흥미로운 점들만 언급해두기로 하자. 먼저 눈에 띄는 점은 가장 낮은 선반이 바닥에서 1미터가량 떨어져 있고, 이 사이 공간은 책을 보관하는 데 쓰이지 않는다는 것이다. 책장 끝은 천장에 닿아 있는데, 천장 높이는 2.4미터에서 2.7미터 정도다. 따라서 맨 꼭대기 선반에 있는 책을 꺼내려면 팔을 높이 뻗어야 했을 텐데, 이는 가장 높은 선반을 맨 아래쪽 선반 밑에 설치했다면 피할 수 있는 일이었다. 그렇지만 라멜리가 묘사한 선반 배치가 실제로 공공도서관에서 책장이 진화한 방식이었다. 즉 천장을 향해 위로 솟은 뒤에야 바닥을 향해 아래로 내려갔던 것이다.

이 그림에서 또 한 가지 흥미로운 점은 책장이 문 옆에, 벽에 기대어 서 있어 문간을 어지럽게 만들고 있다는 것이다. 문이 열리는 방향을 고려할 때, 책장은 방을 드나드는 데 방해가 됐을 것이다. 만약 책장을 외벽(그림에서는 비어 있는 것처럼 보인다)에 세워두었다면 방을 드나들기가 훨씬 편했을 것이다. 하지만 책장을 외벽에 두었다면, 책이 창문이 난 벽이 만들어내는 그림자 속에 놓였을 것이다. 라멜리는 방의 구조 및 용도를 고려하여 책과 책을 읽는 사람이 (비록 창문으로부터는 멀리 떨어져 있다 해도) 적절한 빛을 받을 수 있는 곳에 책장을 두었던 것이다.

빛을 고려한다면 책장이 창과 직각을 이루도록 하면서 창에 더 가까이 붙여놓는 편이 나을 것이다. 그곳이 가장 밝기 때문이다. 하지만 라멜리의 방 배치에서는 회전 책상이 그 자리를 차지하고 있다. 책상을 창가에 둔 것은 책을 읽을 때 빛을 받는 것이 가장 우선적인 고려사항이었기 때문이다. 15세기 채식 사본에 등장하는 학자들의 서재를 보면 창문, 즉 자연적인 빛의 원천을 고려하면서 책상을 배치하기 위해 세심한 주의를 기울였음을 알 수 있다. 자연적인 빛은 책을 읽고 글을 쓰는 데 가장 선호됐는데, 촛불이나 등잔은 눈에 나쁠 뿐만 아니라 학자가 책을 읽다 잠들기라도 하면 위험했기 때문이다. 이런 위험에 관해서는 중국 이야기에 나오는 '이상적인 학자'가 모범이 될 수 있을지도 모른다. "그는 변발을 기둥에 묶어두는 습관이 있었는데, 졸음이 밀려와 고개를 숙이게 되면 머리카락이 당겨지는 바람에 잠이 깨곤 했다."

라멜리의 그림에서 주목할 만한 마지막 세부사항은 선반에 꽂힌 책들이 책등을 바깥으로 내놓은 채 수직으로 꽂혀 있다는 것이다. 이런 점에서 볼 때 라멜리는 창의성만큼이나 선견지명도 갖추고 있었던 듯하다. 이 시대에 책꽂이에 꽂힌 책을 묘사한 그림 가운데 라멜리가 그린 것만큼이나 엄격한 배치를 보여주는 것은 없다. 16세기에도 장식한 표지가 드러나게 경사진 선반에 진열한다든가, 선반 뒤 벽에 기대놓는다든가, 윗마구리나 아랫마구리나 앞마구리가 밖으로 나오도록 수평 선반에 눕혀놓는 것이 훨씬 일반적인 일이었다. 선반에 수직으로 세워놓을 때도 앞으로 나오는 것은 책등이 아닌 앞마구리였다. 17세기 초 캔터베리 성당 도서관의 부감독이었던 존 보이스는 라멜리의 그림에 나오는 것과 같은 "현대적인" 선반을 사용하면서도 여전히 "낡은 방식에 집착하여 책을 앞마구리가 바깥으로 나오도록 꽂았다." 사실 책등이 보이도록 책을 꽂은 것은 공공도서관에 책장이 도입된 뒤의 일인데, 이것이 책을 보관하고 이용하는 데 미친 영향은 라멜리의 공상적인 바퀴보다 훨씬 더 혁명적이었다.

1622년 스케치에 묘사된 캔터베리 도서관 부감독 존 보이스. 선반은 현대적으로 벽에 붙여놓았지만, 책 앞마구리를 바깥으로 오게 하고 죔쇠를 드러내는 보관 방식을 유지했다.

개인 서재는 공공도서관에 비해 책이 많지 않을뿐더러 책을 사슬에 묶어놓지도 않았기 때문에 오래된 공공도서관만큼 공간 압박을 받지는 않았다. 작은 서재에서는 빛과 공간 문제에 대해 공공도서관과는 다른 해결책을 찾을 수 있었는데, 사실 "17세기 이전 영국에서 일반적인 개인 장서는 수십 권을 넘지 않았으며, 이는 대개 오크 궤에 보관하거나, 탁자 위에 수평으로 쌓아놓거나, 벽에 고정시킨 한두 개의 선반에 보관했다." 물론 예외가 있어서, 더 많은 개인 장서를 보관하기 위해 방(창문 배치가 이상적일 수도 있고 그렇지 않을 수도 있는)에 책장을 한두 개 설치하기도 했다.

어쨌든 성 제롬의 그림에서 볼 수 있듯이, 서재에 있는 학자를 묘사한 르네상스 그림들은 모든 책이 같은 방향대로 꽂혀 보관되지 않았음을 보여준다. 어떤 책들은 앞마구리가, 어떤 책들은 윗마구리나 아랫마구리가 바깥을 향해 있다. 어떤 책들은 장식된 표지를 보여주기 위해 벽에 기대놓거나 수평으로 쌓아두었다. 이런 무계획적인 배치는 어쩌면 일을 하는 학자의 책상이나 선반에 책들이 놓이는 방식이라 할 수도 있다. 개인 서재에는 책이 많지 않아 학자들은 책의 크기나 두께, 혹은 장정의 색깔이나 질감을 통해 무슨 책인지 구별할 수 있었을 것이기 때문이다. 수십여 권 가운데 한 권은 금방 찾아낼 수 있으니 책을 체계적으로 정리하거나, 알아볼 수 있게 표시해둘 필요가 없었던 것이다.

큰 도서관에서는 가끔 앞마구리나 윗마구리나 아랫마구리에 제목을 써넣기도 했다. 요즘 아이들이 책 가장자리에 주제를 적어놓는 것과 비슷하다. 이탈리아 책 수집가 오도리코 필로네는 화가 체사레 베첼리오로 하여금 앞마구리에 책 내용과 어울리는 그림을 그려넣게 했다. 총 172권이 이렇게 장식됐는데, 그중 두 권에는 그림이 거꾸로 그려져 있다. 이를 두고 어떤 학자는 이것이 흔치 않은 관행이었으며, 화가들이 책에 그림을 그려넣는 데 완전히 익숙지 않았다는 의미로 해석한다.

이렇게 장식된 앞마구리에는 책을 식별할 수 있는 문자도 적혔다. 이는 필로네가 장식을 한 목적 중 하나가 많은 책을 구분하는 것이었음을 보여준다. 책들 가운데 적어도 일부는 크기나 장정만으로 구별할 수 없었을 것이기 때문이다. 필로네의 장서 가운데 나무판으로 장정을 한 성 제롬의 저서 세 권에서는 죔쇠가 제거됐는데, 서재와 사막에 있

1580년대 체사레 베첼리오가 그림을 그려넣은 책 앞마구리.

는 제롬을 묘사한 앞마구리 그림을 가리지 않기 위해서였던 듯하다.

활판 인쇄술이 도입되기 전에는 많은 책이 정교하고 독특한 방식으로 장정되었다. 종종 판자 위에 가죽이나 직물을 씌웠으며, 때로는 금속 돋을새김을 하거나, 조각을 하거나, 보석을 달았다. 이런 "보석 장정"을 한 책들은 값비쌌기 때문에 "헨리 8세 치하에서 수도원을 약탈하고, 에드워드 6세 치하에서 옛 학문의 자취를 전면적으로 파괴했을 때"에 "천주교 예배용 책에 있는 모든 금은을 벗겨 왕의 금고로 보내라는" 명령이 내려졌다.

뉴욕시에 자리한 피어폰트 모건 도서관의 중세 및 르네상스 시대 책들을 보관하는 서고에는 장정 예술의 훌륭한 예들, 이를테면 보석과 좋은 가죽으로 장정한 책들이 많다. 아름다운 삽화가 실려 있는 책 《장정 1200년, 400~1600년 Twelve Centuries of Bookbindings, 400–1600》은 이 모건 도서관 장서 가운데 일부를 소개하고 있는데(대개 연대순으로 정리되어 있다), 이 책을 처음부터

《가정 서재》에 실린 삽화.
이렇듯 화려한 장식 때문에 책 표지가 우둘투둘했을 것이다.

끝까지 쭉 훑어보면 장식을 한 책등이 어떻게 진화했는지를 알 수 있다. 마치 허리가 굽은 원숭이가 직립한 인간으로 진화하는 모습을 보는 듯하다. 가장 앞에 실린 그림을 보면, 나무판으로 장정한 표지에 가죽을 씌우고 과할 만큼 장식을 하고 보석을 달아놓았다. 이러한 3차원적 특성 때문에 뒤표지를 선반에 닿게 눕혀 보관하는 것 외에 다른 식으로 보관하는 건 불가능해 보인다. 물론 뒤표지를 장식한 예도 적지 않지만, 그래도 뒤표지 장식은 좀 더 평면적인 편이다. 어쨌든 이런 책들은 오늘날에 책을 보관하는 방식으로, 즉 세워서 보관할 수가 없다.

초기 서적의 책등은 앞표지나 뒤표지에 비하면 아주 수수했다(훗날 찰스 디킨스가 《올리버 트위스트》에 다른 어떤 것보다도 "앞뒤 표지가 단연 최고인 책들이 있다"고 쓴 데서 보듯이). 많은 경우 앞표지를 치장하는 금속 돋을새김이나 보석은 가죽 등의 장정 재료에 못 같은 도구를 이용해 직접 고정됐기 때문에 책등의 부차적이고 평범한 면은 더욱 두드러져 보였다.

다른 방법은 있을 수 없었다. 책등은 궁극적으로 책의 경첩, 즉 책이 제대로 펼쳐지려면 구부러지거나 휘어져야 할 부분이었기 때문에 많은 장식을 하는 것은 적합하지 않았다. 실제로 책등과 표지의 관계는 빅토리아 여왕 시대 저택에서 아래층과 위층의 관계와 비슷했다.

정교한 압형押型 장식을 한 가죽 장정이 돋을새김을 비롯한 3차원적 장정보다 유행하게 되자 책을 수직으로 꽂는 것이 가능해졌을 뿐 아니라(비좁은 도서관에서는 필연적인 일이 되었다) 책등을 앞표지나 뒤표지에 맞먹을 만큼 장식하는 것도 가능해졌다. 사실 일반적인 경우에는 가죽 한 장으로 책 전체를 감쌌다. 척추spine가 우리 몸을 지탱하듯이 구조적으로 책 내부를 지탱하는 외골격인 책등spine은, 그렇지만 여전히 책을 구성하는 기계적인 부분이었다. 따라서 책등은 가능한 한 숨겨야 하는 부분, 책꽂이 선반에서도 눈에 띄지 않도록 후미지고 어두운 쪽으로 밀어놓아야 하는 부분이었다. 책등이 안쪽을 향하도록 해서 책을 보관하는 것은 시계의 태엽을 감는 장치를 벽이나 문 뒤에(혹은 둘 다에) 넣어두는 것과 마찬가지로 자연스럽고 적절한 일이었다.

소장한 책이 상대적으로 적을 때에는 도서 목록이 있든 없든 책을 찾을 수 있었을 것이고, 책에 글자를 적어놓지 않더라도 무슨 책인지 알 수 있었을 것이다. 우리가 부엌에서 아무 표시 없는 통에 든 낟알이 무엇인지 알듯이, 혹은 잡동사니를 보관해놓은 상자에 든 것이 무엇인지 알듯이, 제각각 독특한 장정을 갖춘 책이 어떤 책인지 알았을 것이다. 핀이 든 상자, 단추가 든 상자, 동전이 든 상자가 있을 때 각각은 모양이나 크기, 색깔 등이 다르기 때문에 금방 구별할 수 있다. 하지만 서로 다른 용기나 상자도 그 수가 너무 많아지면 잘못된 상자를 찾는 일이 생겨난다. 이 시점에 이르면 우리는 상자에 라벨을 붙이기 시작한다. 크기며 외양이 비슷한 용기가 많아졌을 때에도 같은 일이 벌어진다. 향신료가 든 용기나 통에 향신료 이름을 적은 라벨을 붙여놓듯이 말이다.

책도 마찬가지였다. 수가 점점 늘어났을 뿐 아니라 모양도 비슷해졌기 때문이다. 특히 한 도서관에 있는 모든 책을 똑같이 장정하는 관행이 유행처럼 퍼져나갔기 때문에 상황은 더욱 심각해졌다. 사실 15세기 이전에 만들어진 책 중에는 재장정하지 않은 것이 드물어 본래 장정이 남아 있는 경우가 거의 없다. 시간이 지나면서 옛 책들을 재장정하고 책등에 책 내용을 표시하는 관행이 보편적으로 채택됨에 따라 모든 책의 장정이 비슷해졌고, 책등을 바깥쪽으로 꽂는 것이 일반화되었다. 장정에서의 이러한 진화, (따라서) 책 보관에서의 이러한 진화는 1200년이 걸린 일이다. 이런 거시적 관점에서 보자면 책등, 즉 경첩이 책 안을 받쳐주는 것인지 아니면 겉을 치장하는 것인지에 대해 지금까지 언어상의 혼란이 남아 있는 것도 충분히 이해할 수 있는 일이다.

일부 개인 애서가들은 그들 책이 어떻게 보이는지, 어떻게 보관되는지에 대해 무척 신경 쓰기 시작했다. 16세기 중반부터 책등 장식은 "측면 장식과 조화를 이루기" 시작했다. 책 앞표지부터 뒤표지까지 균일하게 이어지는 가죽 장정이 도입됨에 따라 책등은 점차 나머지 부분과 조화를 이루는 디자인을 갖추게 됐을 뿐만 아니라 책 제목이나 저자 이름, 출간 연도로도 장식되기 시작했다.

새로운 관행이었기에 당연한 일이지만, 책등에 쓰인 제목을 위에서 아래로 읽어야 하는지 아니면 아래에서 위로 읽어야 하는지 따위는 합의가 이루어지지 않았다. 영어권에서는 20세기 중반까지도 이에 대한 합의가 이루어지지 않아, 영국에서 장정된 책은 아래에서 위로 읽는 경향이 있었던 반면 미국에서는 위에서 아래로 읽는 경향이 있었다. 자동차에서 운전석이 위치한 방향처럼 차이가 큰 관행이었다. 시간이 지나면서 영국식 표기 방식은 미국식에 밀려나게 됐는데, 책 앞표지가 위로 오도록 눕혀놓았을 때 미국식이 제목을 쉽게 읽을 수 있다는 주장이 우세해서였다. 물론 옛 영국식 책 역시 뒤표지가 위로 오도록 하면 책등을 쉽게 읽을 수 있었지만, 그렇게 책을 엎어놓으면 앞표지(점차 먼지를 막는 덮개, 즉 책가위가 되어갔다)에 적혀 있는 것을 읽을 수 없었다. 비영어권 국가들에는 여전히 통일된 관행이 존재하지 않는다.

책 제목이나 저자 이름을 책등에 덧붙이는 관행은 1600년 이전에 이탈리아만이 아니라 프랑스에도 분명히 존재했다. 이는 책을 보관할 때 책등이 바깥쪽을 향하도록 했음을 강력하게 증거한다. 실제로 "책등에 금박을 입힌 최초의 책들은 1535년경 베니스 또는 이탈리아 북부에서 만들어진 것으로 보인다." 그렇다고 해서 도서관에 있는 모든 책이 책등을 바깥으로 나오게 한 상태로 보관되었다는 뜻은 아니다. 이는 필로네의 책들, 즉 앞마구리에 그림을 그려넣은 책들(1580년경의 책들이다)을 통해서도 알 수 있는 것이다. 이 시기에 독일, 네덜란드, 스페인, 영국 등 다른 나라에서는 (우리가 이미 보았듯이) "기계적인 이유로 사슬 도서관의 방식에 따라" 책등이 안쪽을 향하도록 책을 보관하는 것이 여전히 관습으로 남아 있었다—관습은 무서운 것이어서, 스페인 에스코리알 도서관에서는 20세기 말까지도 여전히 앞마구리가 밖으로 나오도록 책을 보관했다. 그렇지만 16세기에는 이것이 결코 보편적인 관행이 아니었다. 어쨌거나 분명한 것은 어떤 책들은 책등을 통해, 어떤 책들은 앞마구리에 표시된 것을 통해 식별할 수 있었다는 사실이다. 이런 상황 때문에 일부 책들은 과거 관행대로 앞마구리가 바깥을 향하도록 보관되었고, 일부 책들은 새로운 관행대로 제목 따위가 적힌 책등이 바깥을 향하도록 보관되었다.

수십 년이 넘도록 낡은 책들은 책등이 안쪽을 향하도록, 새로운 책들(혹은 재장정된 책들)은 책등이 바깥쪽을 향하도록 보관되었을 것이 틀림없다. 보관 방식에 따라 서로 다른 책장에 따로 보관했을 수도 있고, 아니면 같은 책장에 섞어 보관했을 수도 있다. 사람들은 테크놀로지의 변화 한가운데서 성장하면 시대착오적인 병치에 매우 관대해지는 경향이 있다. 예를 들어 우리 가운데 다수는 구식 책상에 컴퓨터를 놓고 쓴다. 이때 책상 면은 키보드를 두드리기에 너무 높지만, 우리는 거기에 그런 대로 적응한다.

가장 먼저 모든 책의 책등이 밖으로 나오도록 배치한 커다란 서재 가운데 하나는 프랑스 정치학자이자 역사학자인 자크-오귀스트 드 투의 서재로, 그는 역사에 대한 과학적 접근 방식의 선구자로 유명하다. 16세기 말에서 17세기 초에 가장 인상적인 서재 중 하나였던 이 서재는 소장 도서가 8000여 권에 달할 만큼 방대한 규모를 자랑했다. 따라서 자크-오귀스트 드 투가 이 많은 책을 정리하는 방식은 자연히 그가 서재를 이용하는 데 중요한 의미를 가졌을 뿐 아니라, 이 서재를 아는 사람들의 관심사이기도 했다. 라멜리는 이탈리아 사람이었지만 《다양하고 기발한 기계들》이 출간됐을 때는 프랑스 왕을 섬기고 있었다. 1588년 그가 회전 책상을 묘사한 그림의 배경에 등장하는, 책등이 바깥을 향해 꽂힌 책들은 16세기 말 프랑스에서 진화 과정을 겪고 있던 관행을 옮겨놓은 것으로 보인다. 17세기에 이르면 거의 모든 책의 책등에 장식을 하거나 글자를 적어넣게 됐고, 책등 장식은 확실하게 보편적인 관행으로 자리 잡았다.

한편 16세기 독일에는 묘한 제본 관행이 있었는데, 그것은 두 권의 책이 가운데 있는 "표지"를 공유하도록 두 책을 함께 제본하는 방식이었다. 이렇게 하면 표지에 쓸 판자는 네 개에서 세 개로 줄어들었다. 뒤표지를 공유하는 두 권의 책을 관례적인 방식으로 펼치기 위해서는 서로 반대 방향으로 제본을 하여 한 책의 책등과 다른 책의 앞마구리가 나란히 놓여야 했다. 이런 "허리를 맞댄" 장정은 일반적이지는 않았지만, 한 선반에 책등이 앞으로 나오는 책과 앞마구리가 앞으로 나오는 책이 나란히 꽂히는 일이 드물지 않았던 과도기에 편리한 제본 방식이었을 것이다.

16세기에 이르러 책등에 제목과 저자 이름, 출간 연도 등이 적히기 시작했다. 그러나 이 관행은 보편적이지 않아, 모든 책이 책등이 바깥을 향하도록 보관되었던 것은 아니다. 위 사진을 보면 책등에 아무것도 쓰이지 않은 책은 종이에 내용을 적어 표지 안쪽에 끼운 다음 앞마구리 쪽으로 구부려놓았다.

일기 작가 새뮤얼 피프스는 16세기 영국에서 가장 큰 서재를 갖춘 사람 중 하나였는데, "책이 늘어나고, 책 위에 책이 쌓이게 되자" 1666년 서재에 새로운 책장들을 설치했다. 처음에는 책장을 두 개만 들였던 것 같다. 그로부터 1년이 안 되어 그가 일기에 다음과 같이 적고 있는 것을 보면 알 수 있다.

> 사실 최근에 귀중한 책들을 아주 많이 샀다. 하지만 다음 크리스마스 때까지는 더 사지 않을 생각이다. 이미 가지고 있는 것만으로도 책장 두 개가 꽉 찰 것이므로 몇 권은 남에게 줘버려야 한다. 서재 책장들을 채울 정도로만 책을 갖고, 그 이상은 욕심 내지 않는 것이 내 계획이기 때문이다.



그렇지만 피프스는 이후 수많은 장서가들이 그러했듯이, 애초 계획에 반하여 결국 책을 집어넣을 책장들을 더 사들이게 됐다. 첫 번째 책장은 조선소 소목 장인인 토머스 심슨이 피프스(나중에 제독의 비서가 되며, 더 나중에는 왕립학회 회장이 된)를 위해 만들어주었다. 마호가니를 깎아 만든 책장은 뱃사람이 만든 구조물이라는 인상을 준다. 널찍한 아랫부분은 책궤를 연상시킨다. 그러나 경첩에 달린 문이 아닌 위아래로 미끄러뜨려 여닫는 문이 달려 있다. 이런 점은 책장 윗부분을 이용할 때 썩 실용적이지 않았겠지만, 이 문에는 아무리 거친 바다에 나가더라도 문이 흔들려서 열리는 일이 없도록 단단한 미닫이 자물쇠가 달려 있다. 현재 케임브리지 매그덜린 칼리지에는 열두 개의 책장이 보존되어 있는데, 여기에 피프스가 소장하고 있던 3000여 권의 책이 유언에 따라 피프스의 조카가 최종 정리한 순서대로 꽂혀 있다. 이 책장들이 전부 똑같은 것은 아니다. 같은 사람이 같은 시기에 만든 것이 아니기 때문이다. 하지만 언뜻 보기에는 전부 똑같아 보이며, 실제로 놀라우리만치 잘 정돈된 서재를 이루고 있다.

피프스는 소장 도서를 3000권으로 제한하여 크기에 따라 번호를 붙였다—가장 작은 책에는 1번을, 가장 큰 책에는 3000번을 붙이는 식이었다. 이보다 책이 많아지면 새 책을 꽂을 공간을 만들기 위해 덜

새뮤얼 피프스의 책장 가운데 하나. 이 책장들은 피프스가 원하던 방식대로 보존되어 있다. 책들은 크기에 따라 배치되어 있는데, 가장 키가 작은 책들은 열두 개 책장 본체의 가장 아래에 있는 선반을 차지하고 있다. 책장은 안으로 깊어, 가장 키가 큰 책들이 보관된 선반들을 제외하면, 앞쪽 선반 뒤에 있는 두 번째 선반에 또 한 줄의 책이 보관되어 있다.

필요한 책들을 버렸다. 시간이 지나면서 피프스는 선반 수가 한정되어 있어도 책을 꽂을 수 있는 공간을 더 확보할 수 있다는 사실을 알았다. 그는 서재(당시에는 개인 서재를 작은 방이라는 의미로 closet이라고 불렀다)에 공간을 최대한 확보하기 위해 책을 두 줄로 배치했다. 원래 선반에는 작은 책을 한 줄로 꽂고, 이 작은 책들 위에나 뒤에 좁은 선반을 설치해 키가 큰 책들을 꽂았다. 이렇듯 선반들을 높이 달자 책 윗마구리와 책 위에 놓인 선반 사이의 간격이 균일해질 수 있었다.

엄격하게 크기에 따라 책을 배열하는 피프스의 방식, 즉 "높이에 따른 배치"는 시각적으로 매우 놀라운 효과를 낸다. 가장 작은 책들은 모든 책장 가운데 가장 낮은 선반에 꽂혀 있다(가로줄 지향적인 멜빌 듀이에게는 틀림없이 개탄할 만한 배치겠지만). 크기에 따른 배열은 서재 전체에 걸쳐 계속 이어지는데, 책 높이가 거의 알아차리기 힘들 만큼 미세하게 높아진다. 높이를 조절할 수 있는 선반 앞쪽 가장자리는 유리를 끼운 책장 문(피프스의 책장은 유리를 끼운 가장 초기의 책장에 속한다)의 가로 틀과 일치하도록 높이가 맞춰져 있다. 이 피프스 책장의 모조품을 주문할 수도 있는데, 광고 책자에 실린 이미지를 보면 선반이 책장 문틀과 상관없이 배치되어 있을 뿐만 아니라 책이 크기와는 다른 기준에 의해 꽂혀 있다. 그 결과 책과 책장 모두 어색하고 단정하지 못해 보여 책장의 매력이 약해지고 만다. 거꾸로 말하면, 피프스의 책장들이 얼마나 사려 깊게 짜인 것인지를 알 수 있다.

피프스는 책들을 크기에 따라 배치함으로써 놀라운 외형을 얻었는데, 이는 주제나 다른 분류에 따라 배치했을 경우에는 놓칠 수밖에 없는 것이다. 한 질의 책에 다른 시대에 다른 판형으로 인쇄됐다든가 해서 크기가 다른 책이 한두 권 들어 있을 경우, 피프스는 나무토막을 작은 책에 어울리게 장식하여 밑에 받침으로써 작은 책이 이웃한 책들과 키를 맞추도록 했다. 책이 가로가 긴 형태로 인쇄되었을 경우에는 앞이나 뒤로 너무 튀어나와 그가 고안한 배치에 방해가 되지 않도록 앞마구리가 밑으로 가게 꽂았다.

피프스의 시대에는 책등에 글자를 찍어 내용을 밝히는 관습이 이미 자리 잡고 있었다. 따라서 그의 책들은 거의 모두 책등이 밖으로 나오도록 꽂혔으며, 피프스는 이 책들의 제목을 분명하게 읽을 수 있었다. 뒷줄에 꽂힌 책들도 마찬가지였는데, 그것은 뒷줄의 책들이 앞줄의 책들보다 상당히 높게 자리 잡았기 때문에 가능한 일이었다. 피프스는 새로운 서재에 진열된 책장들을 자랑스러워했다. 그는 일기에 이렇게 썼다. "나는 이곳이 누구의 서재 못지않게 품위 있다고 생각하며, 또 상당히 밝다고 생각한다. 약간만 더 밝았다면 좋았겠지만." 물론 이 서재는 훌륭했지만, 늘 그렇듯이 개선의 여지는 있었다. 1680년에 피프스는 서재에 글을 쓰기 위한 우아한 책상—"오크 받침대가 있는 책상 가운데 최초로 알려져 있다"—을 놓았다. 책상 양옆에는 유리를 달고 그 너머에 그의 질서정연한 책장들에 들어가기에는 너무 큰 책들을 보관했다. 책장들을 벽에 딱 붙여놓고 독립된 책상이나 탁자를 방에 들여놓는 배치는 아직 흔한 것이 아니었다. 그러나 모든 종류의 도서관에 책을 보관하는 기능과 관계가 없는 가구들이 설치되면서, 점차 그것이 관행이 되어갔다.

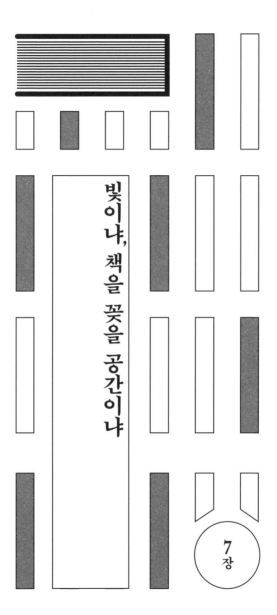

7장

# 빛이냐, 책을 꽂을 공간이냐

진열대 시스템—창문들이 촘촘하게 자리 잡고 있고 그것을 피해 벽에 수직으로 고정된 책꽂이를 배치하는 방식—은 영국 공공도서관의 오래된 특징이었다. 대륙에서는 이와 다른 전통이 독자적으로 진화했는데, 이 전통에서는 책장들이 벽에 평행하게 붙어 배치되었다. 이런 도서관에 들어가보면 줄줄이 늘어선 책장들이 창문 앞에 만들어진 열람석 또는 오목한 공간을 보게 되는 것이 아니라, 마주 보고 있는 책장들에 빙 둘러싸여 만들어진 중앙의 넓은 공간을 보게 된다. 벽 시스템으로 알려지게 된 이런 시스템은 스페인 에스코리알 도서관에 처음으로 대규모로 도입되었던 것 같다.

에스코리알은 마드리드 근처에 수도원 겸 왕실 사원을 세우라는 필립 2세의 명령에 따른 것이었으며, 스페인 왕들 대부분이 이곳에 묻혔다. 1563년에 건축이 시작되어 1584년에 완공된 이 육중한 구조물에는 왕의 거처와 커다란 도서관이 있었다. 도서관이 차지하고 있는 방은 가로 10미터, 세로 64미터로, 전형적으로 길고 좁은 방이었다—유난히 길기는 하지만. 그러나 독서대 또는 진열대 시스템에 따라 설비가 갖추어진 영국 도서관과 닮은 점은 거기서 끝이 난다. 에스코리알 도서관은 11미터 높이에 아치형 천장으로 덮여 있으며, 동쪽과 서쪽 벽에는 촘촘히 자리 잡은 수많은 좁은 창문이 아니라 여남은 개의 커다란 창문이 달려 있다. 바닥에서 4미터 높이에 자리한 이 창문들 덕분에 방은 아주 밝았다. 창문들 사이의 벽 공간에는 홈이 파인 도리스식 기둥과 묵직한 코니스로 장식된 책장들이 자리 잡고 있었으며, 책장에는 책상도 갖추어져 있었다. 존 윌리스 클라크는 20세기 초에 이렇게 썼다.

> 책상은 바닥에서 80센티미터 정도 높이인데, 이는 보통 탁자의 높이와 같다. 즉 의자에 앉아 책을 읽는 사람들이 사용하던 책상이라는 뜻이다—비록 지금 의자는 제공되지 않지만. 단 옆에 놓인 선반과 책상은 책을 기대놓기 편하게 경사져 있다. 네 개의 선반 가운데 가장 높은 것은 높이가 바닥에서부터 2.7미터 정도다. 따라서 그곳에 있는 책을 보려면 사다리가 필요하다. 이 책들은 일반적인 스페인 관습에 따라 앞마구리가 밖으로 나오도록 꽂혀 있다.

에스코리알의 책장들은 당시 영국의 책장들과는 다르게 놓여 있었지만, 둘 사이에는 공통점도 많았다. 우선 둘 다 책상이 갖추어져 있었다. 이것은 책등이 안쪽으로 향하도록 책을 꽂는 관습과 더불어, 원래는 책들이 사슬에 묶여 있었음을 보여준다. 에스코리알의 책상은 사려 깊게도 경사진 표면이 있어 책을 기대놓을 수가 있었다. 커다란 창문들을 통해 많은 빛이 들어왔을 테고, 그중 일부는 둥근 천장에 반사되기도 했을 것이므로, 책장을 마주하거나 책장에 붙은 책상에 앉아도 책을 읽을 만한 빛을 충분히 확보할 수 있었을 것이다. 클라크에 따르면 "에스코리알은 다른 곳의 도서관 시설에 분명한 영향을 주었다. 그러나 다른 중요한 발명품들과 마찬가지로, 서가를 벽에 직각으로 세우는 것이 아니라 벽에 붙이는 배치는 한 사람의 생각이 아니었다." 따라서 클라크는 이 발명품의 "계보를 작성할 수" 없다고 말한다.

17세기 초 이탈리아 밀라노에 건설된 암브로시아나 도서관은 벽 시스템을 한 단계 더 발전시켰다. 세로 22미터, 가로 9미터 크기의 방은 에스코리알과 마찬가지로 아치형 천장으로 덮여 있다. 그러나 긴 벽에 창문이 나 있는 것이 아니라 천장 양쪽 끝에 반원형 창문이 달려 있어, 그곳을 통해 방과 책을 밝혀줄 빛이 풍부하게 들어왔다. 낮은 벽에는 창문이 없는 대신 (옆방으로 통하는 문을 제외하면) 책 선반들이 완전히 들어차 있었다. 이 책장들은 높이가 바닥에서 4미터 가까이까지 이르렀으며, 그 위로 다시 2.5미터 높이의 책장이 있었다. 이 위쪽 서가에는 방 전체를 둘러싸고 있는 갤러리*를 통해 접근할 수 있었는데, 폭이 75센티미터인 갤러리에 올라가려면 방 네 구석에 있는 계단을 통해야 했다.

당시 어떤 이가 썼듯이 책장에는 책상이 달려 있지 않았다. 그는 이렇게 기록했다.

"방은 책상으로 막혀 있지 않다. 책상이 있을 경우에는 보통 수도원 도서관의 전통에 따라 쇠사슬로 책을 책상에 묶어두었는데, 이 방은 그렇지 않다. 이 방은 높은 책장들로 둘러싸여 있으며, 책들은 크기에 따라 정리되어 있다."

* 여기서는 한 층에 만들어놓은 2층 구조물을 가리킨다. 복층 구조를 떠올리면 이해하기 쉬울 것이다. 191쪽 그림 참조.

에스코리알 도서실 벽에 붙어 있는 책장에는 책상이 달려 있었다. 원래 이곳 책들이 사슬에 묶여 있었음을 보여주는 증거다. 그림 속에 펼쳐져 있는 책은 책상의 경사진 면에 기대어 있는 것이다.

19세기 마자랭 도서관 열람실을 묘사한 동판화.

책들은 사슬로 묶여 있지는 않았지만, 20세기 초입에도 "철사로 만든 아주 커다란 그물로 보호되고 있었는데, 이 장치는 독창적인 것"이었다고 한다. 높은 선반이나 갤러리에 있는 책들은 그런 식으로 보호할 필요가 없었다. 그곳에 손을 뻗치려면 사다리나 계단을 이용해야 했기 때문이다. 바꿔 말하면 허가 없이는 아무도 선반에서 책을 뽑지 못했다는 것이고, 허가를 받은 뒤에야 방 구석에 있는 탁자에서 책을 볼 수 있었다. 이렇듯 책에 접근하는 것은 통제했음에도, 도서관은 밀라노 시민이나 낯선 사람들에게 개방되어 있었다.

"그러나 책을 훔치는 사람이나 더러운 손으로 책을 만지는 사람에게는 엄벌이 내려졌다. 그런 죄를 짓고도 벌을 받지 않는 사람은 교황뿐이었다."

파리에서는 첫 공공도서관이 1647년에 완공되었다. 바로 마자랭 도서관이었는데, 이 도서관은 불행하게도 마구간 위에 건설되었다. 1661년 마자랭 추기경이 사망하자 도서관은 좀 더 나은 곳로 옮겨져 우아하게 자리를 잡게 되었다. 에스코리알의 책장들을 모델 삼은 것으로 보이는 책장들은 벽에 기대놓았으며, (에스코리알에 있는 책상과 비슷한) 책상들이 붙어 있었다. 그러나 경사진 면은 더 완만해서 책을 놓는 이젤이라기보다는 독서대에 더 가까웠다. 책상 또는 독서대가 있는 것으로 보아 책장을 처음 설치할 때는 책들이 사슬에 묶여 있었던 것이 분명하다. 그러나 나중에 아래쪽 선반에 있는 책들은 철망 문으로 막아두었다. 1739년에는 선반을 추가할 공간이 필요했기 때문에 갤러리를 덧붙이기로 했는데, 천장이 많이 망가져 있었기 때문에 아치형 천장을 평평하게 개조한 다음에야 2만 권의 책을 넣을 수 있는 선반을 갤러리에 설치할 수 있었다.

옥스퍼드 보들리언 도서관은 책장들의 박물관이다. 가장 오래된 책장들은 진열대 시스템을 따라 배치되어 있지만, 거기에 덧붙여 설치한 책장들 가운데 가장 초기의 것들은 벽 시스템을 따랐다. 도서관 중심부는 1480년대에 만들어진 것인데, 이 부분은 나중에 (당시로서는 신축 건물이었던) 디비니티 스쿨 건물로 옮겨졌다. 디비니티 스쿨은 1층에, 도서관은 2층에 자리 잡고 있었다. 도서관이 2층에 자리 잡고 있었기 때문에 계단을 통제하면 접근을 제한할 수 있었으며, 창문을 통해 몰래 잠입하는 일도 줄일 수 있었다. 사실 창문 잠입은 만만하게 볼 문제가 아니었다. 사슬에 묶여 있든 묶여 있지 않든 모든 책을 보호하는 것이 사서의 가장 중요한 책무였기 때문이다.

옥스퍼드 중앙도서관의 이름은 듀크 험프리 도서관이었다. 15세기 전반기에 옥스퍼드가 가진 얼마 안 되는 장서에 책을 보태주고, 그 책들을 보관할 공간을 만들 자금을 지원한 사람이 글로스터 대공 험프리(헨리 5세의 형제)였기 때문이다. 원래 험프리 장서에는 약 600권의 수서가 있었는데—"돈 주고 살 수 있는 가장 좋은 것"으로 일컬어졌다—16세기의 종교개혁 운동으로 인해 그 수가 급감했으며, 그에 따라 책장들이 불필요해지자 1550년대에 다 팔아버렸다. 50여 년이 지나서야 중세 수서 수집가인 토머스 보들리 경이 도서관을 복원하여, 1602년에 더 넓어진 공간에 재개관했다. 책장을 진열대 시스템으로 설치한 듀크 험프리 도서관이 중심을 이루었으며, 양옆에 아츠 엔드Arts End와 셀든 엔드Selden End라고 부르는 큰 방이 덧붙여졌다. 이 세 방이 모여 대문자 H자를 이루었다. 동서 방향으로 자리를 잡은 험프리 방이 H자의 가운데 가로 막대를 이루고, 나머지 두 방이 H자의 수직 막대를 이루었다.

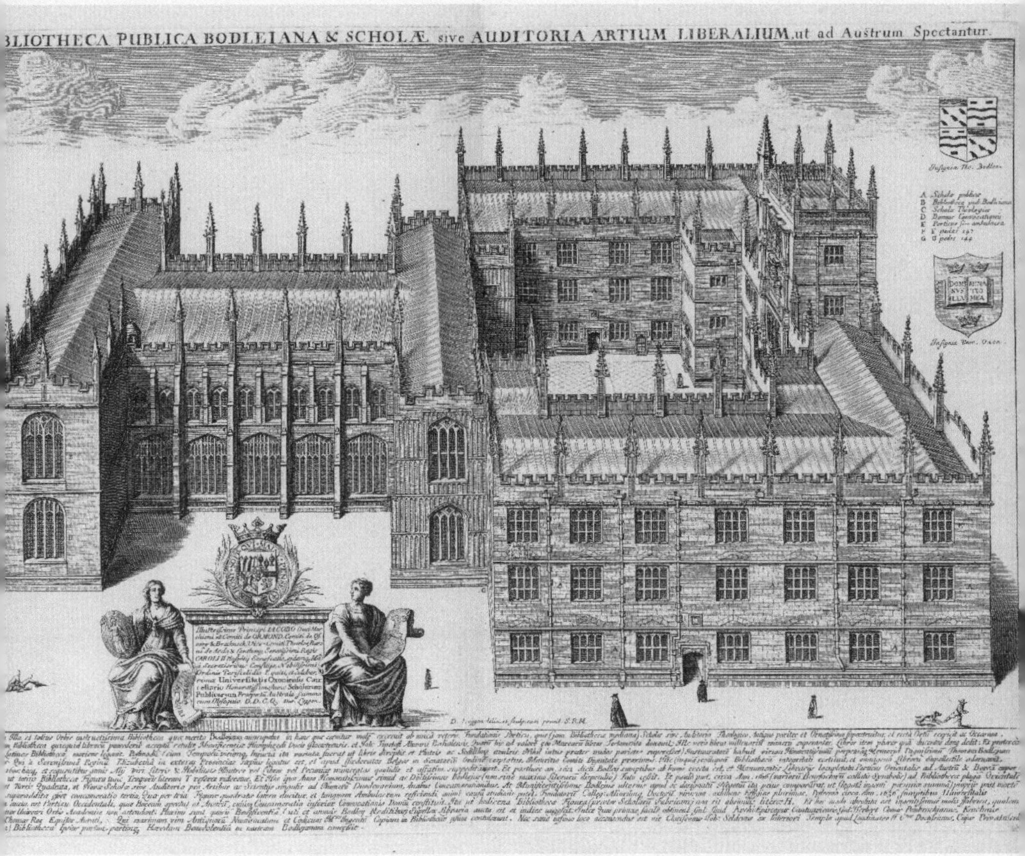


1675년 보들리언 도서관을 묘사한 그림으로, 왼쪽에 H자를 이루면서 자리 잡은 듀크 험프리 도서관과 아츠 엔드, 셀든 엔드를 볼 수 있다. 오른쪽으로는 안뜰(스쿨스 쿼드랭글)과 안뜰을 둘러싼 사각형 건물을 볼 수 있다.

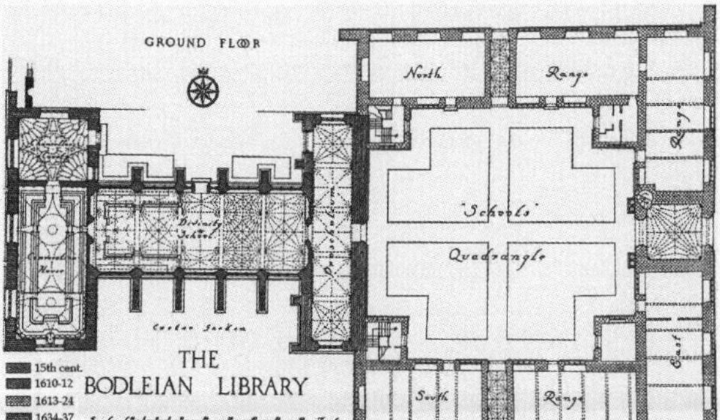

아츠 엔드라는 이름이 붙은 것은 그곳에 예술학부와 관련된 2절판들을 보관했기 때문이다(당시 다른 세 학부는 신학부, 법학부, 의학부였으며, 각각 나름의 소장 도서를 갖추고 있었다). 1612년에 세워진 아츠 엔드는 디비니티 스쿨의 동쪽 날개에 자리를 잡고 있었는데, 이곳은 듀크 험프리와 놀랄 만한 대조를 이루었다. 아츠 엔드는 영국 최초로 벽 시스템 배치를 이용한 곳이었는데, 이곳에 벽 시스템이 가능했던 건 세 개의 커다란 창문을 통해 들어오는 빛 덕분이었다. 가장 큰 창문인 "동쪽의 큰 창문"은 듀크 험프리의 중앙 복도와 나란히 놓여 있었기 때문에, 스쿨스 쿼드랭글로부터 빛이 들어왔다. 나머지 두 창문은 폭이 좁은 북쪽과 남쪽 벽에 자리 잡고 있었으며, 그곳으로도 많은 빛이 들어왔다.

아마 벽 선반들은 원래 개방되어 있었을 것이고, 2절판들은 사슬로 선반에 묶여 있었을 것이다. 토머스 경은 8절판이나 그보다 작은 책은 사슬에 묶고 싶어하지 않았지만, 작은 책은 점점 더 많이 제작되었고 도서관으로 유입되는 양도 많아졌다. 그래서 로비에 잠금 장치를 달아 안전을 꾀하게 되었다. 그러나 소장 도서는 급속히 불어났다. 이 도서관은 일종의 저장소여서, 영국에서 인쇄되는 모든 책이 납본되었기 때문이다.

아츠 엔드에서는 작은 책들을 보관하기 위해 갤러리를 추가로 설치했다. 갤러리를 지탱하기 위한 기둥은 동시에 갤러리 아래 책 선반을 마주하고 있는 의자의 양쪽 끝 기둥 역할을 해주었다. 갤러리는 계단

1675년에 묘사된 아츠 엔드(위)와 셀든 엔드(아래).
듀크 험프리 도서관은 배경으로 등장하는데, 그곳의 진열대 시스템은 이 두 엔드의 벽 시스템과 대조를 이룬다. 대학 예복 차림을 한 학생들을 눈여겨보라.

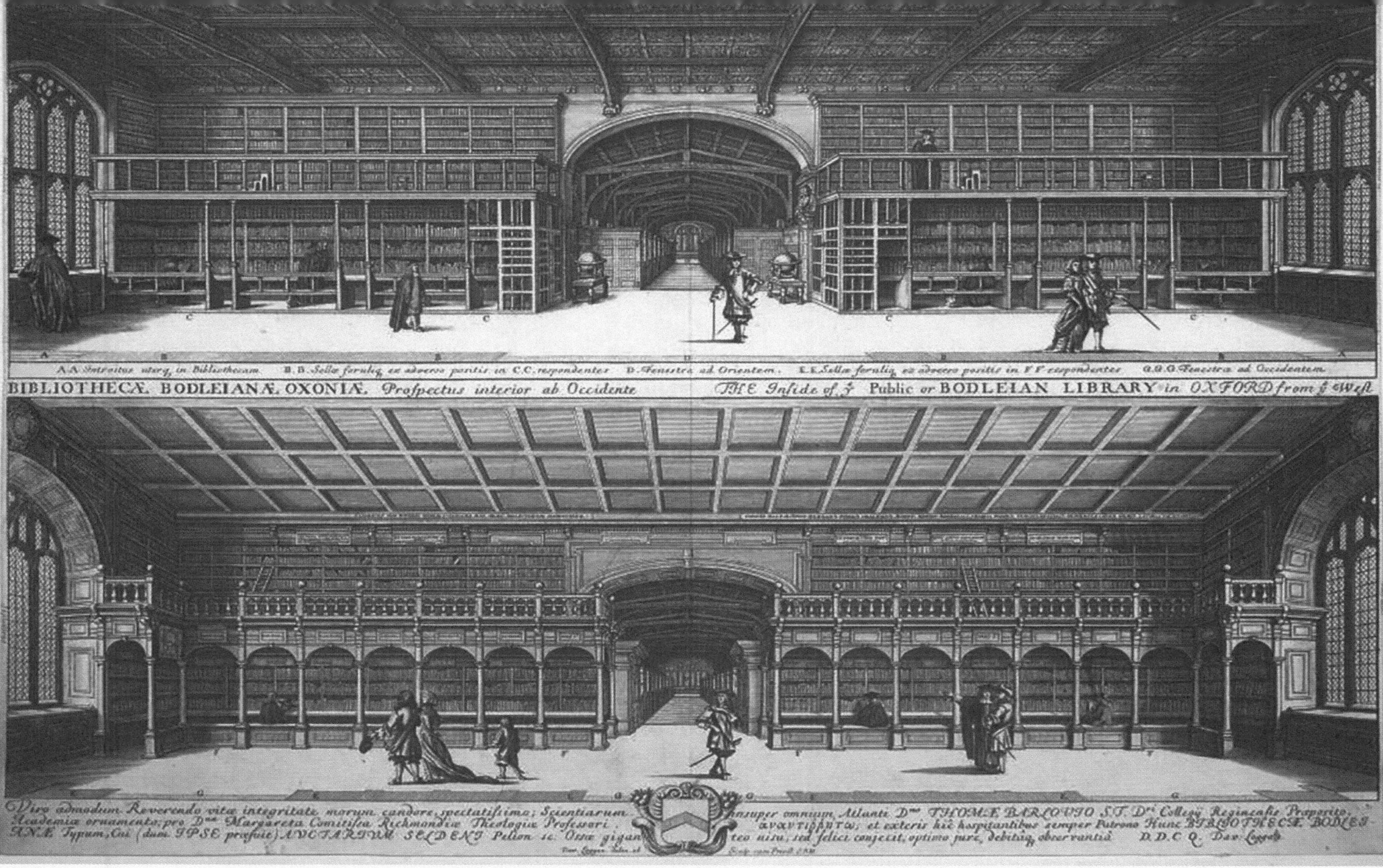
A.A. Introitus uterq; in Bibliothecam. B.B. Sellæ foruliq; ex adverso positis in C.C. respondentes. D. Fenestra ad Orientem. E.E. Sellæ foruliq; ex adverso positis in F.F. respondentes. G.G.G. Fenestræ ad Occidentem.
BIBLIOTHECÆ BODLEIANÆ OXONIÆ. Prospectus interior ab Occidente
THE Inside of ye Public or BODLEIAN LIBRARY in OXFORD from ye West
Viro admodum Reverendo vitæ integritate morum candore spectatissimo; Scientiarum insuper omnium Atlanti Dno THOMÆ BARLOVIO S.T. Dri Collegii Reginensis Præposito,
Academiæ ornamento; pro Dna Margareta Comitissa Richmondiæ Theologiæ Professori. αὐταυτίφρητω; et exteris hic hospitantibus semper Patrono Hunc BIBLIOTHECÆ BODLEI
ANÆ Typum, Cui (dum IPSE præfuit) AUCTARIUM SELDENI Pelion ie. Ossæ gigan teo nisu, sed felici conjecit, optimo jure, debitaq; observantiâ D.D.C.Q. Dav. Loggan

을 통해 올라갈 수 있었다. 그러나 갤러리에 올라갈 수 있는 사람은 사서와 사서의 조수뿐이었고, 갤러리 입구에 문이 달린 우리 같은 것을 만들어 잠가둠으로써 출입을 통제했다. 이 갤러리는 마지못해 덧붙여진 것에 틀림없다. 쉽게 상상할 수 있는 일이지만, 갤러리는 선반과 그 밑의 독자들에게 그림자를 드리우기 때문이다. 1675년에 나온 아츠 엔드를 묘사한 판화와 1843년에 그려진 수채화에는 갤러리 아래 맨 꼭대기 선반에 그림자가 드리워져 있는 것이 분명하게 보인다.

보들리언 도서관을 묘사한 이 작품들에서 또 한 가지 흥미로운 점은 도서관 이용자들이 학사모와 가운을 입고 있다는 것이다. 이는 스쿨스 쿼드랭글을 통과하려는 학부생에게 필수적으로 요구되는 복장이었으며, 이런 복장을 갖춰야만 도서관을 출입할 수 있었다. 책을 보호하는 또 다른 방법이었던 셈이다(오늘날에도 도서관을 이용하려는 학생이나 졸업생들은 적어도 처음 갈 때는 학생 복장을 할 것을 요구받는다). 모자와 가운은 이 도서관 이용자들에게는 재앙인 동시에 축복이었다. 듀크 험프리는 "엑시터 칼리지 정원으로 통하는, 담쟁이 덩굴이 덮인 창으로 꿀을 찾는 벌들이 한가로이 날아드는 여름에는" 무척 더웠으며, "겨울이 오면 몹시 추웠고, 날이 갈수록 어두워졌지만 토머스 보들리의 상 아래에서 인공조명은 엄격히 금지되었기" 때문이다. 교수와 학생들은 천장 패널마다 적혀 있는 글귀 'Dominus illuminatio mea'(신은 나의 빛)에서 위로를 받았을 수도 있고 받지 못했을 수도 있다.

아츠 엔드는 나중에 듀크 험프리를 통해 셀든 엔드와 연결되었다. 셀든 엔드라는 이름이 붙은 것은 1634년에 처음 세워진 벽 서가들이 변호사이자 의원이자 고전학자이자 동양학자인 존 셀든이 대학에 유증한 2절판들을 보관하기 위한 것이었기 때문이다. 셀든은 책을 사슬에 묶어두라는 유언을 남겼지만, 이는 벽 시스템에서 기술적인 문제를 일으켰다. 책장 길이가 2.4미터에서 3미터를 넘지 않는 진열대 시스템에서는 긴 막대 하나만 있으면 책을 묶은 사슬의 고리를 넣었다 뺐다 할 수 있었다. 필요하다면 자물쇠를 풀고 막대 자체를 빼낼 수도 있었다. 중앙의 넓은 복도는 막대를 설치할 때와 마찬가지로 풀 때도 충분한 공간을 제공해주었다. 그러나 선반들이 벽 전체를 따라 설치되어 있을 경우에 하나의 긴 막대는 불편하기 짝이 없는 물건이었다. 따라서 짧은 막대들을 연결시켜 사용했는데, 이는 진열대 시스템에서도 종종 사용하는 방법이었다. 이 막대들은 수많은 막대 받침대 위에 꼬리에 꼬리를 물고 끝에서 끝까지 연결되어 있었다. 그 위에 적당한 간격을 두고 막대를 감싸 안을 수 있게 만든 걸쇠를 달았다. 시간이 지나면서 원래 선반들 위로 선반이 덧붙여졌고, 책상 밑에도 책을 넣어두게 되었다.

책장들을 운용하는 문제에서, 벽 시스템은 갤러리가 없다면 공간 효율성이라는 면에서 높은 점수를 얻을 수 없었다. 물론 새로 들여온 책장이 방 한가운데로 튀어나오게 설치할 수도 있었지만, 새 책장을 원래의 벽에 붙여놓은 책장에 수직으로 놓든 수평으로 놓든 만족스러울 수가 없었다. 수직으로 놓으면 기존의 책장을 가리기 마련이어서 새로운 책장이 옛 책장과 조화를 이루게 하기 위해서는 대대적인 목공 작업이 필요했을 것이다. 그렇다고 기존의 벽 책장에서 약간 떨어트려놓은 수직 책장은 벽 시스템도 아니고 진열대 시스템도 아닌 잡종이 되었을 것이다. 반대로, 기존의 벽 선반에 통로 하나의 간격을 두고 수평으로 책장을 배치하면 원래 책장이나 책상에 들어오던 빛을 가리는 문제가 발생했을 것이다. 나아가 원래 책장이 높은 경우에는 위에 있는 선반의 책을 꺼내기 위해 사다리를 들여와야 했기 때문에 통로의 폭도 상당히 넓어야 했을 것이다. 따라서 벽 시스템에서 선반 공간을 확보하려 할 때는 갤러리를 만드는 것을 선호하게 되었다.

갤러리를 설치한다 해도 벽 선반들은 시간이 지나면 꽉 차게 되었다. 이미 책장들이 바닥부터 천장까지 올라가 있었기 때문에 더 확장할 곳도 없었다. 방의 벽 공간과 높이는 한정적이었다. 마자랭의 경우처럼 아치형 천장을 평평한 천장으로 개조하는 과격한 조치가 취해진다 해도 결국 책들은 방 중앙이나 옆방으로 갈 수밖에 없었다. 물론 이것은 인공조명 이전 시대에는 새로운 문제를 제기했으나, 책을 보관할 추가적인 공간을 확보하기 위해서는 그 문제를 풀면서 나아가야 했다.

보들리언은 1년에 책이 3000~4000권씩 계속 늘어나 곧 책장이 꽉 차게 되었다. 이미 1675년에 아츠 엔드와 셀든 엔드의 책장들이 더 이상 책을 받아들일 수 없었다는 사실은 그해에 나온 판화에서도 분명히 알 수 있다. 책장은 꽉 차 군데군데 빈틈이 보일 뿐인데, 이런 틈도 책을 빼낸 곳이라고, 책을 돌려받으면 다시 채워질 곳이라고 짐작할 수 있다. 더 이상 책을 둘 곳이 없는 상황은 점점 커져가는(거의 모든 도서관이 커져갔다) 참고도서관에서 일반적이었을 것이다. 설사 새로운 공간을 확보하여 새 책장들을 설치한다 해도, 어떤 책을 어디에 둘 것인가 하는 문제는 사라지지 않았다.

이 책 부록에서 다루겠지만, 개인 서재도 그 소유자에게 이런 딜레마를 안겨주었다. 서가 번호—특정한 구획이나 특정한 선반 위에서의 위치를 지정하여 각각의 책에 할당한 번호—로 책을 찾는 이전의 장서 시스템에서는 새로 생기는 책은 새 책장에 갖다두면 그만이었다. 책이 많이 늘어난 상황에서 흔한 배치 방법 가운데 하나는 책이 생긴 날짜에 따라 보관하는 것이었다. 또 하나의 방법은 책들을 이따금 아코디언처럼 펼쳐 기존의 책들 사이에서 새로운 공간을 확보한 다음, 새 책들을 주제에 따라 분류하여 확보한 공간에 집어넣는 것이었다. 그러나 이런 방법은 컴퓨터와 정보과학에 대한 책들—듀이의 십진법 체계에서는 선두에 분류된다—이 급증하면서 특수한 문제에 부딪혔다. 사서들이 향후 몇 년간 이 범주의 책들이 얼마나 급증할지 제대로 판단하지 못했기 때문이다.

옥스퍼드에서 "책의 보관"과 관련하여 이런 문제들이 발생할 것임을 예견한 토머스 경은 유니버시티 스쿨스 위에 3층을 지을 수 있는 돈을 남겨두었다. 그러나 새 공간은 처음에는 화랑으로 이용되었다. "이 화랑은 영국에서 가장 오래된 공공 화랑으로 꼽히며, 유일한 대학 미술관이기도 했다." 이 화랑에 수서들이 보관되기 시작한 것은 1747년에 이르러서였고, 18세기 말에는 인쇄된 책들도 보관됐다. 1824년에는 일반적인 도서 보관소로 이용되기 시작했지만, 책이 불어나는 속도가 너무 빨라 "정기간행물이 아닌 모든 새로운 8절판들은 '연보'라고 부르는 새 범주로 분류되었다." 물론 이렇게 되면서 주제에 따른 배치와는 거리가 멀어졌다. "매년 새로 생기는 8절판들은 그냥 저자 이름의 알파벳 순서에 따라 배치했기" 때문이다. 4절판 책들은 별도로 보관했지만 배치 방식은 비슷했다. 이는 균일한 크기의 책들을 그 크기에 걸맞은 선반에 배치함으로써 최적의 방법으로 선반 공간을 이용하려 했다는 것을 보여준다. (흥미롭게도, 이 시스템하에서 책이 입고된 해의 마지막 두 자리는 알파벳 순서에 따른 책의 위치를 가리키는 숫자와 쉼표로 구분됐다. 예를 들면 24, 396 같은 식이었다. 이러한 시스템은 20세기 말 디지털 컴퓨터 시스템을 위협했던 2000년 문제 훨씬 이전에 1900년 문제를 야기할 위험이 있었다)

연보들은 화랑의 북쪽 벽을 따라 놓인 책장들에 보관되어 "북쪽 창을 막았다." 화랑의 남쪽 날개에서도 비슷한 상황이 벌어졌다. 이곳에서도 "북쪽 창문들이 1831년 이후 벽장들에 의해 가로막혔다." 맞은편, 즉 남쪽 벽에 있는 창문들은 막히지 않아 빛이 들어왔으며, 물론 이 빛은 북쪽 창을 통해 들어오는 빛보다 더 밝았다. 이는 자연 채광이 서가에서 여전히 중요한 고려사항이었음을 보여준다. 그럼에도 화랑 양 날개의 북쪽 창문들을 막는 결정을 내릴 수밖에 없었다는 것은 자연 채광을 최대한 끌어들이는 문제보다는 선반 공간을 확보하는 문제가 훨씬 더 절박했음을 보여주는 강력한 증거다.

선반 공간 때문에 빛이 희생된 곳은 이 화랑만이 아니었다. 18세기와 19세기 초에 보들리언 도서관은 2층—같은 층에 듀크 험프리, 아츠 엔드, 셀든 엔드가 있었다—의 강의실을 비롯한 다른 공간들까지 차지했다. 도서관에 처음 합쳐진 방은 옥타리움Auctarium[라틴어로 추가, 증가, 확대 등을 뜻한다]이라고 알려진 방으로, 이곳에는 "A부터 Z까지 문자가 붙은, 앞에 철망이 쳐진 높은 책장들"이 설치됐다. 이 책장들은 "벽에 쭉 늘어서 북쪽과 서쪽 창문을 막았으며", 남쪽 창문들만 남아 빛을, 여름이면 시원한 공기와 벌을 받아들였다. 1812년에는 책장 밑에 벽장이 추가되었다. 1828년에는 어스트로노미 스쿨이 도서관에 합쳐졌고, 그 직후 이곳은 프랜시스 두스가 대학에 유증한 1만 7000권의 책을 보관하는 데 사용되었다. 이 책들을 안전하게 보관하기 위해 서쪽 창문 앞에 선반들을 설치했으며 북쪽 입구는 폐쇄했다. 이렇게 해서 아츠 엔드를 통해서만 출입할 수 있는 막다른 방이 만들어졌다.

보들리언에는 벽 시스템이 도입되었지만 영국 전역에서는 이 시스템이 쉽게 받아들여지지 않았으며, 1703년까지도 "신식" 시스템으로 불렀다. 창문을 "높이 들어 올리고, 벽에 책상을 붙일 공간을 마련한" 도서관을 디자인한 첫 영국인 건축가는 크리스토퍼 렌 경으로 알려져 있다. 이 도서관은 1695년에 완공된 케임브리지 트리니티 칼리지 도서관으로, 프랑스를 방문한 렌이 "마자랭 궁의 남성적 가구"에 감탄한 지 약 30년 만에 지어진 것이다. 그럼에도 렌은 그가 디자인한 공간(가로 12미터, 세로 57미터)을 온전히 벽 시스템만으로 채우지는 않았다. 렌은 이렇게 말했다.

> 벽을 따라 놓이는 동시에 벽으로부터 돌출된 선반 배치는 아주 편리한 동시에 우아하다. 학생들은 작은 방마다 의자 두 개가 딸린 작고 네모난 탁자가 있으면 아주 좋아할 것이다. 낡은 건물과 교류하기 위해 창문과 문을 달아야 하기 때문에 끝에 사각형 공간을 두 개 남겨놓았다. 아주 작은 방 네 개는 공부를 하기 위한 곳이 아니라, 단정한 격자 문을 걸어놓고 문서 보관소로 이용할 곳이다.

렌이 채택한 벽 시스템과 진열대 시스템의 혼합 형태는 오늘날 수많은 소규모 도서관의 열람실에서 볼 수 있는 익숙한 방식이다. 그러나 이것도 도서관이 원래 도서관으로 계획되지 않았던 공간까지 먹어 들어가는 문제를 해결해주지는 않았다. 내가 1980년에 처음 듀크 대학에 갔을 때, 공학도서관은 "올드 레드"에 있었다(공학관 본관이 붉은 벽돌로 지어졌기 때문에 이런 애칭이 붙었다). 1940년대 말 이 건물이 건축되었을 때, 설계상 도서관은 2층 중앙, 강당 위에 자리를 잡고 있었다. 도서관들의 위대한 전통에 따라 방에는 창문—창문 모양은 전통에 어긋나게 정사각형이었다—이 많았다. 창문들 사이에는 단정하게 마무리

크리스토퍼 렌이 설계한 케임브리지 트리니티 칼리지 도서관.
이곳은 진열대 시스템과 벽 시스템이 섞여 있다.

된 오크 책장이 놓여 있었고, 거기에 어울리게 창문 쪽에 오크 징두리 벽판을 댔다. 이 방은 당시의 공학도들에게 훌륭한 공부 공간을 제공했을 것이다. 그러나 소장 도서가 늘어나면서 공간에 대한 요구도 커졌다.

이 도서관에는 원래 입구 바로 앞쪽, 방 중앙에 자리 잡은 카운터 뒤의 넓은 공간에 사서의 책상이 있었던 것으로 보인다. 시간이 지나면서 사서의 책상은 유리로 둘러싸이게 되었고, 그 결과 사서는 일종의 어항 같은 곳에서 일하게 되었지만, 소리라는 면에서는 어느 정도 프라이버시를 가질 수 있었다. 내가 친하게 지내던 한 사서는 책과 정기간행물은 흠잡을 데 없이 질서정연하게 보관하면서도 그 자신의 공간은 (완전히 방치하지는 않았을지라도) 거의 무시했다. 책상이 가득 차자 이런저런 카탈로그며 미결 주문서, 도서관 이용자들에 관련된 여러 가지 서류가 바닥에까지 쌓이게 됐고, 이렇게 쌓인 종이 더미는 점차 무너져 서로 뒤섞이기 시작했다. 그 결과 유리에 둘러싸인 사무실은 청소하지 않은 수조를 닮게 되었다. 특히 수조 모퉁이에 서류 더미가 높이 쌓였으며, 유리 뒤에서 사람이 움직일 때마다 파편이 튀었다. (새 건물에 새 도서관을 지음으로써 사서는 새 사무실로 가 깨끗한 바닥에서 새 생활을 시작하게 됐다. 그렇지만 오래지 않아 그 사무실 역시 온갖 종류의 서류로 뒤덮였다)

그러나 사무실이 이렇게 무질서했음에도 사서는 책을 추가할 공간을 비롯해 그에게 필요한 것을 언제든지 찾아낼 수 있었다. 도서관 양옆 방은 전임 사서들이 이미 합친 뒤였고, 나중에는 훨씬 멀지만 연결되어 있기는 한 방들까지도 도서관에 합쳐졌다. 따라서 책을 한 권 찾으려면 복도 없는 기차간식 아파트에서처럼 여러 방을 지나야 했다. 보들리언과 마찬가지로 이 방들로 들어갈 수 있는 유일한 방법은 안내 데스크를 지나는 것뿐이었으며, 따라서 도서관 장서의 안전은 확보되었다. 새로 공학도서관 건물을 짓자 도서관 방들은 다시 과거의 강의실이나 실험실로 돌아가게 되었다. 그러나 현재의 도서관은 편의성이라는 면에서 나아진 점이 별로 없다. 책들이 대체로 똑같은 순서로 선반에 꽂혀 있기 때문이다. 선반은 넓어지고 좀 더 균일해졌다. 복도도 넓어지고 전체적으로 조명도 밝아졌다. 그러나 일단 방문 목적인 책이 꽂혀 있는 선반에 가까워지면, 훌륭한 하부구조가 늘 그렇듯이, 선반 자체는 보이지 않는 곳으로 사라진다. 눈에 보이는 것은 책들뿐이다. 그리고 책들은 종종 기억을 불러일으킨다.

장서에 관한 내 첫 기억은 뉴욕 공립도서관 지부와 관련된 것이다. 이 도서관 지부가 전에 무슨 가게였는지는 알 수 없지만, 어쨌든 바닥 공간이 많이 필요한 가게였던 것만은 분명하다. 방은 매우 컸고, 주변도 널찍했다. 방의 삼면에는 책장이 놓여 있었다. 이곳은 상업지구 한가운데에 있는 점포였기 때문에 옆쪽 창문은 없었다. 자연적인 빛은 정면의 커다란 판유리로만 들어왔는데, 아마 옛날에 그 판유리에는 할인이나 점포 정리 등의 문구가 적혀 있었을 것이다. 그러나 이제 그 판유리는 화려한 책표지나 색판지를 잘라 만든 명절 인사말로 뒤덮여 있었다. 방 한가운데 널찍한 공간에는 탁자와 의자들이 있어, 아이들이 방과 후에 그곳에서 공부를 했다. 사서의 책상과 카운터는 입구 바로 앞에 자리 잡고 있었다. 따라서 어떤 면에서 보자면, 이 도서관은 보들리언의 아츠 엔드, 듀크의 옛 공학도서관을 비롯해 크고 작은 수많은 다른 도서관들과 거의 다를 것이 없었다.

그러나 내 기억으로는 도서관에 늘 새 책이 들어왔음에도 책장은 절대 꽉 차지 않았다. 어린 시절 내가 그곳에 출입하던 동안에는 이 도서관이 선반 공간을 확장한 적이 한 번도 없기 때문이다. 대출되는 책의 수가 점점 늘어났기 때문인지 아니면 낡은 책들을 정기적으로 버렸기 때문인지 나는 몰랐고 또 당시에는 궁금해하지도 않았다. 그러나 돌이켜보면 이 도서관이 모든 도서관은 새로운 장서 공간을 필요로 한다는 법칙의 예외가 될 수 있었던 것은 도서관 본부에서 여러 지부의 책을 순환시켜 늘 새 책을 공급하는 방식을 채택했기 때문이라고 추측해볼 수 있다. 더 많은 서가 공간이 필요했다면, 이 도서관에는 그럴 만한 공간이 있었다. 벽과 직각을 이루도록 서가를 세워놓으면 되는 일이었다. 그러면 서가는 마치 대양을 향해 삐죽 튀어나온 방파제처럼 가운데 큰 공간으로 튀어나오게 될 터였다. 또 기존의 책장들과 평행을 이루도록 설치할 수도 있었다. 그렇게 하면 거리에서 들어오는 빛을 가리지 않았을 것이고, 공간을 별로 차지하지도 않았을 것이다. 아이들은 마치 공포영화나 모험영화에서처럼 벽이 안으로 물러나고 그 안의 함정에 갇혀 있는 주인공을 만나게 되는 듯한 느낌을 받았을 테고 말이다. 물론 도서관 벽의 책장 위로도 약간의 공간이 있어 그곳에 갤러리를 덧붙일 수 있었겠지만, 그것은 이 소박한 도서관으로서는 허세를 부리는 일이 될 터였다.

그러나 영화 〈나의 아름다운 여인〉에 나오는 헨리 히긴스 교수의 널찍한 서재라면 갤러리도 허세가 될 것 같지 않다. 빅토리아 여왕 시대의 많은 저택—저택 자체를 허세로 여기지만 않는다면—에서도 마찬가지였을 것이다. 20세기 말 서재에서 갤러리는 그렇게 흔한 것이 아니었던 반면, 바닥부터 천장까지 이르는 책장은 흔한 것이었다. 유행하게 된 다락처럼 천장이 특히 높은 곳에서라면 맨 꼭대기 선반에 놓인 책을 꺼내기 위해서는 어떤 수단이 필요할 터였다. 최선의 수단은 물론 사다리였다.

공공도서관에 갤러리가 나타나면서 사다리도 함께 등장한 것으로 보인다. 19세기 말, 멜빌 듀이는 무려 7미터가 넘는 높이에 있는 선반에서 책을 꺼낼 수 있을 만큼 높은 사다리를 영국에서 본 적이 있다고 썼다. 이 도서관은 결국 2미터 높이를 넘는 선반이 없는 새 건물로 옮겨 갔지만, 이전까지는 7미터 높이의 선반에 "접근할 수 있는 유일한 수단"이 무게가 34킬로그램이나 나가는 사다리였다고 한다. 듀이는 이어 버밍햄에서 처음 보았고 나중에 필라델피아 도서관 로커스트가 지부(1880년에 신축 건물에 입주했다)에서 본 어떤 사다리를 묘사한다.

> 가볍지만 튼튼한, 흔히 볼 수 있는 사다리에는 꼭대기에 황동으로 제작해 가죽을 씌운 고리들이 달려 있다. 꼭 사다리 양옆 끝에 3~4센티미터 폭의 반타원형 금속 발톱이 달려 있는 것처럼 보인다. 맨 꼭대기 선반의 가장자리에는 1.5센티미터 정도 떨어진 곳에 가스 파이프(2센티미터 정도 굵기)가 달려 있다. 이 파이프는 아연 도금을 한 쇠까치발에 의해 각각의 기둥에 단단히 고정되어 있다. 이 파이프와 선반 앞쪽 가장자리 사이의 간격은 가죽으로 덮인 금속 고리가 딱 들어갈 정도다. 따라서 바닥에서 보면 선반의 둥근 가장자리가 4센티미터 정도 튀어나온 것처럼 보인다. 이 파이프는 선반에 가까이 붙어 있고 가장자리와 평행을 이루고 있기 때문에 책을 선반에 꽂는 데 방해가 되지 않으며, 동시에 사다리를 위한 단단하고 안전한 지지대 역할을 해준다. 사다리를 파이프에 걸면 어디든 원하는 방향으로 미끄러뜨릴 수 있다. 고리는 반타원형이기 때문에 사다리의 무게로는 미끄러지지 않는다. 따라서 사다리가 쓰러질 위험 없이 양옆으로 최대한 몸을 기울일 수 있다.

가스 파이프에 거는 이런 사다리는 거의 수직으로 세워놓고 이용할 수 있었기 때문에 사다리 하단이 책장 하단에서 멀리 떨어지지 않았을 것이다. 필라델피아 도서관의 경우 사다리 길이가 거의 4.5미터에 이르렀는데, 그 하단부는 책장에서 80센티미터밖에 떨어져 있지 않았다고 한다. 처음 사다리를 갖다놓았을 때는 사다리의 황동 고리가 쇠파이프에 닿으면서 거슬리는 소리를 냈지만, "금속 고리에 가죽을 씌워 이 문제를 해결했다." 늘 세세한 일에까지 신경을 쓰는 듀이는 사다리가 사용되지 않을 때 복도 쪽으로 튀어나와 있는 것이 눈에 거슬렸다. 그래서 가스 파이프보다 한 선반 높은 곳에 짧은 쇠막대를 설치할 것을 권했다. 사다리를 이 막대에 걸어두면 "책장에 딱 붙어 지나가는 사람들에게 방해가 되지 않을 것이고, 책을 꺼내고자 할 때는 사다리의 발판 사이로 쉽게 꺼낼 수 있을 것"이기 때문이다.

시간이 지나면서 책장 사다리 꼭대기에는 바퀴가 달려, 고리에 가죽(쉽게 닳았다)을 덮는 수고를 할 필요가 없어졌다. 바퀴는 파이프처럼 생긴 레일을 움직였는데, 이 레일의 까치발은 사다리가 옆으로 움직이는 것을 간섭하지 않도록 설계되었다. 사다리 아랫부분에도 바퀴를 달아 들어 올리거나 질질 끌 필요가 없게 했다. (물론 모든 사다리에 바퀴가 달려 있었거나 달 필요가 있었던 것도 아니고, 듀이가 사다리를 처음 발견한 것도 아니다. 예를 들어 오늘날 렌 도서관에는 사다리 꼭대기에 나무 틀이 달려 있는데, 이 틀은 위아래 두 개의 선반 가장자리에 기대는 데 이용하며 책은 틀 사이로 꺼낸다) 개조된 다락에 높은 책장을 설치한 경우, 드러난 수도 파이프나 가스 파이프는 사다리를 걸쳐놓을 수 있는 편리한 지지대로 사용되기도 한다. 화가 미셸 오커 도너는 자신의 뉴욕시 다락에 벽 시스템과 진열대 시스템을 조합한 새까만 책장들을 설치해놓고 위쪽 선반에서 책을 꽂거나 뺄 때 사다리를 이용한다.

19세기 말에는 높은 벽 책장에 있는 책을 꺼낼 때 갤러리나 사다리를 이용할 수 없을 경우, '콘그리브의 책 뽑는 장치Congreave's Book Reacher'라는 것을 사용했다. 듀이는 그것이 미국의 사과 따는 도구와 비슷하다고 생각했다. 그러나 20세기 중반에 성장했던 사람들은 바퀴 달린 도서관 사다리를 보고 구두가게에서 높은 선반에 쌓인 물건을 꺼낼 때 사용하는 사다리를 연상하듯이, 콘그리브의 책 뽑는 장치 역시 균일하게 낮은(그렇다고 늘 손이 닿는 것은 아니었지만) 선반을 갖춘 셀프서비스 슈퍼마켓이 유행하기 전에 식료품점에서 점원들이 높은 선반 위에 놓인 시리얼 상자를 꺼내기 위해 사용하던 물건 쥐는 장치를 연상케 했을 것이다. 무엇을 연상하든 간에, 듀이는 책 뽑는 장치를 다음과 같이 묘사했다.

> 장대 끝에는 금속 아가리가 달려 있고, 거기에 고무가 덮여 있다. 이 아가리는 막대나 사슬, 그리고 레버를 통해 작동시킨다. 이 아가리를 책등에 갖다 대고 아래쪽 끝에 힘을 가하면 책이 기울면서 아가리에 들어간다. 이렇게 하면 안전하게 책을 뽑을 수 있다. 꽂을 때도 같은 방식으로 하는데, 높은 곳에 꽂힌 책의 제목을 읽기 위해 돋보기가 이용된다. 물론 사람들은 이런 기계의 실용적 가치에 회의를 품겠지만, 그것을 이용해본 이들은 그 가치가 충분하다고 증언한다…….

대부분의 가정 서재는 천장이 높지 않은 방에 자리 잡기 때문에, 책장 맨 위에 손이 닿지 않는 문제는 생기지 않는다. 그렇다고 해서 바닥에서부터 천장까지 책들이 꽂혀 있는 방을 가지고자 하는 욕구가 줄어든다는 것은 아니다. 설사 집 안에 나뭇잎을 눌러놓을 만한 책도 없다 할지언정 그런 욕구는 생길 수 있다. 책이 꽂혀 있는 서가를 묘사한 그림으로 벽을 채워 눈을 속이는 일은 19세기 중반에 특히 유행했던 것 같다. 채츠워스의 서재 계단 입구에 "가짜 책들로 채워진 문을 달고 싶었던" 데본셔 대공은 책등 그림에 글자를 적어넣으려 했는데, 그는 '나무에 관한 에세이' 같은 제목에 싫증이 나 유머 작가 톰 후드에게

문을 좀 밝은 분위기로 만들어달라고 부탁했다. 그러자 후드는 램(양)의 '쇠기름에 대한 명상', 존 녹스의 '죽음의 문', '아픈 목과 제비의 이주에 대하여', '맹세에 대한 저주스러운 말', D. 카메론의 '스코틀랜드 보카치오' 등의 제목을 적어넣었다. 그런가 하면 당시 한 도서관 문은 경첩 근처에 '열릴 때의 삐걱임', '닫힐 때의 쾅 소리' 같은 제목의 책등이 그려져 있었다. 시간이 지나면서 아예 서가에 꽂힌 책이 그려진 벽지가 출현하여 문의 책 그림을 대체하게 되었지만, 과거의 재치는 되살리지 못했다. 20세기 말에 책꽂이에 꽂힌 책의 이미지는 넥타이에도 들어가게 됐는데, 이즈음이면 넥타이에 강한 가로 패턴은 물론이고 고릴라에서부터 스쿨버스까지 모든 것을 크고 대담하게 넣는 것이 흔한 일이었다. 이런 넥타이들은 특히 '벽의 꽃'[무도회에서 상대가 없는 여성을 가리키는 비유적인 말이다]에게 인기가 있는 듯했다.

책을 꺼내고 꽂는 데 장비가 필요하기는 했지만, 벽 시스템은 커다란 공공도서관의 참고도서실이나 열람실에서 표준적인 서가 배치 방식으로 자리 잡았으며, 심지어 개인 서재에서도 지배적인 형식이 되었다. 처음에는 서점에서도 벽 시스템을 선호했지만, 시간이 지나면서 문자 해독률이 높아지고 책을 구입하는 이들이 늘어남에 따라 한가운데 넓은 공간은 실용적이고 상업적인 이유로 사라지기 시작했다. 때로는 이 공간이 다방이나 카페로 바뀌기도 했다.

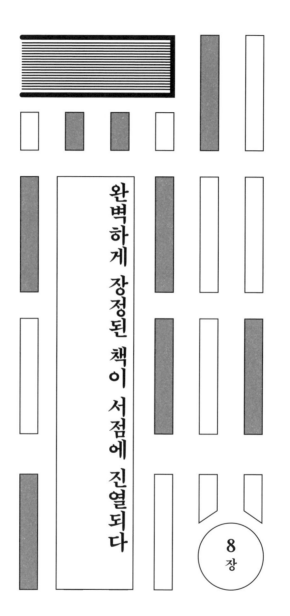

8장

# 완벽하게 장정된 책이 서점에 진열되다

활자를 배치하는 일—글자 단위로, 단어 단위로, 줄 단위로, 페이지 단위로—은 물론 수서를 필사하는 일과 거의 다를 것이 없다. 그렇지만 활자를 일단 배치해놓기만 하면 그 반전된 상像에 잉크를 묻혀 백지 위에 되풀이하여 찍어낼 수 있었고, 이렇게 찍어낸 페이지들을 책으로 묶을 수 있었다. 이에 핵심적인 테크놀로지는 15세기 중반에 자리 잡았는데, 요하네스 구텐베르크가 금속활자를 주조하는 획기적인 방법을 고안하고 또 그가 금속활자와 종이에 묻는 잉크를 개발한 덕분이었다. 구텐베르크는 이를 이용해 1450년대 초중반 독일 마인츠에서 42줄짜리 성경을 식자하고 인쇄하고 출판할 수 있었다. 1501년까지 이 새로운 기술을 통해 생산된 모든 책은 인쿠나불룸incunabulum이라 불렸는데, 이는 라틴어로 '요람 안에 있는 것'이라는 뜻이다. 말하자면 인쿠나불룸은 인쇄의 유아기에 나온 책이다. 이 라틴어는 19세기 중반에 영어 'incunable'(고판본)이 되었고, incunable은 15세기에 인쇄된 책을 가리켰던 'fifteener'라는 말을 대체했다.

과도기의 책인 고판본은 그 모양이 수서본과 흡사했다. 한 페이지에 단이 여러 개 들어가고, 처음 시작하는 문자는 손으로 그려넣거나 다른 색깔의 잉크로 찍었다. 19세기까지 살아남은 고판본은 총 1만 5000권에서 2만 권 사이로 알려져 있다. 책의 발행 부수는 오늘날과 마찬가지로 예상 판매 부수에 따라 달라졌는데, 한 판이 보통 수백 권 정도였다.

"좋은 책이 100권 정도의 필사본으로 존재하고, 기껏해야 1000명이 그것을 읽던" 중세와는 달리, 15세기 중반 이후에는 한 가지 책이 "수천 권씩 존재했으며, 수십만 명이 그것을 읽었다." 16세기에는 유럽에서만 10만 종 이상의 책이 인쇄되었던 것으로 추정된다. 적게 잡아 한 종당 100권씩 인쇄했다 하더라도(15세기에 책을 수백 권씩 찍는 것은 드문 일이 아니었다) 유럽인들은 1000만 권의 책을 이용할 수 있었다는 계산이 나온다(어떤 사람들은 여기에 10을 곱하기도 한다). 따라서—매우 적게 잡은 것이라 해도 이 수치에 따른다면—인쇄된 말의 힘은 쓰인 말의 힘을 100배 증가시킨 것이었다. 어쨌든 더 많은 책이란 곧 더 많은 독자를 뜻하며, 더 많은 독자는 곧 더 많은 작가를 뜻한다. 이것은 다시 더 많은 책의 생산으로 이어진다. 또한 더 많은 책이란 곧 책을 보관하고 진열할 더 다양한 방법을 찾아내야 한다는 뜻이기도 하다. 물론 여기에는 책을 판매하는 상점에서의 보관 및 진열 방법도 포함된다.

프랑스 리옹에서 출간된 초기의 삽화 인쇄본《죽음의 춤Danse Macabre》1499년판에는 인쇄소와 서점의 모습이 나온다. 서점을 묘사한 그림을 보면 선반에 놓인 책들은 모두 수평으로 놓여 있으며, 책등이 밖으로 나온 경우는 하나도 없다. 16세기에서 19세기 사이에 일어난 장정 스타일의 변화를 일목요연하게 정리한 그레이엄 폴라드도 초기 서점을 묘사한 그림을 하나 발견했다. 그 그림은《오르비스 센수알리움 픽투스Orbis Sensualium Pictus》라는 책에 실린 것으로, 이는 "아동을 위해 만들어진 첫 그림책이자 유럽에서 100년 동안 가장 인기가 높았던 교과서"였다. 체코 신학자이자 교육자인 얀 아모스 코멘스키(글을 쓸 때는 요한 아모스 코메니우스라는 이름을 썼다)가 쓴 이 책은 1655년 런던에서 출간되었는데, 이때는 새뮤얼 피프스가 런던의 책방을 자주 들락거리기 시작했을 무렵이었다. 피프스와 동시대 인물이 서점에 대해 이야기하는 바에 따르면, "서점 주인은 책을 아주 질서정연하게 보관하여, 어떤 책이든 마치 사전에서 단어를 찾듯이 쉽게 찾아주었다."

어떻게 그런 질서를 유지했는지는 코메니우스의 판화를 보면 짐작할 수 있다. 판화에는 서점 내부가 나오는데, 이곳에는 선반들이 줄지어 있으며 카운터에는 책을 펼쳐놓은 독서대가 있어 피프스와 같은 손님이 책을 읽고 있다. 선반들은 두 가지 서로 다른 모습을 보여준다. 선반들 가운데 3분의 2는 "파일 캐비닛 또는 상자"라고 할 수 있는 것들인데, 여기에는 라벨이 붙어 있는 것 같다. 이 상자들 가운데 가장 큰 것, 즉 바닥 근처에 있는 것들은 폭이 45센티미터에 높이가 60센티미터로 추정되며, 위쪽 상자들은 이보다 작다. 상자들 안에 무엇이 들어 있는지 확실히 알 수는 없지만, 그 안에 오늘날 우리가 알고 있는 것과 같은 형태의 책이 들어 있을 것 같지는 않다.

17세기의 서점 주인들은 아예 제본한 책을 갖다놓지 않았을 것이다. 당시에는 접지만 해놓은 종이를 사거나 인쇄된 종이 묶음을 사는 것이 관례였기 때문이다. 이것은 접지 꾸지—종종 signature라고 불렀는데, 제대로 된 순서에 따라 모아서 한 권의 책을 만들 수 있도록 각 꾸지의 첫 페이지 하단에 인쇄되는 문자 또는 문자들 때문이었다—별로 접어서 책 구매자가 선택하는 재료로 제본을 할 수 있었다. 그러나 제본은 인쇄된 종이를 파는 업자와는 다른 사람에게 맡겨야 되는 경

《죽음의 춤》 1499년판에 실린 인쇄소와 서점을 묘사한 삽화. 책은 분명히 수평으로 보관되어 있으며, 책등이 밖으로 나온 경우는 하나도 없다.

1655년에 출간된 《오르비스 센수알리움 픽투스》에 나오는 서점의 모습. 왼쪽 벽을 따라 놓여 있는, 라벨이 적힌 서랍들에는 장정되지 않은 인쇄지 형태의 책이 보관되어 있었을 것이다. 오른쪽의 장정된 책들은 앞마구리가 밖으로 나오게 꽂혀 있다.

우가 많았다. 원래 종이를 몇 번 접었냐에 따라 그 꼭지들은 제본을 할 때 2절판, 4절판, 8절판이 되었는데 각각 한 번, 두 번, 세 번 접은 경우이며, 접지당 낱장이 2, 4, 8장이 나온다. 각 장은 앞뒤 두 페이지로 이루어지기 때문에 2절판, 4절판, 8절판은 각각 접지 꼭지당 4, 8, 16페이지를 가지게 된다. 12절판은 접지당 12장의 종이가 있으며, 따라서 한 꼭지에 24페이지가 나온다. 더 작은 책으로는 16절판이나 32절판도 있었다. 판형이 어떻든 간에 최종적인 책의 크기는 처음에 인쇄를 시작한 종이의 크기에 좌우됐다. 책의 두께는 한 권에 접지 꼭지가 몇 개나 들어가 있느냐에 따라 달라졌는데, 물론 텍스트에 들어 있는 단어의 수와 인쇄에 사용된 활자의 크기도 반영됐다.

판화에 나오는 닫힌 상자의 내용물을 확실히 알 수 없듯이, 상자 내부의 크기도 확실히 알 수가 없다. 그러나 아래쪽의 큰 상자에는 접은 2절판 접지가 들어 있을 것이며, 위쪽의 작은 상자들에는 4절판, 8절판을 비롯해 더 작은 판형의 접지가 들어 있을 것이라고 상상할 수 있다. 상자에 붙어 있는 라벨들은 인쇄된 접지에서 나온 것일 가능성이 높다. 17세기 후반에는 "인쇄소에서 접지 가운데 한 장을 백지로 비워두기도 하고 책 제목을 수직으로 인쇄해놓기도 했는데" 이 제목을 보고 책을 찾는 것이 드문 일이 아니었다. 제목은 오려내어 라벨로 사용할 수도 있다. 평범한 송아지 가죽 장정인 경우에는 책등에 붙였고, 책등을 선반 안쪽으로 꽂아놓는 경우에는 "표지 안쪽에 붙인 다음 앞면 쪽으로 접어서" 사용했을 것으로 추측된다.

접지 가운데 텅 빈 종이에 제목(종종 축약된 제목이었다)을 인쇄한다는 생각은 반표제(half title, 또는 fly-title이나 bastard title이라고 부르기도 하는데, 책의 첫 페이지에 인쇄된 제목을 가리킨다) 형식으로 지금까지 남아 있다. 이것은 책을 펼치면 첫 페이지에서 보게 되는 제목이다. 과거에는 제본을 하기 전에 속표지title page를 먼지나 손상으로부터 보호하기 위해 첫 장을 백지로 남겨두는 관행이 있었는데, 여기에서 발전한 관행으로 보인다. 이렇게 백지에 제본되지 않은 책 내용을 밝히는 글을 인쇄하는 것은 17세기 후반부터 시작된 것으로 보인다. 제본을 할 때는 이 반표제 페이지를 제거하는 경우도 있었고 포함하는 경우도 있었다. 반표제 페이지를 어떻게 할 것이냐를 둘러싼 혼란은 19세기 중반까지 계속되었다. 그 시기에 나온 〈책을 사랑하는 사람들에게 주는 힌트hint to book lovers〉는 "제본업자가 반표제를 제거하는 경우가 많은데, 반표제도 책의 일부인 만큼 절대 그렇게 하지 못하게 하라"고 권고한다.

코메니우스의 그림 앞쪽에 놓인 캐비닛에는 커다란 서랍들이 있는데, 여기에는 가장 큰 2절판 종이들이 들어 있었을 것이라고 상상할 수 있다. 캐비닛 뒤쪽, 책을 읽는 사람이 서 있는 곳에는 다양한 높이의 선반들이 있고, 거기에는 다양한 크기의 장정된 책들이 앞마구리를 밖으로 내놓은 채 수직으로 꽂혀 있다. 코메니우스의 교과서는 몇 판을 거듭했으나 이 서점 그림은 1705년까지도 그대로 남아 있었다. 그러나 1777년판 삽화를 보면 가게 내부가 좀 더 폭넓게 포착되어 있는데, 책 배치가 많이 달라져 있다. 여기에서는 선반에 제본된 책들이 균일하게 꽂혀 있으며, 당시의 일반적인 관행대로 책등이 밖으로 나와 있다.

책을 보관하는 일이 체계화된 지 오랜 세월이 지난 뒤에도 책의 크기가 균일하지 않다는 점은 처음에 양장본으로 출판할 때는 책을 구별하기도 좋고 눈길을 끄는 효과도 있었다. 그러나 이 독특한 크기는 페이퍼백으로 출판할 때 문제가 되었다. 페이퍼백은 진열 서가에 맞

《오르비스 센수알리움 픽투스》 1777년판에는 서점 그림이 시대에 맞춰 바뀌어 있는데, 서가에 제본된 책들이 책등이 밖으로 나오도록 꽂혀 있다.

도록 크기가 상당히 균일화되어 있어서였다. 결국 원래 페이퍼백을 내기로 했던 출판사에서는 출판을 포기하고 말았다. 책 크기를 표준형으로 맞추려면 식자를 전부 다시 해야 했기 때문이다. 그래서 양장본을 냈던 출판사에서 원래의 독특한 판형으로 페이퍼백까지 내고 말았다.*

책의 크기 문제는 사서들이 특히 강하게 느낀다. 사서 가운데 일부는 아주 꼼꼼하게 이 문제를 파고들기도 했다. 1895년에 세워진 뉴욕 공립도서관은 책의 분류 방법에 대해 "세심한 연구"를 했다. 8절판은 29센티미터 높이까지, 4절판은 29에서 47센티미터 사이, 2절판은 47

* 미국에서는 먼저 양장본으로 책을 낸 뒤 나중에 보급판 페이퍼백으로 다시 내는 일이 흔하다.

센티미터를 넘는 것으로 정했다. 서가 한 섹션의 표준 높이를 225센티미터로 잡으면 일곱 개 이하의 선반을 설치할 수 있었는데, 여기에는 키 큰 8절판도 "편안하게 꽂을 수 있었다." 소설을 보관할 경우에는 선반을 억지로 하나 더 끼워넣을 수도 있었다. 그러나 논픽션은 불가능했다. 논픽션의 경우, 선반을 하나 더 넣으면 너무 많은 책들을 앞마구리를 밑으로 해서 "눕혀"놓아야 했기 때문이다.

멜빌 듀이는 도서관의 모든 것에 대해 걱정했듯이 선반의 크기에 대해서도 걱정했다. 그는 "선반을 너무 깊게 만들어 공간을 낭비하는 것이 일반적인 잘못"이라고 믿었다. 듀이는 순회도서관에 있는 책들 가운데 80퍼센트가 8절판 크기라고 주장했다. 듀이는 이렇게 썼다.

> 보통 8절판은 폭이 겨우 15센티미터(6인치)다. 큰 8절판도 17.5센티미터(7인치)가 넘는 경우는 거의 없으며, 따라서 20센티미터(8인치) 깊이의 선반이면 책과 공기가 들어갈 공간을 충분히 허용하는 셈이다. 그러나 도서관에서는 깊이가 25센티미터, 30센티미터, 심지어 35센티미터짜리인 선반을 만들곤 한다. 우리는 깊이가 50센티미터나 되는 선반도 보았다. 이는 목재와 공간을 낭비하는 것이다. 게다가 앞줄 뒤쪽의 빈 공간으로 책이 넘어가, 늘 직원들이 책을 잃어버린 줄 알고 허둥대게 만든다.

다양한 크기의 책에 대한 우려는 이미 17세기부터 존재했다. 하지만 당시에는 화려한 장정이나 색색의 페이퍼백 표지, 기발한 책가위 등으로 서가가 불타는 듯이 보이지는 않았다. 가끔 서로 다른 내용의 인쇄지를 함께 제본하기도 했는데, 돈을 절약하기 위해서였을 수도 있고, 도서관에서 책의 두께를 균일하게 유지하기 위해서였을 수도 있다. 그러나 19세기에 이르러서도 책 수집가들은 "12절판이 떨어져 나갈 것이 틀림없으니" 절대 "4절판을 12절판과 함께" 제본하지 말라는 충고를 받았다. 일반적으로 이런 규칙을 따랐다 해도, 큰 참고도서관에서 오래된 책들을 펼쳐보면 전혀 관계없는 내용을 가진 책 두 권이 함께 제본된 경우를 지금도 발견할 수 있다. 만약 이를 알지 못한 채 도서관에 그런 책을 요청하면, 우리는 우리가 요청한 책과는 완전히 다른 제목을 가진 책을 받게 될 수도 있다. 책등에 적힌 제목이 우리가 예상했던 제목이 아닐 수도 있으며, 책을 펼쳐 속표지를 보아도 우리가 엉뚱한 책을 받았다는 의심만 확인하게 되는 경우도 있다. (19세기에는 이런 이중 제본을 "해체"하고 가장 바람직한 각각의 부분을 좋은 가죽으로 재제본하려는 움직임이 있었는데, 새로 제본된 책의 "책등이 너무 좁아 제목을 거의 알아볼 수 없을 만큼 작은 글씨로 인쇄할 수밖에 없었다.")

앞서도 말했지만, 서기가 코덱스를 제본하지 않았듯이, 초기에 출판된 책들의 경우 출판업자는 일반적으로 책을 제본하지 않았다. 인쇄업자 스스로 제본해서 책을 파는 경우도 있었지만, 곧 책의 생산과 유통은 구별되었으며, 인쇄업자는 출판업자로 등록하지 않는 한 대중에게 책을 직접 파는 것은 법으로 금지되었다. 16세기에 출판업자 겸 서적상은 보통 제본을 하는 작업장을 운영했다. 17세기에도 이 상인들이 계속 중간상 노릇을 했지만, 실제 제본은 제본 장인들의 손으로 이루어지게 되었다. 출판업자나 출판업자가 고용한 제본업자가 직접 제본한 책들은 보급판 제책본trade binding으로 알려지면서 일반화되었고, 이것이 오늘날 발행되는 대부분의 책들이 제본되는 방식이기도 하다. 물론 다른 방법도 있었다. "부유한 개인 수집가들은 여전히 가죽보다는 다마스크나 벨벳을 이용하여 좀 더 사치스러운 방식으로 제본을 했다." 그러나 이런 책들은 서점에 나오는 일반적인 책들과는 거리가 멀었다.

피프스 시대의 서적상들은 자신이 만든 책을 판매하는 출판업자를 겸하는 경우가 많았다. 그렇지 않은 경우에도 서적상 각각은 다른 서점에는 없는 독특한 책을 판매했다. 그래서 피프스는 런던의 수많은 서점에 자주 들렀으며, 구입한 것을 제본업자에게 가져가 완성된 책(우리가 보기에)으로 만들었다. 책의 제본 방식은 예산과 취향에 따라 달라졌다. 물론 취향은 변하기 마련이었다. 17세기 책 구매자들은 우리가 오늘날 단골 배관공, 의사, 주식 중개인을 두고 있는 것과 마찬가지로 단골 제본업자를 두는 경향이 있었다. 피프스와 같은 책 수집가들은 똑같은 제본업자를 되풀이해 찾아감으로써 책들을 균일하게 제본할 수 있었다. 옛 도서관만이 아니라 고색창연함을 가장한 현대 도서관에서도 흔히 볼 수 있는 제본 방식이다.

완벽하게 조화가 이루어진 제본들을 원한다면(그런 요구가 흔했지만) 자신의 모든 책을 한 제본업자에게 맡길 수 있었다. 피프스는 1665년에 어떤 출판업자 또는 서적상을 통해 책들을 제본했는데, 그들 각각은 책 소유자와 제본업자 사이의 중개인 역할을 했던 것으로 보인다. 이 일기 작가는 그해 1월에 이렇게 썼다.

"서적상에게 가 옛 책들 가운데 많은 수를 새로 제본하는 문제에 대한 철저한 지침을 내려줌. 얼마 안 있으면 내 서재 전체가 똑같이 제본된 책으로 통일을 이룰 것임."

제본은 2주가 안 되어 끝난 것 같은데, 일이 끝나자 피프스는 다시 이렇게 썼다.

"서재로 내려가 내 새 책들 사이에 서보았다. 서재 전체가 거의 한 가지 장정으로만 이루어져 있으니 보기가 좋다."

그러나 1년 반쯤 뒤에 피프스는 자신의 제본업자와 직접 거래를 하게 된다. 1666년 8월 피프스는 "폴 성당의 묘지에" 가서 "제본업자와 이야기를 하여 우리 집에 와서 내 모든 책의 책등에 멋지게 금박을 입히라고 했다. 새로 들여오는 책장에 어울리게 하려는 것이다." 오래지 않아 새 책장들이 설치되었고 피프스는 그 멋진 모습에 감탄했으나, 곧 이 책장들 또한 가득 찼다. 그리하여 몇 주가 지나지 않아 피프스는 다시 책장 공간에 대해 걱정하게 되었다.

> 아침 내내 책장에 책들을 순서대로 정리하다. 올해는 작년에 비해 책이 많이 늘어날 것이기 때문에, 더 나은 책을 위해 책 몇 권을 뽑지 않을 수 없다. 책장의 한도 내에서만 책을 보관하기로 결심하다.

물론 시간이 지나면서 피프스는 책장들을 더 들여놓게 되었다. 1702년에 그의 서재를 찾은 어떤 이는 책들이 "멋지게 금박이 입혀진 모습으로, 유리창이 달린 아홉 개의 책장에 정리되어" 있는 것을 보게 되었다. 나아가 이 방문객의 말에 따르면, 책들이 "워낙 잘 정리되어 있어서 하인은 도서 목록을 보면 눈을 감고도 어떤 책이든 찾아낼 수 있었다." 실제로 각 책장과 선반에는 번호가 붙어 있었다. 이중 선반의 앞쪽 선반은 'a'라고 불렀고, 뒤쪽 선반은 'b'라고 불렀다. 어떤 책을 찾으려면 도서 목록에서 고유 번호를 확인한 다음, 책의 위치를 나타낸 "표"를 참조하면 책장, 선반, 선반 속에서의 위치까지 짚을 수 있었다.

피프스의 책들은 책등이 밖으로 나오게 꽂혀 있었는데, 이제는 그것이 유행이 되어 있었다. 제본된 책은 많은 경우 압형 장식을 하고 금박을 입혔다. 선반의 처음과 끝에 놓인 책들은 책등 꼭대기 근처에 고유 번호를 붙여놓아 책을 배치하거나 찾는 데 도움을 주었다.

섬세하게 제본한 책이 아무리 아름답다 해도, 모두가 피프스처럼 제본과 제본한 책을 진열할 장에 많은 돈을 쓰고 싶어한 것은 아니었다. 심지어 피프스조차 후손들을 위해 제본해서 남겨둘 책과 그렇지 않은 책을 구분했다.

> 내 서적상이 있는 스트랜드에 가서 시시하고 이상한 프랑스 책을 한 권 사다. 더 좋게 제본할 생각 없이, 평범한 제본으로 샀다. 책을 다 읽는 즉시 태워버리기로 결심했기 때문. 책 목록에 넣을 생각도 없고, 다른 책들 사이에 꽂아놓을 생각도 없다. 그런 책은 남의 눈에 띄면 창피나 당하기 십상이다.

"위대한 표절자"라고도 알려진 영국의 골동품 연구가 윌리엄 더그데일은 피프스가 교류하던 17세기 중반 학자들 가운데서 상당히 이름난 사람이었다. 더그데일의 업적은 많은 부분 다른 사람들의 연구에 의존하고 있었지만 "그는 다른 사람들이 무질서한 메모 형태로 남겨놓은 것을 출판 가능한 작업으로 바꾸어놓는 데 특별한 능력을 가지고 있었으며, 이런 점에서 그가 여러모로 학문에 주목할 만한 기여를 했다는 데는 의심의 여지가 없다." 더그데일의 가장 인정받는 업적 가운데 하나는 그가 로저스 도드스워스와 함께 출간한 책이다. 도드스워스는 영국 수도원과 관련된 기록들을 찾아 열심히 자료를 모았는데,

이것이《영국의 수도원Monasticon Anglicanum》이라는 독보적인 업적의 모태가 되었다.

1656년 벤젤 홀라가 새긴 더그데일의 초상화에서 왼쪽 탁자 위에 놓인 책이 바로《영국의 수도원》이다. 이 책은 앞표지에 분명하게 제목이 적혀 있기 때문에 금방 알아볼 수 있다. 이것도 당시 제본한 책에 표시를 하던 방법 중 하나였다. 탁자 위에는 또 한 권의 책이 있는데, 이 책은 앞마구리가 밖으로 나와 있다. 앞마구리에는《도해 워릭셔 골동품The Antiquities of Warwickshire Illustrated》이라는 제목이 분명하게 적혀 있다. 이 책은 더그데일 혼자서 만든 것으로,《영국의 수도원》의 첫 권이 나온 다음 해에 출간된 것이다.

그러나 여기서 우리의 눈길을 끄는 것은, 더그데일의 오른쪽 어깨 너머에 있는 아주 현대적으로 보이는 책장이다. 선반에는 두루마리와 책들이 뒤섞여 있는데, 책들은 제본된 것도 있고 제본되지 않은 것도 있다. 어쨌든 모든 책이 방향이나 파손에는 신경 쓰지 않고 아무렇게나 던져놓은 것처럼 보인다. 오늘날 보기에 가장 흥미로운 것은 제본되지 않은 책들의 존재와 그 상태다. 이 책들은 피프스가 책을 사던 시대에 서적상으로부터 책을 구입하는 방식을 보여주며, 동시에 구입자에 따라 자신이 산 책을 대하는 방식도 달랐다는 것을 보여준다. 더그데일의 경우에는 페이지들이 둘둘 말리거나 접혀 있다. 요즘 우리가 얇은 잡지들을 읽다가 보관하는 방식이다. 아마 피프스도 그 "이상한 프랑스 책"은 이런 식으로 보관했을 것이다. 어쨌든 더글러스가 책들을(무슨 책인지는 몰라도) 제대로 관리하지 않는 것은 분명하다. 제본할 생각도 없었던 듯하다. 아마도 그 책들은, 설사 심심풀이로 읽은 것이었다 해도, 그가 탁자 위에 놓인 펜과 잉크를 필요로 하는 새로운 프로

1656년 영국의 골동품 학자 윌리엄 더그데일을 묘사한 판화. 배경의 서가에 있는 책들은 그가 모든 책을 제본해두지는 않았음을 보여준다. 탁자에 놓인 제본된 책 가운데 한 권은 제목이 앞마구리에 적혀 있다.

젝트를 진행하는 동안 유용한 책이었을 것이다. 어쩌면 그 프로젝트가 끝난 뒤 더그데일은 서가를 싹 치우고, 제본되지 않은 책들을 새로 쌓아둘지도 모른다.

모든 독자가 자신이 소유한 책을 끝까지 보관하는 것은 아니라는 점, 심지어 관리하는 것도 아니라는 점을 이야기하다 보니 학창 시절 페이퍼백을 읽을 때 읽은 페이지는 찢어버린다고 말하던 교수가 생각난다. 그렇게 하면 책갈피가 필요치 않을뿐더러(사실 책갈피는 빠져버리기 쉽다) 들고 다니는 짐이 가벼워진다고 했다(여기에는 비유적 의미도 담겨 있다). 아마 그 교수는 젊은 대학원생들이 자기 자신의 문제를 너무 심각하게 여긴다고 판단하고, 충격을 주고 싶어 그런 말을 했던 것 같다. 우리 가운데 그런 관행을 채택한 사람은 거의 없었지만 19세기 영국 화학자 험프리 데이비 경은 실제로 그런 습관을 지니고 있었던 것으로 알려져 있다. 내 기억이 정확한지는 몰라도, 데이비는 자기 평생에 같은 것을 두 번 읽을 시간은 없다고 믿었고 또 혹시나 그런 유혹을 받을까봐 두려워 읽은 책은 망가뜨려버리는 습관이 있었다. 오랫동안 '이달의 책 클럽'에서 심사위원을 맡아온 클리프턴 패디먼의 딸은 아버지가 "비행기에서 읽어야 할 페이퍼백의 무게를 줄이기 위해, 읽은 페이지는 찢어서 쓰레기통에 버렸다"고 말한다. 마차에 서가를 설치했던 나폴레옹 보나파르트는 책을 읽고 나면 창밖으로 책을 내던졌다고 한다.

책을 전시하는 대상이라기보다는 읽는 물건으로서 좋아하는 관행은 1775년 조슈아 레이널즈가 그린 새뮤얼 존슨의 초상화에도 나타나 있다. 〈눈을 가늘게 뜬 샘Blinking Sam〉에서 존슨 박사는 손에 마치 신문처럼 제본되지 않은 책을 접어들고 가늘게 뜬 눈으로 그것을 들여다보고 있다. 그런 책은 그렇게 다루고 난 뒤에는 제본할 수 없었을 것이다. 그러나 18세기의 일부 남독가濫讀家들은 책을 사자마자 얼른 읽고 싶은 마음에 제본을 하는 며칠도 기다리려 하지 않았을 것이 분명하다. 옥스퍼드 대학 출판부는 19세기 후반이 될 때까지 비제본 접지unbound sheet(업계에서 완성되지 않은 책을 부르는 말이다)를 출판했으나 이 관행은 점차 사라졌다. 제본이 점차 기계화되면서 서적상이나 책 구매자 쪽에서 출판업자가 아예 제본까지 해주기를 기대하게 되었기 때문이다.

조슈아 레이널즈, 〈눈을 가늘게 뜬 샘〉(1775).
제본되지 않은 책을 읽고 있는 존슨 뒤로 서가가 보이지 않는다.

더그데일의 초상화에서 비제본 접지와 제본된 책 사이에는 뚜렷한 차이가 있다. 비제본 접지는 가장자리가 부풀어 오른 반면, 제본한 책은 납작하게 정사각형으로 닫혀 있다. 이 점에서는 이 판화가 현실을 그대로 반영하지 못한 것일 수도 있다. 제본한 책도 오래되면 종이가 습기를 빨아들이면서 부풀어 오르기 때문이다. 물론 책등 근처는 바느질이나 접착제에 의해 단단히 묶여 있지만, 억제력이 없는 앞면은 부챗살처럼 펼쳐지곤 했다. 습기가 많은 환경에서 보관된 책, 특히 젖은 적이 있는 책에서는 그런 현상이 심하게 나타났다. 앞서도 말했듯이 초기의 귀중한 책에 묵직한 판자를 달고, 거기에 죔쇠를 비롯해 다른 고정 장치까지 붙였던 중요한 이유 가운데 하나는 책을 납작하게 유지하자는 것이었다. 양피지나 피지는 꽉 눌러주지 않으면 쭈글쭈글해지는 경향이 있었기 때문이다. 두껍고 무거운 나무판만 대도 책을 수평으로 놓으면 큰 무게가 보태졌다. 책을 마치 인쇄기에 넣어둔 것처럼 중력이 강하게 작용했던 것이다. 죔쇠가 없는 책을 평평하거나 약간 경사진 선반에 보관했던 이유 중 하나도 바로 이것이었다. 설사 나무판이 눌러주지 않는다 해도 책의 앞뒤 표지를 닫아두면 책을 납작하게 유지할 수 있었으며, 이렇게 하면 책을 수직으로 보관할 수도 있었다. (종이는 양피지에 비해 습기에 따른 변화가 덜하므로 종이 위에 인쇄된 책들은 "나무판의 무게로 납작하게 눌러줄 필요가 없었다." 그래서 종이를 여러 장 풀로 붙여 만든 빳빳한 판지가 원래 책 표지로 쓰이던 나무를 대체하게 되었다. 하지만 일부 페이퍼백의 경우에는 습기가 여전히 문제가 되어, 습도가 높아지면 마치 온도 조절 장치의 두 금속으로 이루어진 띠가 온도 변화에 따라 휘듯이 코팅된 표지가 휘어버린다)

어느 날 오후에 혼자 한 대학 도서관의 희귀본 서가를 돌아다니다가 앞마구리 두께가 책등의 두세 배는 되는 16, 17세기 책들을 마주친 적이 있다. 더그데일의 초상화가 보여주듯이 당시 정교하게 제본되지 않은 책은 다른 책들 사이에 편안하게 자리 잡지 못하는 경우가 많았다. 따라서 아무렇게나 보관된 책들은 습기를 흡수하여 부풀어 올랐고, 결국 조심스럽게 관리된 책들과 같은 납작한 몸매로는 다시 돌아가지 못하게 되었다. 나아가 죔쇠가 낡고 닳아 떨어져 나가면서 부풀어 오르게 된 경우도 많다. 죔쇠가 그대로 붙어 있는 경우(이런 경우도 많다)에는 500년이 지났음에도 책이 옛 몸매를 그대로 유지하고 있다.

접지를 제본할 것이냐 말 것이냐 하는 결정은, 제본된 책에 잠금 장치를 달 것이냐 말 것이냐 하는 결정과 마찬가지로 경제성의 문제였다. 마자랭 추기경의 사서로서 마자랭 도서관을 구성하는 4만 권의 책을 수집한 가브리엘 노데는 1627년 프랑스인의 관점에서 제본의 경제성

에 대해 쓴 적이 있다. 존 이블린의 번역으로 그 이야기를 들어보면,



> 책 제본에 관해 말하자면, 추가로 비용을 들일 필요가 없다. 그 돈을 아껴서 가장 큰 종이로 된 책을 사거나 가장 좋은 판본을 구입하는 것이 낫다. 구경꾼의 눈을 즐겁게 할 필요가 없다면, 양가죽이나 송아지 가죽이나 모로코 가죽으로 제본을 한 책등에 그물눈 세공이나 작은 꽃들로 금박을 넣고 거기에 작가의 이름을 붙일 필요가 없는 것이다.

여기서 노데는 "확인, 전시, 균일성을 지향하는, 인간의 세 가지 열망"을 이야기한다. 이 열망 때문에 책 소유자들은 "이미 제본된 책의 등에 많은 장식을 덧붙인다"는 것이다.

영국에서는 책 제본 관행에서의 변화가 1700년경에 일어났던 것 같다. 이 무렵 한 저자의 작품을 커다란 책 한 권으로 발행하던 관습이 몇 권으로 나누어 내는 새로운 방식으로 바뀌었다. 예를 들어 1692년에 벤 존슨의 희곡들은 2절판본 한 권으로 나왔다. 그러나 1709년에 나온 셰익스피어의 작품집은 아홉 권의 8절판본으로 구성되어 있다. 서적상들 사이에서 제본이 어느 정도 관례화되고 협정 가격도 정해지자 서점에서는 책값을 매길 때 표준 제본비까지 포함시키게 되었다. 표준 제본이란 평범한 양이나 송아지 가죽으로 제본을 하고, 책등이나 다른 곳에 문자나 장식을 넣지 않는 것이었다. 가게에 재고가 많지 않고 한 사람의 저작이 단권으로 발행되는 상황에서는 제목이 인쇄되지 않은 책들을 여러 권 보관하고 있어도 정리에 별 문제가 없었다. 그러나 여러 권짜리 세트 도서가 늘어나자, 구매자들이 4권을 두 권 가지

고 가는 대신 5권은 안 가지고 갈 가능성도 높아졌다. 책을 사 간 사람은 이 세트 도서 가운데 상당 부분을 읽기 전까지는 자신의 잘못을 발견하지 못할 수도 있었다. 서적상도 마지막으로 남은 한 세트를 팔 기회가 오기 전에는(그래서 세심한 구매자가 세트 도서 가운데 4권은 한 권도 없고 5권만 두 권이 있다는 것을 발견하기 전에는) 그 사실을 알지 못할 수도 있었다. 이런 일 때문에 서적상들은 일반 제본서의 책등에 권수—그 외에는 아무 표시도 하지 않는 경우가 많았다—를 찍어 넣었을 것이다.

18세기 동안 서점에 재고로 비축되는 책의 수가 증가하면서, 세트건 단행본이건 책을 구별하는 문제가 점점 더 중요해졌다. 원래는 평범한 송아지 가죽이나 다른 못마땅한 재료로 제본되었다가 소유자가 바뀌면서 새로운 필요나 요구에 의해 책을 재제본하는 일이 많았기 때문에, 책등에 제목, 저자를 비롯해 내용 파악에 필요한 다른 정보를 찍는 것이 언제 어떻게 표준적인 관행이 되었는지에 대해서는 믿을 만하거나 결정적인 증거가 없다. 그러나 18세기 전반기에 세트에 속한 책들의 책등에 권수를 찍는 일이 관례화되면서, 책등에 저자와 제목을 포함시키는 것도 곧 인기 있는 관행으로 자리 잡았을 것이라고 짐작해볼 수 있다. 저자와 제목에는 출간 연도가 따라붙는 경우도 많았다. 특히 대량 제본이 아니라 주문 제본을 한 책의 경우에 이런 사례가 많다.

드니 디드로의 《백과사전Encyclopédie》 그림에도 나오고, 애덤 스미스의 《국가들의 부의 본질과 원인에 대한 탐구Inquiry into the Nature and Causes of the Wealth of Nations》도 확인해주듯이, 적어도 18세기의 상당 기간은 육체노동과 분업의 시대였다. 핀에서부터 연필, 제본된 책에 이르기까지 거의 모든 것이 인간의 근육 외에 다른 동력의 도움을 거의 받지 못한 채로 한 번에 한 단계씩 만들어져 나아갔다. 물론 이 시기에 증기기관이 급속히 발전했지만, 처음에는 주로 광산에서 물을 퍼내는 데 쓰였지 제조 기계를 움직이는 데 사용되지는 않았다. 시간이 지나면서 증기는 배를 움직이는 데, 나중에는 기관차를 움직이는 데 사용되었다. 그리고 점차 모든 종류의 기계의 동력원으로 이용되었다. 도서 산업 역시 움직이는 모든 것을 기계화하고 거기에 동력을 부여하려는 19세기 발명가들을 부러워하는 눈빛으로 바라보았다.

천 제본은 1823년에 처음 채택되었지만, "모든 책을 똑같이 제본하는 스타일"은 1830년경이 되어서야 나타났다. 이때 인쇄된 책을 덮은 천에 인쇄할 수 있는 기계가 도입되었다. 이러한 발전 덕분에 책을 만들고 파는 방식에 새로운 장이 열렸다. 과거 서적상들은 가까운 장래에 팔 수 있을 만한 양만 손으로 제본한 반면(판매 직전에 생산하는 제조업의 한 형태라고 말할 수 있다) 기계가 도입되면서 출판업자들은 한 번에 찍어내는 모든 책을 공통된 방식으로 제본하기 시작했다. 서점에서는 접지를 보관할 필요가 없었다. 따라서 보관시설도 도서관의 보관시설과 흡사하게 변모했다. 이미 도서관에서는 인쇄된 책등이 밖으로 나오도록 책이 수직으로 꽂히고 있었다. 개인 서재에서는 모든 책의 제본을 똑같이 맞추지는 못한다 해도 한 세트의 책은 맞추었던 반면, 이제 서점에서는 똑같은 책을 여러 권 구비하게 되었다. 출판되고 재고로 쌓이는 책이 늘어나면서 책들을 진열할 선반을 만들 필요도 커졌다.

20세기 말의 서점들은 물론 그 형태와 크기가 다양했다. 그 가운데서도 가장 많이 언급되는 것은 커다란 슈퍼스토어다. 이런 큰 상점들은 레이저 프린터가 성경을 찍어낸 구텐베르크의 인쇄기와 다르듯이, 언뜻 보기에 17세기의 상점들과는 매우 달라 보인다. 이름은 체인점

chain store이지만, 이런 서점에 있는 책들은 자석 꼬리표를 통해 비유적으로만 서점에 사슬chain로 묶여 있을 뿐이다. 이 책들은 계산대에서 처리하지 않으면 가게 출구의 도난 감지기를 통과할 때 경보가 울린다. 그러나 서점 내에서는 책을 아무 데나 가지고 돌아다닐 수 있다. 안락의자에 앉아 읽을 수도 있고, 서점 내에서 살 수 있는 커피를 마시며 읽을 수도 있다. 이런 점에서 현대의 슈퍼스토어들은 새뮤얼 피프스가 자주 들렀던 서점들과 비슷하다. 그런 서점에는 "손님이 원하는 대로 오랫동안 앉아서 책을 읽을 수 있도록 의자가 비치되어 있었다."

> 피프스는 이런 상점들을 약속 사이 시간에 기다리는 장소, 또는 부인이나 친구들을 만나는 장소로 애용했다. 그곳에서 기다리면서 책을 읽기도 하고, 서적상이나 다른 손님들과 이야기를 나누기도 했다. 당시 유명한 서적상들은 대개 서점에서 자리를 지키고 있었다. 그들은 교육을 받은 박식한 사람들이었기 때문에, 오늘날과 같은 서평이나 연극평이 없던 시절에 그들과 대화를 나누는 것은 문학 세계에서 돌아가는 일을 알 수 있는 가장 손쉬운 방법이었다.

오늘날 대형 서점과 독립 서점이라고 불리는 작은 서점은 상품을 진열해놓는 선반에서는 차이가 없다. 그러나 서점의 선반은 그 역사 전체에 걸쳐 진화해왔듯이 20세기 말에도 진화를 계속했다. 요즘에는 눈높이보다 높지 않은(그보다 낮은 경우도 많은) 독립 서가들이 인기를 끄는 것 같다. 이런 서가들은 친구나 배우자와 함께 책을 훑어볼 때 편하다. 동행자의 머리가 보이기 때문에, 새로 발견한 책에 대해 이야기하거나 아니면 그만 가자고 이야기할 때 쉽게 다가갈 수 있다. 서가 높이가 더 높은 서점(우리 동네 반즈앤드노블 체인점이 그런 경우다)에서는 아내에게 내가 발견한 책을 보여주거나 그만 가자고 말하고 싶을 때 아내를 찾느라 터무니없이 많은 시간을 써야 한다. 내가 다른 곳을 보고 있을 때 아내가 모퉁이를 돌기라도 하면 아내를 완전히 놓쳐버릴 수도 있다. 내가 왼쪽을 보고 있을 때 아내가 오른쪽 건너편 통로를 보고 있어도 마찬가지다. 서가가 어깨 높이 위로 올라오지 않으면 주인이 손님들을 더 쉽게 지켜볼 수 있으며, 서점도 훨씬 널찍해 보인다.

서점의 선반들은 완전한 수평이 아니라 앞쪽 가장자리가 약간 올라오도록 경사진 경우가 많다. 그래야 다른 보조 장치 없이 책만 올려놓아도 책이 밑으로 떨어지지 않기 때문이다. 또 이런 경사진 선반—중세와 르네상스 시대 학자들이 책을 올려놓고 보거나 장식된 앞표지를 진열하던 경사진 독서대와 약간 닮은 데가 있다—을 이용하면 손님들이 아래쪽 선반에 꽂힌 책을 더 잘 볼 수 있다. 표지나 책등이 약간 위로 치켜올려져 있는 셈이기 때문이다. 그러나 가장 밑에 있는 선반에 꽂혀 있는 책의 경우에는 이 정도 치켜올려진 것으로는 쉽게 제목을 읽을 수가 없다. 그래서 바닥의 선반 한두 개는 경사를 좀 더 많이 주기도 하고, 서가 하단을 플레어 치마처럼 부풀게 해서 앞으로 튀어나오게도 한다. 그러면 손님들은 뒤로 물러서지 않고도 책 제목을 읽을 수 있다. 어떤 서점은 통로가 좁아 하단이 수직인 선반을 갖다놓으면 아무리 뒤로 물러나도 제목이 보이지 않는다. 허리가 유연한 사람들은 허리를 굽히고 책 제목을 들여다볼 수 있겠지만, 그렇게 하면 통로가 막혀 다른 손님들에게 방해가 될 텐데, 이는 서점 주인들도 원치 않는 일이다.

하단 선반이 위쪽으로 기운 책장들은 이용자가 책 제목을 좀 더 쉽게 볼 수 있게 해준다. 여기에 하단 폭까지 넓혀 안정감을 더한 선반들은 서점에서 흔히 찾아볼 수 있다.

이렇게 책장 아랫부분을 널찍하게 만드는 주된 목적은 책을 더 잘 보이게 하려는 것이지만, 이는 동시에 에펠탑의 비스듬한 다리가 그러하듯이 책장의 안정성을 높여주기도 한다. 도서관에 이런 서가를 설치하는 문제는 일찍이 1940년에 논의되었으며, 《미국 공공도서관 건물The American Public Library Building》에서도 이 사실을 언급하고 있다.

> 많은 사람들이 몸을 기울여 아래쪽 선반에 있는 책을 살피기 싫어하기 때문에(시력이 나빠서 그런 경우도 종종 있다) 몇몇 도서관에서는 수고와 비용을 들여 책장 하단의 높이를 높이고, 맨 아래 선반 두 개는 기울여서 책등이 좀 더 잘 보이게 했다. 서가를 이런 식으로 개조하는 데 대한 주된 반대 의견 중 하나는, 책장의 바닥 점유율이 10% 내지 20% 증가하여 통로가 그만큼 좁아진다는 것이었다. 또 책장 제작비는 상당히 증가하는 반면 책장 내에서 책을 꽂을 수 있는 공간은 줄어들게 된다. 하지만 책을 훑어보려는 이들

> 이 많기 때문에 책들을 가능한 한 보기 좋고 편리하게 진열해야 하는 대출실에서는, 충분한 공간을 확보할 수만 있다면 경사진 선반을 설치하는 것이 얼마든지 정당화될 수 있다. 그러나 좀 더 많은 책을 대중에게 제공하는 것이 급선무이기 때문에, 하단이 넓고 선반이 경사진 책장이 일반화될 가능성은 없다. 설비 회사에서는 요즘 보통 책장이기는 하지만 아래 두 단의 선반을 5센티미터 정도 앞으로 빼내 경사지게 만든 것을 대량으로 판매하고 있는데, 이것이 합당한 타협책으로 보인다. 경사진 선반에는 오돌토돌한 고무 띠를 깔아 책이 미끄러지지 않도록 해야 한다.

그러나 도서관이나 서점의 선반들이 전부 모양이나 배치가 똑같았던 것은 아니다. 이 점은 사업의 번창과 함께 성장해온 오래된 독립 서점, 또는 싼 가격보다는 초라함이 더 눈에 띄는 중고 서점에 가보면 금방 알 수 있다. 노스캐롤라이나 더럼 시내에 자리 잡은 북익스체인지는 책값이 싼 편인데, 이곳은 대형 체인점들이 생기기 오래전부터 "남부 최대의 서점"이라고 광고해왔다. 새 책에서부터 헌책까지, 대중서에서부터 교과서까지 없는 것이 없는 북익스체인지는 길거리에 면한 조그만 점포에서 출발했을 것이다. 그러다 재고가 쌓이면서 추가로 서가를 들여놓게 되었을 텐데, 때문에 이곳 서가는 놀라울 정도로 다양한 스타일을 보여주며 대부분은 페인트칠도 안 되어 있다. 이런 서점에서는 주인이 죽으면서 남긴 서재의 책을 사들일 때 책장도 같이 사오는 경우가 많다. 그래서 다른 많은 중고서점과 마찬가지로 북익스체인지에도 서로 어울리지 않는 책장들이 여기저기 흩어져 있다.

서점이나 서재나 서가를 만드는 것은 잔디를 깎는 것과 마찬가지로 시시포스적인 일로 보일 수 있다. 나는 전에 살던 집의 거실 벽 한 면에 서가를 짜넣은 일이 있는데, 일을 하는 도중에는 과연 이것이 끝이 날까 의심스러웠다. 머릿속으로야 한정된 양의 목재가 들어갈 것임을 알고 있었고, 그랬기 때문에 벽의 크기를 재고 또 잰 뒤에 적당한 길이의 목재를 샀다. 서가가 천장을 향해 올라가면서 쌓여 있던 목재가 줄어드는 것을 확인하기도 했다. 그럼에도 그 과정은 왠지 비현실적으로 느껴졌다. 책장을 넘기는 것과 달리 매일 똑같은 일을 반복하는 것은 너무나도 지루했고, 책을 읽는 것과 달리 플롯이 전개되지도 않았다. 재고, 톱질하고, 수평을 맞추고, 망치질을 하는 게 마치 다른 일을 잊기 위해 주문을 외우는 것처럼 느껴졌다.

마침내 서가가 완성된 뒤에도 페인트를 칠하는 일이 남아 있었는데, 이 일은 더 시시포스적이었다. 이전까지는 한 가지 크기, 즉 길이만 중요하게 여겼는데, 페인트를 칠하려 하자 갑자기 선반의 여러 표면이 눈에 띄었다. 어쨌든 선반에는 그 뒷벽과 같은 페인트를 칠하기로 하고 긴 시간을 들여 그 일을 끝마쳤다. 지금도 페인트칠이 되어 있든 안 되어 있든 크고 텅 빈 서가들을 볼 때마다 그때 일이 생각난다. 페인트칠이 되어 있으면 내가 페인트를 칠하던 모습을 떠올리게 되고, 페인트칠이 안 되어 있으면 새로 만든 선반에 페인트칠을 할 시간에 그곳을 채울 책을 구하겠다고 마음먹은 상인이 부러워진다.

나중에 아내와 나는 서재를 만들 기회가 생겼다. 물론 창문 없는 긴 벽을 따라 책장도 놓아야 했다. 우리는 선반 간격을 조절할 수 있는 서가를 만들고 싶었다. 그래서 목수는 책장의 수직 지지대에 플라스틱으로 만든 선반 버팀대를 세로로 길게 설치해주었다. 여기에는 2.5센티미터 정도 간격으로 선반을 거는 돌기가 튀어나와 있었다. 이 버팀 고리는 쐐기 모양이었는데, 많은 플라스틱 제품들이 그렇듯이 아예 경첩까지 갖추고 있어 고리가 플라스틱 띠 속으로 접혀 들어갈 수 있었다. 그래서 선반들을 책장에서 떼어내지 않고도 위나 아래로 움직일 수 있었다.

드물기는 하지만 선반이 버팀 고리에서 미끄러지거나, 버팀 고리가 부러지면 사고가 날 수 있었다. 우리는 다른 방에 있는 선반에서 플라스틱 고리가 부러지는 경우를 몇 번 보았다. 그래서 새로 설치한 플라스틱 버팀 고리의 내구성에 대해서도 의문을 품지 않을 수 없었다. 그러나 목수는 그 고리가 최신 제품이며, 이전 것들보다 훨씬 강력하다고 장담했다. 실제로 얼마간은 잘 버티는 것 같았지만 얼마 지나지 않아 고리 몇 개가 부러져버렸고, 책장으로 사용한 약한 목재에서 작은 못이 빠지면서 버팀대 띠 전체가 책장에서 분리되기 시작했다. 아마 우리가 선반 사이의 간격을 너무 자주 조정하기도 했을 것이고, 버팀대가 버틸 수 없을 정도로 많은 책을 꽂기도 했을 것이다. 하지만 책이 빽빽이 들어차면서 우리는 선반을 움직이지 않게 됐다. 게다가 플라스틱 띠가 책들 뒤에 감춰져 보이지 않게 됐고, 책들이 띠를 밀어서 지탱해주기도 했기 때문에 우리는 그 문제를 잊고 살 수 있었다.

이런 서가를 만들겠다는 생각이야 해본 적이 없었지만, 경제적인 면 때문에 서가를 포함한 방은 직접 칠하기로 했다. 벽이나 문짝 같은 것은 비교적 쉬웠다. 롤러가 있었기 때문에 무척 편했다. 그러나 서가는 역시 책보다는 페인트가 더 많이 들어가는 것 같았다. 무슨 이유에서인지 우리는 서가에 페인트가 아닌 스테인을 칠했다. 나무가 워낙 신선하고 깨끗해 보였기 때문일 수도 있고, 선반들이 플라스틱 띠로 지탱되고 있었기 때문인지도 몰랐다. 어떤 이유에서든 스테인을 칠하는 것이 더 적절하고 손쉬운 대안으로 여겨졌다. 그러나 서가 뒷벽에는 페인트칠을 해야 했기 때문에 결국 스테인을 칠하는 것이 더 까다로운 일이었다. 어쨌든 스테인을 칠하는 일도 끝냈지만, 끝내자마자 페인트를 칠하는 쪽이 더 나았으리라는 것이 분명해졌다. 하지만 페인트를 다시 칠할 엄두는 나지 않았다. 결국 나는 밝은 서재에서 어둡게 착색된 서가를 볼 때마다 이 일을 떠올리곤 했다.

모든 서재나 서점이 서가에 페인트나 스테인을 칠할 생각을 하는 건 아니다. 물론 가장 최근의 예는 온라인 서점들이다. 이들은 새 책을 팔든 헌책을 팔든 소비자에게 서가를 보여줄 필요가 없다. 이들 가상 서가를 갖춘 가상 서점들은 소장 도서가 무한하고 가격도 매력적이기 때문에 그 편리함이 말할 수 없이 크다. 하지만 그런 가상 서점에서 쇼핑을 하는 것은 진짜 서가들(집에서 만들었든 공장에서 만들었든) 사이에서 책을 훑어보지 못하기 때문에 서점을 찾아갔다기보다는 꼭 도서관 카탈로그를 이용하는 느낌이다(그마저도 전산화된 카탈로그다). 그러나 구하기 힘든 책을 주문한 지 하루 만에 받아보는 기쁨을 경험해보면, 이런 새로운 서점들이 시적인 연상을 불러일으키기도 한다. 시인 메리앤 무어는 진짜 두꺼비가 살고 있는 가상의 정원들을 알고 있었는데, 우리는 이제 진짜 책들이 꽂힌 가상의 서가들을 알게 된 셈이다.

일부 컴퓨터 과학자들과 엔지니어들이 그들 꿈을 실현시킨다면 미래에는 서점이나 도서관, 가정의 서가 등이 과거의 유물이 될 것이다. 매사추세츠 공대 미디어 연구소의 한 연구 팀은 '마지막 책'이라고 이름 붙여진 프로젝트에 몰두하고 있다. '오버북Overbook'이라 알려진 이 책은 e-잉크라고 부르는 전자 잉크로 인쇄된다. 책의 페이지와 같은 면에 매우 가는 철사들이 틀을 잡고 있고, 그 안에 미세한 공들이 들어 있다. 잉크 입자는 반은 검은색이고 반은 흰색인데 전선에 흐르는 전류를 통해 하나하나 뒤집을 수 있다. 따라서 이 시스템으로 스캔한 책의 '인쇄된' 페이지를 그대로 보여줄 수 있다. 개발자들에 따르면 '마지막 책'에는 궁극적으로 의회도서관에 있는 책 모두를 담을 수 있다고 하는데, 그 양은 대략 2000만 권 정도다. 읽고 싶은 책은 e-북의 책등에 있는 단추 몇 개를 눌러 고르면 되는데, 그렇게 하면 e-잉크를 이용해 만든 페이지의 디스플레이가 재배열된다. 이 21세기 테크놀로지의 개발자들은 시간이 지나면 이런 책들에 비디오 클립이 통합되어, 움직이는 삽화가 실린 책을 보게 될 날이 멀지 않았다고 이야기한다.

오버북 개발이 아직 완료되지 않은 상태에서 몇 가지 형태의 전자책들이 나오고 있다—로켓북, 소프트북, 데디케이티드리더 같은 이름을 가진 이런 책들은 4000페이지에서 50만 페이지에 이르는 텍스트 수용 용량을 가지고 있으며, 한 번에 한 페이지씩 보여주는 에치 A 스케치북을 연상시키는 포맷이다. 단, 데디케이티드리더는 관습적인 책들과 마찬가지로 펼쳐진 두 페이지를 보여준다. 이 밖에 밀레니엄리더라고도 불리는 또 다른 전자책은 무게가 500그램 이하에 가격은 200달러 이하로, 서적 판매에 새로운 경쟁 시대가 열렸음을 알렸다. 일찍이 이들 전자책을 이용해본 독자들은 그것이 사용하기 쉽고 매력적이라고 여기지만, 전자책이 실제 책을 상업적으로 대체할 수 있을지는 아직 미지수이다.

전자적인 읽을거리가 점점 더 많이 생산되는 테크놀로지 환경 속에서 서점 역시 컴퓨터용 디스크에 기록된 책들을 더 많이 취급할 것이며, 이런 디스크들은 소형 선반에 전시될 것이다. 그러나 이미 오디오테이프나 콤팩트디스크, 컴퓨터 소프트웨어 등의 판매에서 보았듯이 그런 작은 물품들은 선반에서 떨어지는 것을 막기 위해, 또는 절도범의 호주머니 속으로 들어가는 것을 막기 위해 훨씬 큰 패키지 형태로 진열될 필요가 있다. 결국 e-잉크로 인쇄된 책을 담을 디스크는 재래의 서적 크기로 포장될 것이며, 따라서 그것들을 진열하는 장도 우리가 현재 서점에서 발견하는 서가와 아주 비슷한 외양을 갖게 될 것이다. 이것이 미래라고 한다면, 이제 다시 과거로 돌아가보도록 하자.

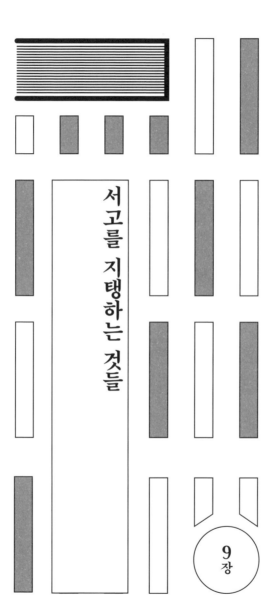

9장

# 서고를 지탱하는 것들

도서관의 서고書庫를 가리키는 말 가운데 하나인 book-stacks*에서 stack은 팬케이크나 벽돌, 책 따위를 차곡차곡 쌓아둔 형태를 가리킨다. 건초 더미haystack, 굴뚝smokestack, 서가bookstack 또한 stack을 이용한 낱말들이다. 서고라는 개념은 도서관에 책들이 점점 늘어나면서 그 책들을 보관할 공간에 대한 요구와 함께 생겨났다. 독서대, 진열대, 벽 시스템은 기껏해야 1년에 두세 번만 찾아볼 책들을 보관하기에는 공간 낭비가 심했다. 19세기에 이르자 도서관 소장 도서들을 열람실과 구분된 장소에 보관하자는 발상이 나왔고, 이것이 오늘날 우리가 알고 있는 서가의 발전으로 이어졌다.

내 기억에 가장 뚜렷하게 남아 있는 서고는 어바나 샴페인에 있는 일리노이 대학의 수학 도서관에서 본 것이다. 이 도서관은 캠퍼스에서 가장 오래된 건물인 앨트젤드 홀에 자리 잡고 있다. 내가 1960년대 중반에 이 도서관을 이용할 때 참고열람실과 정기간행물실에는 벽을 따라 선반들이 놓여 있었고, 이를 보완하기 위해 독립적인 독서대를 연

* 원래 bookstack은 서가를 가리키는 말이지만, 그것을 복수로 써서 도서관의 열람실과 구분되는 서고를 가리키는 말로 사용하고 있다.

상시키는 낮은 책장들이 일부 벽들에 평행하게 놓여 있었다. 이 도서관의 소장 도서는 대출 데스크 뒤의 서고에 보관되어 있었다. 옛 도서관 서고들이 다 그렇듯이, 이곳도 바닥부터 천장에 이르는 책장들이 가득했으며, 그 사이로는 간신히 걸어 다닐 만한 통로밖에 없었다. 전기 조명이 도입되기 전에 이런 한정된 공간의 조명 문제는 악명이 높았다. 바깥쪽에 놓인 서가들이 창문으로부터 들어오는 햇빛을 차단했기 때문이다. 이 문제를 놓고 앨트젤드 홀에서는 모듈식 서가라는 기발한 해결책을 이용하고 있었다. 이곳에서는 서가를 이루는 주철과 강철 틀들이 서가만이 아니라 위층 바닥도 지탱하고 있었다. 반투명한 바닥은 현대의 지붕 타일만 한 크기의 두꺼운 유리 조각들로 이루어져 있었는데, 이 유리 조각들은 유리벽돌에 사용되는 것과 비슷해 보였다. 유리가 빛을 투과시키고 확산시킴으로써 낮은 선반들에까지 자연적인 빛이 충분히 닿아 사람들은 원하는 책을 쉽게 찾을 수 있었다. 각각의 유리 바닥은 동시에 아래층 천장이기도 했지만, 두껍고 물결무늬가 나 있어 위나 아래에 있는 물체가 선명하게 보이지 않았다(그래서 치마를 입은 여성들도 아무런 걱정 없이 서고를 돌아다닐 수 있었다).

전기 조명이 도입됨에 따라 서고에 빛은 받아들이고 음탕함은 차단할 수 있는 두꺼운 유리 바닥과 같은 장치는 필요하지 않게 되었다. 1916년에 쓰인 한 사서의 견해를 살펴보면 왜 유리 바닥이 거의 사라졌는지 이해할 수 있다.

> 이제 많은 서고에 자연광이 불필요한데 왜 유리 바닥을 계속 사용하는가? 인공조명이 가능한 서고에서 유리 바닥을 사용하는 것은 변명의 여지가 없다. 우선 유리 바닥은 매우 시끄러워서 공부를

하는 학생들은 짜증이 나서 견딜 수가 없다. 더욱이 유리 바닥은 너무 미끄러워서 안전에 문제가 있다. 때문에 계단 꼭대기나 다른 위험한 장소에는 코르크 카펫이나 고무 매트를 깔아놓아야 한다. 이 유리 바닥을 통해 서고로 빛이 들어오기는 하지만 반사광은 성가시기 짝이 없다. 또 유리가 팽창하거나 수축할 때, 혹은 금속 선반이 바닥에 떨어질 때면 시끄러운 소리가 난다. 유리 바닥의 또 다른 단점은 (비록 건조한 날씨에 국한된 일이기는 하지만) 접합부나 가장자리를 따라 발라놓는 퍼티다. 이 퍼티는 금방 말라버리는데, 바닥을 계속 걸어 다니다 보면 헐거워진다. 그래서 책과 바닥이 늘 퍼티 가루로 덮여 있을 뿐 아니라, 서고 안을 돌아다니는 사람들의 목이나 눈에 작은 퍼티 조각이 떨어지곤 한다.

10년 뒤에는 "빛 반사기로서의 가치가 예상보다 많이 떨어지는" 유리와 비교할 때 "상당한 빛을 반사하는" 대리석이 "크게 유행했다." 물론 전기 조명이 도입되었기 때문에 바닥은 불투명해도 상관없었다. 따라서 당시에는 비교적 새로운 건축 재료였던 강화콘크리트를 사용할 수도 있었다. 건축적 혁신의 도시인 시카고의 존 크레라 도서관에는 강화콘크리트가 사용되었으며, "건축물의 내구성과 경제성" 때문에 사서들에게 추천되기도 했다. 빛의 전달과 반사 문제는 비용 및 편의 문제보다 뒷전으로 밀려나게 되었는데, 이것은 19세기에는 불가능한 일이었다.

책을 도서관 이용자들 눈에 띄지 않는 서고에 보관한다는 발상은 이탈리아와 독일에서는 1816년이라는 이른 시기에 생겨났다. 그러나 폐쇄된 서고라는 개념이 처음으로 완전하게 실현된 곳은 파리의 생트-주느비에브 도서관이었다. 이 도서관 건물은 1843년, 즉 전기 조명이 나오기 훨씬 전에 지어졌기 때문에 열람실은 햇빛을 가장 많이 받을 수 있는 꼭대기 층에 자리 잡았다. 600명을 동시에 수용할 수 있는 이 커다란 공간은 주철 기둥이 받친 둥근 천장으로 덮여 있었고, 열람실 바로 아래에 놓인 나무 책장들에 수많은 책이 보관되어 있었다. 책장들은 (사람들이 지나다닐 수 있는 통로를 남겨두고) 건물의 16미터에 이르는 폭을 따라 4미터 간격으로 놓여 있었는데, 이는 자연광을 최대한 받아들이는 동시에 높은 선반에 꽂힌 책을 관리하기 위해 사다리를 댈 공간을 확보하기 위한 것으로 보아야 한다.

1823년 대영박물관이 조지 3세의 장서를 얻게 되었을 때, 박물관은 그 책들을 보관하기 위한 특별한 방을 만들었다. 길이가 90미터에 이르는 킹스 라이브러리는 중간에 갤러리가 있을 뿐, 벽을 따라 바닥에서 천장까지 선반들이 쭉 늘어서 있었다. 벽 시스템을 이용한 이 도서관은 "도서관 설계에서 최신의 가장 화려한 모습"을 보여준다는 평가를 받았다. 그러나 여기 보관된 책들은 대영박물관이 소장한 도서의 일부일 뿐이었다. 당시 대영박물관은 영국 국립도서관도 겸하고 있었기 때문이다. 따라서 대영박물관에는 좀 더 평범한 책들을 보관한 방들과 좀 더 평범한 사람들이 앉아서 책을 읽고 연구를 할 수 있는 방들이 있었다. 실제로 대영박물관 설립의 근거가 된 1753년 의회 법령은 "학문을 좋아하고 호기심 많은 사람들"의 자유로운 입장을 허용했으나, 이 조항은 1810년에는 "품위 있는 외양을 갖춘 사람들"의 일반적 출입을 허용하는 것으로 완화됐다.

대영박물관의 첫 열람실은 "좁고, 어둡고, 춥고, 습기 찬" 공간으로, 그곳에는 탁자 하나와 스무 개의 의자가 놓여 있었다. 이 정도면 하루

열 명이 안 되는 방문자들을 맞이하기에 충분했다. 이들 가운데에는 5만 권의 장서를 갖춘 이 도서관에서 한 권도 참조하지 않는 사람도 있었다. 그러나 도서관 설립 후 100년 동안 장서를 비롯해 이용자 수가 늘어나면서 더 큰 열람실을 여섯 개 덧붙이게 됐다. 그러나 19세기 중반에 이르자 대영박물관의 최신 열람실조차 만족스럽지 못하게 느껴졌다. 책 보관이라는 문제도 해결되지 않았다. 1852년 책임 사서 안토니오 파니치는 일곱 번째 열람실을 설계하게 되는데, 훗날 이 열람실에는 별 수식어 없이 '열람실'이라는 이름이 붙여졌다.

"공학 시대"의 최신 방법을 이용한 파니치의 설계도는 활용도가 낮은 공간을 기발하게 이용한 면이 돋보인다. 파니치는 커다란 안뜰에 거대한 원형 열람실을 세우고자 했다. 이 안뜰의 "장식 쇠시리는 매우 훌륭했지만", 그것이 아무리 매력적이라 해도 이 안뜰은 "정원으로는 이용할 수가 없었다." 왜냐하면 "공기가 제대로 순환되지 않았으며, 주위 건물들이 필요한 햇빛을 차단하는 바람에 풀은 누렇게 시들었기" 때문이다. 화창한 여름에 런던에 가본 사람이라면 이런 음울한 공간이 박물관 방문객들에게나 직원들에게 인기가 없을 것임을 금세 알 수 있을 것이다. 태양 숭배자라고 불러도 좋을 런던 사람들은 화창한 날에는 일광욕을 하기 위해 아무리 좁은 광장의 아무리 좁은 공원이라도 잔디밭에 빈틈을 남겨두지 않기 때문이다. 따라서 박물관 안뜰에 새 열람실을 짓자는 파니치의 제안은 거의 반대를 받지 않았다.

1854년에 시작되어 1857년에 완공된 이 건축물은 예술품 수준이었다. 파니치는 1851년 만국박람회 때 하이드파크에 세워진 수정궁에서 영감을 받았던 것이 틀림없다. 파니치의 구조물 역시 수정궁과 마찬가지로 주된 재료로 주철을 이용했다. 원형 열람실은 거대한 직사각

위는 1857년에 세워진 대영박물관 열람실, 아래는 1851년 하이드파크에 세워진 수정궁 설계도다. 둘 모두에서 거대한 돔형 유리 지붕을 확인할 수 있다.

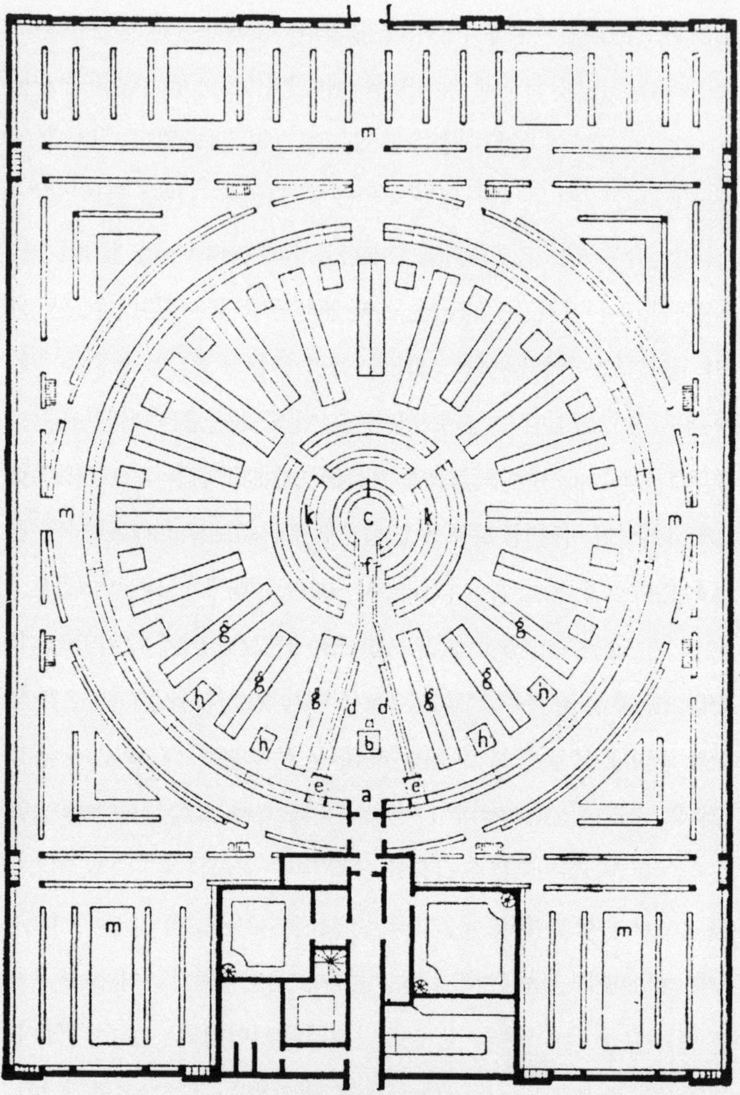


서고로 둘러싸인 대영박물관 '열람실'은 안뜰에 지어졌다. 이 강철 도서관과 박물관 본관 사이에는 8미터 내지 9미터의 공간이 있는데, 이는 기존의 창문을 막지 않으면서도 불이 번지는 것은 막기 위한 공간이다.

형 안뜰(가로 길이가 94미터, 세로 길이가 71미터였다) 중심에 자리 잡았다. 그러나 안뜰을 꽉 채우지는 않았고, 덕분에 기존 박물관 건물의 창문을 막지는 않았다. 박물관과 열람실 사이의 8미터 내지 9미터의 빈 공간은 "한 건물에서 난 불이 다른 건물로 번질 위험을 감소시켜주는" 효과도 있었다. 새로운 건물의 열람실 주위에는 다층 서고가 배치되었다. 서가의 높이는 바닥에서부터 따지면 7미터에서 10미터에 이르렀다. 그중 큰 것은 4층 높이에 세운 서고로, 이것은 열람실 맨 바깥쪽을 둘러싸고 있었다. 따라서 책들은 책을 이용할 공간에서 아주 가까운 곳에 자리 잡고 있는 셈이었다. 서고 역시 수정궁과 마찬가지로 큼지막한 유리 지붕으로 덮여 있었으며, 건물 자체와 거기 보관된 책들을 지탱하는 거대한 철 구조물로 이루어져 있었다. 실제로 파니치의 이 건물 내 건물은 '강철 도서관'으로 알려지게 되었다.

그러나 생트-주느비에브 도서관과는 달리 강철 도서관의 책장들은 전부 한 층에 모여 있는 것이 아니라 여러 층에 배치되었다. 책장들 사이의 간격은 2미터였으며, 천창을 통해 들어오는 빛은 쇠살대 같은 바닥을 뚫고 가장 낮은 층에까지 이르렀다. 이런 큰 공간을 보관 장소로 이용했기 때문에, 그리고 당시 기준으로 보았을 때 그 공간을 수평으로는 아니라 해도 수직으로는 효율적으로 활용했기 때문에, 엄청난 양의 책을 보관하는 것이 가능했다. 실제로 파니치의 설계에 따르면 서고에 약 150만 권을 보관할 수 있었다. 더불어 이 건물은 주철 구조물이었기 때문에 화재에도 강할 것이라 여겨졌다. 그러나 제2차 세계대전 중 유리 천장으로 소이탄이 떨어졌을 때, 쇠살대 바닥을 통한 공기의 순환이 불길을 확산하는 역할을 하여 "서고를 용광로로 만들어버렸다."

'열람실' 자체도 거대한 공간이다. 열람실 지붕에 얹어진 돔은 직경이 42미터로, 런던 세인트 폴 성당의 돔보다 8.4미터가 더 크고, 로마 성 베드로 성당의 돔보다 30센티미터 더 크고, 로마 판테온의 돔보다 60센티미터 작을 뿐이다. 새로운 도서관 공간은 "놀라운 규모를 가진 원형의 신전으로 파란색, 흰색, 금색이 풍부하다"는 찬사를 받았다. 그러나 이 프로젝트에 반대한 이도 있었다. 박물관의 수서 보관 담당자는 이탈리아 태생인 파니치의 "주요한 경쟁자"였는데, 그는 이 공간이 "목적에 전혀 적합하지 않으며, 외국인의 부적절한 영향력 때문에 생겨난 무모한 사치의 한 예"라고 비난했다.

'열람실'의 분할된 돔은 주철 뼈대를 바탕으로 한 돔이었으므로 판테온의 콘크리트 돔보다 가볍다. 나아가 근대적인 돔의 벽기둥들은 늘씬한 주철로 만들기 때문에, 판테온의 받침대들과는 달리 주변의 바닥 공간을 크게 차지하지 않는다. 게다가 벽기둥에 그려놓은, 책꽂이에 꽂힌 책들의 그림이 '열람실'을 둘러싸고 있는 진짜 책꽂이의 모습과 아주 흡사하기 때문에 언뜻 보면 건물의 구조적인 구성 요소들은 거의 보이지 않는다. 이 그림, 그리고 '열람실' 주변에 있는 서가들 사이의 직원실로 통하는 문과 2층 갤러리의 문에 그려져 있는 책장 그림 때문에 사람들은 견고하게 쌓아 올린 책장과 책에 둘러싸여 있고, 이 책장과 책이 거대한 돔을 지탱하고 있다는 착각에 휩싸인다. 1층에는 방문자들이 바로 찾아볼 수 있는 2만 4000권의 참고 서적이 있으며, '열람실' 벽의 갤러리에도 4만 권의 책이 더 보관되어 있다. 이 책들은 바닥에서 7미터 높이까지 쌓여 있으며, 책장이 끝나는 곳에 돔의 기공점이 자리 잡고 있다. 돔 꼭대기까지의 거리는 32미터이며, 돔에는 12미터 높이의 꼭대기 탑이 있다.

대영박물관 도서관의 서고는 바닥이 쇠살대로
이루어져 있고 통로가 넓어 천창으로부터
들어오는 빛이 낮은 곳에까지 이를 수 있었다.

이 꼭대기의 원형창으로부터, 그리고 돔 아랫부분의 커다란 창문들로부터 들어오는 햇빛은 열람실을 밝혀주었지만, 겨울 몇 달 동안은 오후 4시까지가 끝이었다. 이마저도 안개가 끼는 날이면 더 줄어들었다. 오랫동안 인공조명이 없었기 때문이다. 1861년에 가스 조명을 쓰는 것이 고려되었지만 런던 소방대의 반대에 부딪혔다. 1879년에 전기 조명이 처음 시도됐을 때는 결과가 썩 좋지 못했지만 얼마 지나지 않아 네 개의 거대한 아크등이 달렸고, 이는 상당한 성공을 거두어 '열람실'은 해가 진 뒤에도 문을 열어둘 수 있게 됐다. 1893년에는 열람석 책상 위에 백열등이 설치됐으며, 곧 참고도서실 선반에도 같은 방식의 조명이 설치됐다. 전기 조명이 설치되자 열람 시간이 길어졌을 뿐 아니라 서고도 환해졌다.

열람실 설계는 책에만 신경을 쓴 것이 아니었다. 겨울철 추위에 대처하기 위해 열람실 아래 공간에 있는 온수 파이프 주위로 공기가 순환되도록 했다. 이렇게 데워진 공기는 열람석의 텅 빈 주철 골조를 통해 위로 올라가 창문 위와 돔 유리 천창 주위의 환기구로 빠져나갔다. 또 열람석 밑에 있는 발판을 통해서도 온수가 순환하여 온기를 전달했다. 직원들이 열람실 중앙의 단 위에 올라서면 열람석에 앉은 사람들을 볼 수 있도록 책상들이 배치되었으며, 직원은 서고에 있는 책을 열람석으로 전달해줄 수 있었다(지층의 건축적 중심은 카탈로그 책상들이 원형을 이루고 있는 부분이었다. 이곳은 1857년 5월 5일 '열람실' 개장일에는 "공식 샴페인 조찬을 먹는" 식당 역할을 했다). 책상들을 방사형으로 배치함으로써 이용자들은 상당히 노출되었으며, 따라서 책을 찢는다든가 하는 책을 훼손하는 일을 조심할 수밖에 없었다. 카를 마르크스도 이 책상들 가운데 하나에서 20년간 작업했으며, 작은 무리를 이룬 관광객들이 가장 궁금해하는 것도 그가 이용했던 책상이다.

파니치의 설계가 보여준 모든 탁월함에도 불구하고, 열람실과 그곳을 둘러싼 서고는 점차 이용자들 수를, 대영박물관에서 이용되고 보관되는 책의 수를 감당할 수 없게 되었다. 1920년에는 기존 서고 일부분에 4층을 올려 보관 용량을 확대하려는 시도가 있었으나 이는 원래 구조물에 부담을 주는 일이었다. 열람실이 안뜰을 차지하고 있다는 사실도 이제는 방사형으로나 측면으로 확장하려는 시도에 불리하게 작용했다. 물론 박물관 일부를 도서관으로 대체할 수는 있었지만, 박물관 자체도 소장한 유물이나 찾아오는 방문객들을 감당하지 못해 쩔쩔매는 형편이었다. 그 전인 1887년에는 서고에 이동 가능한 선반들을 설치함으로써 공간 부족 문제를 어느 정도 해소했다. 이 선반들은 천장의 트랙을 따라 달리는 롤러들에 의해 위에서부터 지탱되었다. 이것은 원래 서고에 2미터나 되는 넓은 통로가 있었기 때문에 가능한 일이었다. 하지만 뒤에 있는 책을 꺼내려면 책장들 전체를 움직여야 했기 때문에 편리하지는 않았다. 더욱이 매달린 책장들은 원래의 철 구조물이 감당하기에는 너무 무거웠다. 결국 공중에 매달린 책장 250개는 철거될 수밖에 없었다.

"인간은 책보다 오래 사는 구조물을 짓지 못한다."

아이언퀼[철필을 뜻한다]이라는 필명으로 시를 썼던, 빅토리아 여왕 시대의 시인 유진 피치 웨어의 말이다. 이 말은 대영박물관 서고의 경우에는 정확히 들어맞았다. 1960년대 초에는 도서관을 다른 장소로 옮기는 문제가 고려되기 시작했다. 1973년에는 독자적인 건물에 소장 도서를 보관한다는 약속과 함께 대영도서관이 박물관에서 독립하게 되었다. 런던 세인트 팬크라스역 건너편의 새로운 대영도서관 건물은

1982년에 초석이 놓였다. 1200만 권의 책을 새 도서관으로 옮기는 일은 1999년에 마무리 짓기로 했다. 대영박물관 '열람실'은 내부를 수리하고 참고도서들을 갖춘 다음 "새천년을 기념하여" 2000년에 모든 박물관 방문자들에게 개방하기로 했다. 책과 도서관을 사랑하는 수많은 사람들에게 신성한 장소로 여겨지는 이 자리를 보존하자는 취지였다. 그러나 열람실을 둘러싼 서고에는 유리를 덮은 뒤 "런던 최초의 지붕이 있는 광장"인 그레이트 코트로 바뀔 예정이다.

1998년 가을 내가 런던을 찾았을 때, 커다란 돔은 타워 크레인의 그림자에 덮여 있었다. 이 크레인의 팔은 "현재 영국에서 사용되는 어떤 크레인의 팔보다 길어" 안뜰 안팎의 물건들을 건물의 현관 너머 그레이트러셀가로 수월하게 옮길 수 있었다. 파니치가 책과 독자들을 위해 확보해놓았던 박물관 안뜰 주변과 열람실 사이의 공간은 현대화하고 지붕을 덮을 예정이었기 때문에, 그 준비로 "잉여의 책꽂이들"은 이미 부숴버렸다. 이 폐쇄된 공간은 I. M. 페이가 만든, 루브르의 피라미드 입구에 비유된다. 새로운 유리 지붕의 바깥 둘레는 폐쇄되지 않겠지만, 햇빛이 안뜰로 들어오는 것은 허용하지 않을 것이다. 그러나 책들이 사라진 자리에 하필이면 옛 서고보다 자연광의 도움을 더 많이 받게 될 테라스 레스토랑이 들어선다는 것은 아이러니한 일이다.

새로운 대영도서관 열람실들에 있는 책상들 가운데 아주 많은 수가 옛 강철 도서관의 천장과 거의 높이가 같은 천장 밑에 배치된다는 것 또한 우울한 일이다. 새로운 건물에서 가장 눈에 띄는 것으로는 입구의 뜰과 눈앞에 바라보이는 세인트 팬크라스역의 탑들 외에 킹스 라이브러리의 책들을 꼽을 수 있을 것이다. 이 책들은 대영박물관에서 옮겨져, 바이네케 도서관에 있는 유리 코어를 연상시키는 유리 코어

내에 밀집 보관하여 매장한다. 불행히도—희귀본들을 존재 근거로 삼고 있는 예일과는 달리—대영도서관에서는 이 매장된 책들이 학자나 사서가 카페테리아에서 차를 마실 때 배경 역할을 할 뿐이다. 그러나 전통을 깨는 것도 도서관들의 전통이다.

1876년 미국에서는 고어 홀에 있는 하버드 칼리지 도서관의 장서 공간을 확대해야 했다. 이 문제는 근본적으로 새로운 방법으로 해결되었다. 건물 바깥 뼈대를 추가적으로 만들고, 거기에 줄줄이 작은 창문을 내고, 그것을 석조 벽에 의해 지탱되는 지붕으로 덮었다.

> 이 안에 책에 접근할 수 있는 통로만 남겨두고 양면 서가를 줄줄이 층층이 쌓았다. 서가들 사이의 통로는 폭이 70센티미터였으며, 층고는 2미터로 제한하여 일곱 줄로 이루어진 서가의 맨 꼭대기 선반에도 쉽게 손이 닿도록 했다. 서고는 6층 높이였지만 전체적으로 스스로 버티고 서 있었으며, 비바람으로부터 보호받는 일만 건물에 신세를 졌다. 선반의 수직 지지대들은 주철로 만들었고, 층의 틀은 둥글게 만 단철로, 층 바닥은 구멍을 뚫은 주철 판으로, 선반은 나무로 만들었다.

이 "현대적 서고의 원형" 덕분에 이 도서관은 수십 년간 공간 걱정을 하지 않을 수 있었다. 그러나 20세기 초가 되자 도서관 시설을 다시 확대할 필요가 생겼다. 이번에는 고어 홀과 서고를 철거하고 새로운 도서관을 짓기로 결정이 났다. 해리 엘킨스 위드너 기념도서관이라는 이름이 붙게 된 새로운 도서관은 1915년에 완공이 되었다. 고어 홀의 석조 벽을 철거하자 독립적으로 지탱되는 서고의 모습이 드러났다. 벽이 사라지고 나서도 선반 지지대들은 흡사 거대한 정글짐처럼 웅장한 3차원 격자 구조물로서 버티고 서 있었다. 서고는 실제로 바닥에 의해 지탱된 것이 아니라, 바닥을 지탱해주고 있었던 것이다.

위드너 도서관을 지을 때는 서고 테크놀로지가 상당한 성숙 단계에 이르러 있었다. 새로운 도서관에는 최신 장서 테크놀로지가 적용되었는데, 이는 1800년에 세워진 의회도서관을 위해 개발된 것이었다. 19세기 대부분의 기간 동안 의회도서관은 의사당 안에 있었다. 그러나 저작권 보호를 원하는 책은 의회도서관에 납본할 것을 요구하는 1870년 저작권법이 시행되자 소장 도서가 급격히 불어나 감당할 수 없게 되었다. 도서관 건물 신축은 1886년에 결정됐으며, 완공 예정 연도는 1897년이었다. 서고 설계 및 건립을 포함한 모든 건축 프로젝트는 미국의 토목공학자 버나드 R. 그린에게 맡겨졌다.

버나드 R. 그린은 1843년 매사추세츠 몰든에서 태어나 1863년 하버드 로렌스 과학 학교를 졸업하면서 토목공학 학위를 받았다. 13년간 육군 공병대와 함께 메인, 매사추세츠, 뉴햄프셔 등지에서 요새 건축을 한 그린은 워싱턴으로 가 국무부, 전쟁부, 해군부 건물, 육군 의학 박물관 및 도서관, 워싱턴 기념관 등 대규모 공공건물의 건립을 책임졌다. 그린은 의회도서관을 위한 건물을 짓는 과정에서 전통적인 문제들을 해결해야 했을 뿐 아니라 서고 설계라는 특수한 과제도 떠안았다. 결국 그린은 서고 설계의 새로운 해법을 제시했다.

엔지니어인 그린이 고민한 문제는 고어 홀에서 사용되던 시스템을 개선하는 것이었다. 그린은 고어 홀의 나무 선반들이 화재에도 취약하고, 먼지가 잘 앉고, 공기 순환을 방해하고, 조명도 시원치 않다고 생각했다. 그린은 완전히 주철과 강철로만 이루어진 서고 시스템을 고안하여 이런 문제들을 해결하려 했다. 우선 금속 선반을 격자 구조물에 올려놓거나 가늘고 긴 구멍에 끼움으로써 무게를 줄이고 공기 순환을 촉진했다. 바닥에는 유리나 대리석을 깔아 빛이 통과하거나 반사되게 함으로써 장서 공간을 환하게 만들었다. 그린은 강하고, 유연하고, 사용하기 편한 서가를 염두에 두었고, 미리 그림을 그린 다음 실제 크기의 모형을 만들어보았다. 약 200만 권의 책을 보관할 70킬로미터 길이의 선반 제작은 입찰에 부쳤는데, 당시 켄터키주 루이스빌에 자리잡고 있던 스니드&아이언워크스사가 최저 입찰가를 적어내 낙찰을 받았다. 완성된 서고는 1895년부터 사용하기 시작했다. 새로운 서고는 "이전의 다른 어떤 장서 공간보다도 훨씬 훌륭했기 때문에, 사서들은 이것이 단지 더 나은 장서 방식이 아니라 더 나은 것이 나올 수 없는 완벽한 방식임을 인정했다." 이제 "도서관 건물과 서고는 마침내 그 최종적인 형태를 얻게 된 것이 분명했다." 적어도 19세기 말에, 그리고 20세기에 들어서도 수십 년간은 그렇게 여겨졌다. 물론 테크놀로지에서 완벽을 이야기하는 모든 주장이 그러했듯이, 그린의 서고에 대한 그런 주장 역시 그 시스템의 결함과 약점을 나열하는 주장들의 공격을 받게 될 운명이었다. 20세기 초만 해도 그런 비판은 나올 것 같지 않은 분위기였지만 말이다.

토목공학자 버나드 R. 그린은 19세기 말 의회도서관에 설치된 서고를 설계했다.

나중에 의회도서관 서고, 또는 '그린 (스니드) 표준'이라고 알려진 이 디자인은 그린이 엔지니어로서 문제에 체계적으로 접근한 결과물이었다. 실제로 서고 건립은 근본적으로 구조 공학의 문제였다. 그리고 그린은 가능하다면 이 문제를 해결함과 함께 화재, 환기, 먼지 제거, 조명 등의 문제도 최적의 방식으로 해결하려 했다.

그린이 염두에 둔 서고에서 주요한 구조적인 측면들은 스스로 지탱되는 책장, 책, 사람들이 걸어 다니는 바닥 등이었다. 구조 공학자에게 이 요구 조건들을 만족시키는 틀을 설계하는 것은 쉬운 일이었다. 책장의 수직적 구성 요소는 선반, 바닥, 그 위의 기둥 등을 지탱하는 구조적 기둥 역할을 할 수 있다. 그리고 위의 기둥은 다시 선반, 바닥 등과 더불어 서고의 존립 목적인 책과 사람들을 지탱하게 된다. 기둥에 기대되는 기능이 분명해지면 그 위에 올라가는 하중은 계산할 수 있다. 예를 들어, 엔지니어는 서가가 차지하는 체적 1입방피트당 책 선반 자체와 선반 지지물의 하중은 10파운드로, 책은 1입방피트당 20파운드로, 바닥 자체는 바닥 1평방피트당 15에서 25파운드로, 서고를 이용하는 사람들은 1평방피트당 40파운드로 계산할 수 있다. (보통 성인 한 사람의 몸무게는 40파운드 이상이고 1평방피트가 안 되는 공간에 서 있을 수 있지만, 한 사람의 총 무게를 지탱하는 바닥 면적은 적어도 몇 평방피트는 되며, 사람의 몸무게는 이 면적을 통해 구조적인 틀로 전달된다) 선반, 책, 바닥의 무게들은 모두 '정하중靜荷重, dead load'이라고 부른다. 실질적으로 움직이지 않기 때문이다. 바닥에서 움직이고 시간마다 구조물의 다른 부분에 다른 식으로 힘을 가하는 사람들의 무게는 '활하중活荷重, live load'이라고 부른다. (오늘날 정하중은 보통 건물의 바닥과 구조적 기둥만 포함한다. 요즘에는 이동 가능한 책장, 책, 사람들이 활하중을 구성하는데, 이것은 바닥 면적—현재는 이용 가능한 공간

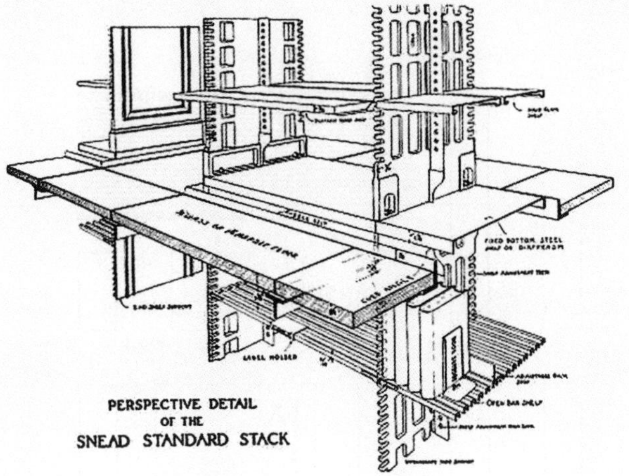


의회도서관 서고의 구조적 구성 요소들은 선반들을 지탱하는
동시에 직원들이 책을 꺼내기 위해 돌아다니는 바닥도 지탱한다.

의 일반적인 척도가 부피가 아니기 때문에—1평방피트당 150파운드로 잡을 수 있다. 계속 구조물의 특성으로 남아 있고 또 그 미래의 사용을 제한하기도 하는 이것은 설계하중이라고도 부른다. 그러나 이런 식으로 설계된 도서관은 현대의 밀집 장서를 감당할 수 없다. 현대의 장서 방식은 보통 바닥 1평방피트당 250파운드 정도를 감당해주기를 요구하기 때문이다)

물론 서고를 설계하는 데 첫 번째 공학적 문제는 구조적인 측면들이지만—서고가 제대로 서 있지 못한다면 다른 것은 아무런 의미가 없기 때문에—훌륭한 공학은 다른 기능적 측면들도 고려할 것을 요구한다. 이런 기능적 측면들 가운데 하나가 서고에 최대한 빛을 들어오게 하는 것이다. 또 하나는 화재 위험을 최소화하는 것이다. 그리고 이 둘은 관련이 없지 않다.

꽉 닫아서 빽빽하게 꽂아놓은 책들은 잘 타지 않는다. 그러나 고어 홀과 같은 옛 도서관 건물의 선반이나 다른 목재는 잘 탔고 또 지금도 잘 탄다. 따라서 화재 위험이 있는 불을 조명으로 이용하는 것은 최악의 경우뿐이다. 그러나 "큰 열과 다소간의 연기"를 발생시킴에도 불구하고 도서관에서는 실제로 이런 불을 사용했으며, 이것은 "늘 통제가 어렵고 불편했다." 나아가 이런 불에서 나오는 빛은 "밝기가 제한되어 있고 색깔도 탁하여 모든 면에서 햇빛보다 훨씬 열등했다." 19세기 말에는 서고나 다른 곳에서 백열등이 실용적인 조명원이 되었다. "백열등은 백색에 훨씬 더 가깝고, 열을 발산하기는 하지만 그 열이 촛불에 비해 적으며, 어디에나 안전하게 넣을 수 있다. 심지어 호주머니나 입에 넣을 수도 있다."(마지막 말은 손전등을 가리키는 것 같다)

그러나 의회도서관의 설계 및 건축은 전깃불이 일반화되기 전에 이루어졌다. 그린은 10년 뒤에 이렇게 썼다.

> 아주 최근까지만 해도, 사실 몇 년 전 백열등 시대까지만 해도, 선반에서 책을 찾는 일은 거의 전적으로 햇빛에 의존했다. 따라서 설계 및 배치에서 가장 중점을 둔 사항은 창문과 천창을 통해 선반 공간들에 햇빛을 끌어들이는 것이었다. 이를 위해서는 지상 공간을 이용하고 부지 가운데서도 특별한 위치를 이용하는 것이 필수적이었다. 의회도서관을 지을 때도 이 점에 특별한 노력을 기울였다…….
> 이제까지 서고는 일반적으로 건물 바깥벽을 따라 배치됐으며, 그 주위의 넓게 열린 공간들을 통해 가능한 한 많은 햇빛을 끌어들였다. 천장에는 천창들을 내고 선반이 있는 방 안에는 구멍을 뚫어 빛이 아래로 내려와 서가들 사이로 흘러들 수 있도록 했다. 부

지 가운데 햇빛을 받아들이는 데 사용한 공간은 책을 보관하고 운반하는 데 사용한 공간들을 다 합친 것보다 많으면 많았지 적지는 않을 것이다.

그린은 계속해서 햇빛은 "인간이 의존할 수밖에 없는 모든 것 가운데 가장 불균등하고 불안정한 것인데, 해의 위치가 늘 변하고 날씨가 변덕스럽기 때문"이라고 언급한다. 나아가 너무 밝은 햇빛은 책의 적이기도 했다—"사실 책 입장에서는 어두운 데 있는 것이 훨씬 낫다." 그래서 그린은 "우리는 햇빛을 확보하기 위해 안달을 하면서도 동시에 햇빛을 차단하기 위해 비슷한 비용을 들여야 한다"고 말한다. 의회도서관 서고에는 창문이 600개나 있었기 때문에 블라인드를 일일이 올리고 내린다면 엄청난 시간을 잡아먹을 판이었다. 그러나 특수한 기계 장치를 달아 한 사람이 한 번에 150개의 블라인드를 동시에 조작할 수 있었다. 이런 특별한 노력이 들어갔기 때문에 서고 설계자들은 자연적인 빛에 점점 덜 의존하게 되었으며, 따라서 창문이나 천창에도 덜 의존하게 되었다. 20세기 초에 이르면 서고에서 전깃불을 사용하는 것이 관행으로 확고하게 자리 잡았다.

도서관에 전기화가 이루어짐에 따라 서고를 자연 광원과 상관없이 배치하게 되었을 뿐 아니라 대영박물관 '열람실'과 마찬가지로 어두워진 뒤에도 문을 열어놓을 수 있게 되었다. 테크놀로지가 이렇게 발전하는 데 중요한 기여를 한 토머스 에디슨은 뉴저지주 웨스트오렌지에 있는 연구실험실에 그 나름의 정교한 서재를 갖추고 있었다. 1886년, 즉 백열등이 자연광의 대체물로 당연시되지 않았던 시절에 지어진 이 서재는 커다란 창문이 많이 나 있는, 창틀이 멋진 방이다. 선반들은 진열대 시스템을 수정한 방식으로 배치되어 있으며, 각각의 책장은 그 위의 널찍한 갤러리의 하중을 어느 정도 떠받치고 있다. 갤러리 층의 책장들 역시 대체로 진열대 시스템에 따라 배치되어 있으며, 따라서 벽 시스템보다 수용 용량이 훨씬 컸다. 커다란 창문들은 그것이 없다면 어두웠을 구석진 곳에도 많은 빛이 들어가도록 해주었다. 그러나 창문에는 블라인드도 달아놓았다. 이 전설적인 발명가가 어두컴컴한 구석에서 그 유명한 노루잠을 즐기려는 것도 블라인드를 달아놓은 한 가지 이유였을 것이다.

도서관 건물 안으로 빛을 들어오게 하면서도 빛이 책에 미치는 해로운 영향은 최소화해야 한다는 문제는 시간이 좀 더 흐른 뒤에 지어진 건물인 예일 대학의 베이넥 희귀본 및 수서 도서관에서 감탄할 만한 방식으로 해결되었다. 스키드모어, 오윙스 앤드 메릴사의 고든 번샤프트가 설계한 이 건물 위쪽 눈에 가장 잘 띄는 부분은 버몬트 대리석과 화강암 벽으로 이루어져 있는데, 이 벽에는 창문이 하나도 없다. 그러나 이 구조물의 커다란 반투명 대리석 판벽널은 두께가 0.6센티미터에 불과해 내부를 밝혀줄 만한 빛은 통과시킨다.

건축가 르 코르뷔지에가 건물을 안에 들어가 살 수 있는 기계로 파악했듯이, 엔지니어 버나드 그린은 그가 고안한 서고를 "건물이 아니라 조건만 맞다면 어느 방에나 설치하여 혼자 세워놓을 수 있는 가구"로 파악했다. 그는 서가 아래에 길게 갈라진 틈을 남겨놓아 공기 순환을 유도했고, 또 공기 순환을 촉진하기 위해 개방형 주철 수직재와 갈라진 틈이 있는 선반을 고안했다.

이 "개방형 막대 선반open bar shelve"의 강도는 컬럼비아 대학 공학부에서 확인되었다. 그곳에서 25센티미터 폭의 선반을 시험해본 결과

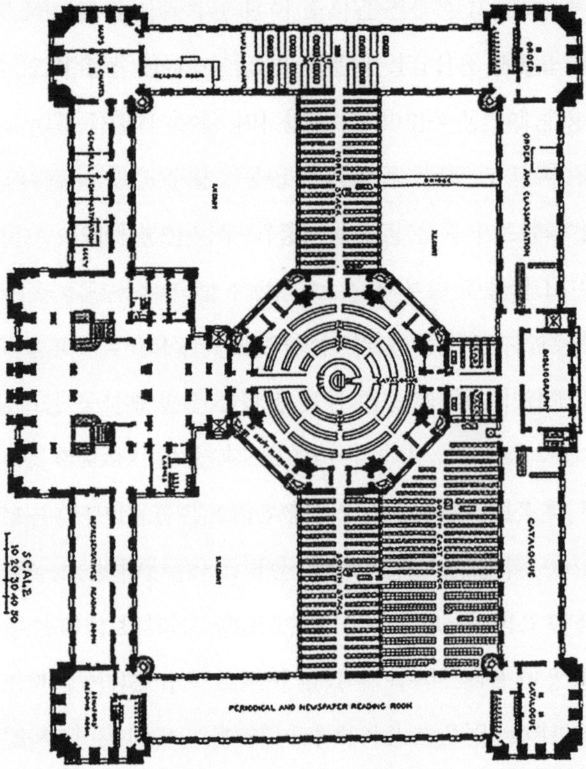


의회도서관의 1층 평면도는 북, 남, 남동쪽의 안뜰 서고 위치를 보여준다.

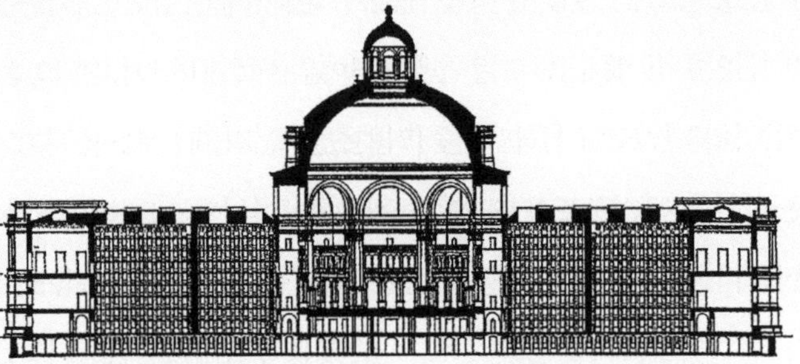

의회도서관 단면도는 대열람실 양옆에 북쪽과 남쪽 서고가 연결되어 있음을 보여준다. 수많은 창문들은 건물의 북서쪽과 남서쪽을 굽어보고 있는 서고로 햇빛이 들어오도록 해준다.

"105센티미터 길이에 두꺼운(1.8센티미터) 막대를 가진 선반이 길이가 90센티미터밖에 안 되어도 막대가 가는(1.5센티미터) 선반보다 더 강하다"는 것이 증명된 것이다. 그러나 아무리 강한 선반이라도 책의 무게 때문에 처지거나 활처럼 휘기 마련이다. 그린은 길고 무거운 강철과 콘크리트 대들보가 휘는 문제를 다룰 때와 같은 방식으로 이 문제를 해결했다.

"선반에 특히 무거운 하중이 실릴 때는 약간 위로 휘게 해주어야 한다. 이렇게 하면 아래로 휘는 힘을 감당하여, 선반에 하중이 실려도 수평을 유지하게 된다."

그린은 의회도서관 서고를 설계할 때 처지는 문제만을 고민한 것이 아니다. 그는 엔지니어로서 유지 및 사용자 편의성이라는 문제에도 관심을 기울였다—먼지가 쌓일 수 있는 틈은 최대한 없앴고, 모든 표면이 최대한 빛을 반사하거나 전달할 수 있게 만들었다. 마지막으로 그린은 "모든 조건이 똑같다고 할 때 장서의 목표라는 것은 주어진 공간에 최대한 많은 책을 보관하는 것"이라는 자신의 견해를 현실에 적용시켰다. 그러나 효율적인 서고를 설계하고자 했던 갖은 노력에도 불구하고 그는 어느 선에서 멈출 수밖에 없었다. 도서관에는 직원을 위한 방도 있어야 했고, 사람들이 책을 꽂거나 꺼내러 다닐 수 있는 공간도 있어야 했기 때문이다. 실제로 재래 서고는 평균적으로 통로가 바닥 공간의 65퍼센트를 차지하고, 책 선반 공간으로는 불과 35퍼센트만 이용되는 지점까지밖에 진화할 수 없었다. 문제를 효율적으로 해결하기까지는 오랜 시간이 걸렸다.

대영박물관 '열람실'을 비롯해 의회도서관 서고들 가운데 일부는 안뜰과 건물 내부 공간에 지어졌으며, 따라서 건물 외관의 건축학적 처

1910~1920년경 뉴욕 공립도서관 대열람실.

리와 큰 갈등을 빚지 않았다. 그러나 1910년 옛 저수지 자리에 건설된 뉴욕 공립도서관은 사정이 달랐다. 이 건물은 처음부터 300만 권 이상을 보관할 수 있는, 100킬로미터가 넘는 선반을 집어넣을 서고를 염두에 두고 설계되었다. 이제는 익숙한 배치가 되었지만, 서고들은 아래로 들어가 위에 있는 도서관의 대열람실 바닥을 떠받쳤고, 책들은 "아래에 있는 인간 지식의 보고로부터 바로 끌어올리면" 되었다. 열람실을 건물 아래층이 아니라 위층에 배치한 것은 중세 도서관들의 배치를 연상케 한다. 뉴욕 공립도서관 서쪽 벽에 촘촘하게 자리 잡은 길쭉한 창문들은 브라이언트 공원을 내다보는데, 이 역시 독서대나 서가가 갖추어진 중세 도서관의 창문 간격을 떠올리게 한다. 창문들 사이의 대리석 벽은 마치 기둥처럼 아치형의 커다란 창문들을 받치고 있으며, 그 창문들을 통해 좀 더 강한 빛이 열람실로 들어온다. 실제로 너무

제2차 세계대전 중에 완공된 새로운 보들리언 도서관은
건물 중심부에 서고가 자리 잡고 있다. 높은 위치에서 찍은
이 사진에서는 서고 꼭대기 층이 보이지만, 건물 주위의
보도에서는 보이지 않는다.

나 많은 도서관에서 이렇듯 창문을 촘촘하게 배치해놓기 때문에 서고가 어디 위치해 있는지 알아내는 것은 아주 쉬운 일이다. 예를 들어 뉴헤이븐의 요크가를 걷다 보면 예일의 스털링 기념도서관 탑에서 그런 창문 배치를 볼 수 있는데, 과연 그 탑에는 서고가 있다.

서가 제조사 스니드의 사장이 된 앵거스 스니드 맥도널드는 1933년에 미래의 도서관에 대해 쓰면서, 도서관장의 안내를 받아 상상의 도서관을 돌아다니는 이야기를 한 적이 있다. 도서관을 "비교적 소수의 타고난 '책벌레'들을 위한 기념비적인 독서 공간이라기보다는 모든 종류의 사람이 작업할 수 있는 연구소"라고 여겼던 이 도서관장에 따르면, 이러한 "국민의 대학"에서는 "온도, 습도, 먼지 등에 대한 절대적 통제가 당연한 일로 받아들여져야 한다." 도서관장은 "우리는 환기와 빛을 창문에 의존하지 않는다"고 말하며 계속해서 이렇게 설명한다.

> 물론 여기에도 창문은 있다. 그러나 우리의 창문은 바깥 풍경을 보여주는 역할만을 하므로, 절대 여는 법이 없다. 따라서 우리는 창문을 통해 들어온 햇빛이 맞은편 벽에까지 닿게 하기 위해 불필요하게 방을 높게 만들 필요가 없다……. 우리는 햇빛만이 아니라 창문을 통한 환기 역시 도서관을 설계할 때 고려하기에는 너무 변덕스럽고 값비싼 것이라고 생각한다.

보들리언 도서관의 신축 건물은 1940년 전쟁 중에 완공됐는데, 이 건물은 강철 골조와 콘크리트 바닥을 이용했다. 전기 조명이 당연시된 정도까지는 아니더라도 어느 정도 자리를 잡은 시기였기 때문에 커다란 창문이나 유리 바닥을 가지고 고민할 필요가 없었다. 실제로 이 건물은 지하로 3층이나 내려갔다. (이 무렵에는 이런 식으로 지하 또는 지하 2층에 책을 보관하는 것이 일반화되었다. 도서관 전체를 지하에 짓기도 했다. 1960년대 말 일리노이 대학에서 짓기 시작한 새로운 학부 도서관이 그 예다. 이는 구도서관 앞의 안뜰 공간을 활용하면서도 안뜰 풍경은 최대한 보전하기 위함이었다)

새로운 보들리언 도서관의 지하 세 층 위에는 책을 8층 높이로 쌓았기 때문에, 서고 중심부는 거리로부터 23미터나 올라간다. 보들리언 서고는 (서고 자체보다 훨씬 낮은) 신고전주의적 건물 한가운데에 우뚝 솟아 있다. 그러나 서고 중심부는 본관 외부로부터 뒤로 물러나 있기 때문에 보도에서는 거의 볼 수 없다. 실제로 이 중심부의 모습을 보기 위해서는 길 건너 클래런던 건물로 가는 계단 꼭대기에 올라서야 한다.

반면 일리노이 대학 중앙도서관 뒤편에 단계적으로 덧붙여진 서고들은 거리에서도 금방 보인다. 도서관이라기보다는 감옥에 가까워 보이는데, 중세 도서관들은 빛을 받아들이기 위한 창문을 전제로 설계된 반면 현대 도서관들은 (맥도널드가 예측했듯이) 빛을 받아들이는 창문이 거의 없거나 작은 창문을 많이 냈기 때문이다. 설계에 창문을 포함시키는 이유도 물리적인 쪽보다는 심리적인 쪽에 더 가까운 것 같다. 만일 서고에 도서관 직원들만 출입했다면 창문 같은 것은 아예 고려하지도 않았을 것이다. 그러나 19세기 말부터 도서관 이용자들에게도 서고를 개방하라는 요구가 점차 늘어났고, 이들 중에는 틀림없이 폐쇄공포증 환자도 있었을 것이다.

실제로 현대의 많은 서고들이 시간이 지나면서 모든 도서관 이용자에게 개방되었다. 그러나 여전히 폐쇄된 어두운 서고 속에서 길을 찾아야 했던 도서관 직원들도 많았다. 제2차 세계대전 후 제대군인 원호법에 따라 아이오와 대학에 다니던 한 학생 겸 직원은 자신과 동료들이 새 중앙도서관 건물의 아직 완공되지 않은 층에서 책을 꺼내 오던 일을 생생하게 기억하고 있다.



> 거의 지옥 같은 어둠이 깔려 있었다. 통로 하나 건너마다 전선이 있고, 6미터 정도마다 60와트짜리 알전구가 하나씩 달려 있을 뿐이었다. 모든 도서 요청 용지는 튜브를 타고 왔으며, 우리는 일단 요청을 받으면 건전지 두 개가 들어가는 튼튼한 손전등을 집어 들고 어둠이 덮인 후미진 곳으로 고개를 숙이고 들어갔다. 그곳에서 우리는 선반을 하나하나 비추다가 마침내 원하는 책을 찾아(대부분의 경우에는) 뽑아 들었다.

손전등을 이용하는 것은 새로운 일이 아니었다. 앞서 보았듯이 20세기 초에 그린은 손전등을 호주머니에 넣기도 하고 입에 물기도 한다고 이야기했다. '손 램프'는 일찌감치 1912년에 대영박물관 도서관에서 이용되었다. 이 덕분에 도서관에서는 이용자에게 겨울에는 4시 30분이라는 늦은 시간까지, 여름에는 폐관 시간 30분 전까지 책을 제공할 수 있었다.

어둡든 어둡지 않든, 폐쇄공포증을 일으키든 일으키지 않든, 현대의 많은 서고들은 천장이 낮다. 이 때문에 서고의 전체적인 외부 높이가 그렇게 눈에 띄지 않으며, 스툴이나 조그만 두 단짜리 사다리를 이용하면 꼭대기 선반에도 손이 닿는다. 그러나 듀이가 말하듯이, "어떤 사람들은 바닥에서 두세 계단만 올라도 어지럼증을 느끼고 다리가 후들거리기 때문에, 옛 도서관에는 계단 위로 직경 3센티미터 내지 5센티미터짜리 나무 막대를 100센티미터 높이로 세워놓는 장치가 있었다."

올라가서 손으로 잡으라는 뜻일 것이다. 의자나 사다리가 없는 경우에는 가끔 "까치발 계단"(어지럼증을 느끼지 않는 사람들을 위한 것이겠지만)을 갖다놓는 경우도 있었다. 책장보다 높은 곳에는 손잡이를 하나 달아놓았기 때문에, 방문자는 마치 전차를 탈 때처럼 까치발 위에 발을 올려놓고 몸을 번쩍 치켜들어 손잡이를 잡으면, 빈손으로 원하는 책을 꺼낼 수 있었다. 책장에 그런 장식을 단 것은 빅토리아 여왕 시대 사람들다운 행동이라고 할 수 있다.

어떤 도서관 직원들에게는 서가가 낮을수록 좋다. 내가 전에 일했던 연구소의 참고열람실 사서처럼 유난히 키가 작은 사람들에게는 특히 그럴 것이다. 그는 이용자를 원하는 책이 있는 곳까지 데리고 가 직접 책을 뽑게 함으로써 한계를 극복했다. 그 도서관은 규제 조항을 만드는 이들이 장애인 문제에 민감해지기 수십 년 전에 지어졌다. 장애인들을 이렇게 무시하던 시대와는 달리, 1980년대 초 듀크에 문을 연 새 공학도서관은 장애 관련 규제 조항으로 인해 많은 부분이 달라졌다. 이 도서관의 서가 사이 간격은 유난히 넓은데, 그래야만 휠체어가 편안하게 돌아다닐 수 있어서다. 그러나 내가 보기에 이런 여러 가지 규제 조항에는 혼란스러운 면이 있다. 예를 들어 이런 규제 조항은 선반 높이를 제한하지 않는다. 휠체어를 탄 이용자가 높은 선반에 꽂힌 책을 이용할 때는 도서관 직원을 대동할 것이라 생각했는지도 모르겠다. 또 한 가지 우스운 일은 서가가 도서관 꼭대기 층에 있다는 것이다. 꼭대기 층은 입구에서 계단을 통해서만 올라갈 수 있다. 건물 다른 곳에 있는 엘리베이터를 이용하려면 이용자는 도서관을 나가 위층에 있는 비상구를 통해 다시 들어와야 하는데, 비상구를 이용하려면 도서관 직원이 동행해야 한다. 따라서 장애인은 도움을 주는 이가 없으면 서가를 훑어볼 수 없는 셈이다. 어쩌면 규제 조항을 만든 당국의 의도가 바로 이것이었는지도 모르겠다.

설사 서가에 쉽게 접근할 수 있다 해도 책을 보는 것은 쉽지 않다. 20세기 후반으로 들어서면서 어딜 가나 전기 조명을 이용할 수 있었기 때문에 도서관에서는 서가를 배치할 때 자연 채광을 거의 고려하지 않았다. 어떤 경우에는 자연적이든 인공적이든 빛을 완전히 무시해버리기도 했다. 방금 말했던, 통로가 유난히 널찍한 도서관 건물에는 공학부 학장 사무실과 연구실들도 입주해 있다. 하지만 이 건물의 중심은 도서관이다. 입구를 통해 들어오다 보면 정면에 보이는 부분이 바로 도서관이기도 하다. 그러나 도서관은 건물 뒤편을 차지하고 있기 때문에 창문을 내려면 세 개의 벽을 이용할 수밖에 없었는데, 건축학적인 결정에 따라 세 벽 가운데 북서쪽 벽에만 창문을 많이 냈다. 이마저도 도서관 창 내기의 역사적 전통과는 전혀 관계없이 건축 양식적 고려에 따라 한 줄로 길게 냈다. 그럼에도 이 창문들로 자연적인 빛이 많이 들어오기 때문에 특히 창 옆의 책상이나 개방 열람실에 앉아 있을 때는 쾌적하게 일할 수 있다.

그렇지만 이 도서관의 서가 가운데 일부는 창문을 거의 완전히 무시하고 배치되었다. 논문들을 소장하고 있는 꼭대기 층의 서가만이 유일하게 논리적이라고 할 만한 방식으로 배치되었다. 이 서가는 쭉 늘어선 창문들에 수직으로 자리 잡고 있다. 따라서 창문으로 흘러드는 자연적인 빛은 각각의 통로를 최대한 밝혀준다. 그러나 독서대처럼 생긴 선반 달린 책장에 최신 정기간행물이 비치된 1층에는 책장들이 창문과 평행으로 놓여 있다. 따라서 창문을 마주 보는 선반에는 자연적인 빛이 충분히 들어오지만, 건너편 책장은 그늘지게 된다. 물론 천장에는 형광등이 있어 불이 켜져 있을 때는 별 차이를 느끼지 못한다. 그러나 주말 폐관 이후에나 방학 동안 불이 꺼져 있을 때 도서관을 이용하는 경우에는 거의 낮과 밤 만한 차이가 있다. 책장의 어두운 쪽에 있는 잡지를 읽으려면 창문이 있는 곳까지 그것을 들고 가야만 한다.

꼭대기 층에 있는 책장과 같은 디자인의 책장에 오래된 정기간행물들을 제본해 비치한 아래층의 경우에도 책장이 창문에 평행하게 놓여 있다. 그래서 자연적인 빛은 열두 개의 통로 가운데 한 곳에만 들어온다. 이곳에서는 책꽂이가 창문으로부터 얼마나 떨어져 있느냐에 따라 자연적인 빛의 영향력이 현격하게 차이가 난다. 불을 꺼놓으면 마치 동굴에 들어와 있는 것 같다. 이런 어둠 속에서는 책을 읽기는커녕 찾는 것도 불가능하다. 100년이 지났지만 여전히 설득력 있는 멜빌 듀이의 말을 무시했기 때문에 생긴 일이다. "책들이 줄지어 있는 통로들은 가능한 한 가장 좋은 빛을 향하고 있어야 한다. 어떤 서고들은 이런 분명한 법칙을 무시하기 때문에 쓸모를 잃고 만다. 이 법칙을 어기면 첫 번째 책장이 모든 빛을 차단하기 때문이다."

듀크의 중앙도서관 서가 배치는 자연적인 광원에 대한 고려에서 아주 멀리 떠나가 있다. 우선 공간 자체가, 오로지 햇빛에만 의존해야 했던 중세 도서관들의 전형적인 길고 좁은 공간과는 기하학적으로 거리가 먼 정사각형이다. 따라서 창문들로부터 멀어지는 서가들이 많아질 수밖에 없다. 이 건물은 1960년대 말에 건설되었는데, 이때는 도서관이 인공조명에 의존한다는 사실에 의문의 여지가 없었다. 그대로 노출되어 있는 콘크리트 천장에는 형광등들이 통로와 수직을 이루며 달려 있다. 이 또한 현대 도서관 건물이 역사적인 도서관 건축으로부터 얼마나 멀리 진화해왔는지를 보여주는 예다.

1층 참고도서실의 조명은 천장 반자와 통합되어 있는데, 이곳이 좀 더 공식적인 공간이기 때문이다. 전등은 물론 격자형으로 배치되어 있는데, 긴 형광등 관들이 커다란 사각형 무늬를 이루고 있고, 그 안에 더 작은 사각형들이 있다. 기하학적으로 아주 규칙적이다. 또 조명 시스템의 축들은 건물의 바깥 벽들과 평행을 이루고 있다. 내가 이 도서관을 처음 이용할 때 선반들은 조명들의 한 축과 평행을 이루도록 배치되어 있었다. 충분히 예상할 수 있는 배치다. 이상적으로 말하자면 책장들 사이의 각 통로 위에는 조명 기구가 줄을 이루어 달려 있어야 하지만, 천장이 높은 방에서는 이것이 그렇게 중요하지 않다. 이 방에서는 건축학적으로 처리된 천장 조명이 적당한 조명을 충분히 제공하는 것 같았다.

그러다 1980년대 언젠가 1층 바닥에 새로 카펫을 깔면서 그 기회에 책장들을 재배치했다. 참고 서적을 보관한 수많은 선반들을 벽이나 조명 기구와 평행을 이루는 격자형에 맞추는 대신 직각을 이루도록 배치한 것이다. 그럼으로써 서가 배치는 건물의 기하학, 더 중요하게는 조명의 축과 아무런 관계를 갖지 않게 되었다. 이는 도서관에서 건축보다는 책을 보는 도서관 이용자들로서는 거의 눈치채지 못하는 것이지만, 어쨌든 현대 도서관이 서가와 빛의 역사적 관계를 잊어버렸음을 보여주는 언짢은 예다.

20세기 중반이 되면서 도서관 건축에서는 책장을 포함한 가구를 마음대로 움직일 수 있는 개방형 구조가 유행하게 되었다. 60년 전에는 "완벽하다"는 찬사를 받았던 그린/스니드의 의회도서관 서고가 이제는 서고를 처음 배치할 때의 구성을 그대로 고착시킨다는 점에서 문제가 있는 것으로 간주되고 있다. 새로운 건축 방식에서는 강화콘크리트 바닥이 서가의 하중을 지탱하며, 따라서 서가는 창문 배치에 관계없이 배치될 수 있다. 이는 서가를 배치할 때 최종적인 결정을 내릴 필요가 없는 유연한 방식이라는 점에서 매력이 있는 것 같다. 공간과 내부 시설의 기능적, 미학적 필요조건들을 한 번의 결정으로 모든 것이 끝난다는 입장에서 바라볼 필요가 없기 때문이다. 마음이 바뀌거나 유행이 바뀌거나 조언자들의 말이 달라지는 것에 따라 언제든지 공간을 이용하는 방식을 바꿀 수 있게 된 것이다. 그러나 이것은 불행한 상황이다—도서관과 도서관 이용의 역사적 뿌리에 대한 인식이 결여되어 있음을 반영하는 것일 뿐 아니라, 자연적인 빛을 이용하는 매우 분별력 있는 방법(에너지 절약이라는 측면에서만 보더라도)을 거부하는 것이기 때문이다. 도서관에서 형광등 불빛이 아니라 해의 산광散光을 받는 책장 앞에 서 있는 것보다 더 기분 좋은 경험은 없다. 물론 직접적인 햇빛은 성가시게 느껴질 수도 있고 눈이 부시게 만드는 것뿐일 수도 있다. 그러나 공공 서고나 개인 서재에서 그런 문제를 최소화하는 방식으로 구조물(그리고 그 안에 든 서가)의 방향을 잡는 것은 비트루비우스 이후 건축가들과 엔지니어들의 도전을 요구하는 난제였다. 미래의 모든 사서들이 굴광성屈光性적인 본능을 잃어버리는 일이 없기를, 또 서고라는 숲에서 책을 올려놓는 선반이라는 나무를 보지 못하는 일이 없기를 기대해보자.

# 10장

# 책들의 묘지

도서관에 책을 보관하는 이전의 다른 모든 시스템이 수용 능력의 한계에 이르면 선반의 발전을 자극했듯이, 서고 역시 20세기 중반에 한계에 이르러 새 해법을 찾아야만 했다. 물론 서고의 확장을 생각해볼 수 있었으나, 도서관 건물이 다른 건물들과 복잡하게 뒤섞여 있는 곳에서는 이것이 늘 마땅한 대안이 되지는 못했다. 또한 새로운 서고 탑을 세우거나 완전히 새로운 건물을 짓는다 해도 그것은 임시방편에 불과했다. 기껏해야 수십 년이 지나면 새로운 위기가 도래할 것이 뻔했기 때문이다.

어떤 이유에서든 공간 확보가 여의치 않을 경우, 영리한 사서들은 대출을 장려하되 반납은 재촉하지 않음으로써 공간을 확보하기도 한다. 나는 전에 어떤 개발연구소에서 일한 적이 있는데, 그곳 도서관에는 늘 책이 흘러넘쳤다. 사서는 연구원들이 연구소 업무와 관련 있는 책을 수십 권씩 대출하여 그대로 지니고 있기를 바란다는 사실을 숨기지 않았다. 직원들 가운데 반만 책을 반납한다고 해도, 도서관 서가는 물론이고 도서관 공간 전체에도 들어갈 물리적 공간이 없었기 때문이다. 몇 년 뒤, 듀크 공학도서관이 여전히 옛날의 비좁은 공간에 자리 잡고 있을 때, 나는 새로운 해결책을 목격하게 되었다. 바로 잘 이용되지 않는 책들은 책장 꼭대기에 올려놓는 것이었다. 일반적으로 책장 꼭대기 부분은 책에 먼지가 쌓이지 않도록 막아주는 역할만 할 뿐이었다.

이렇게 일화를 들어 선반 공간 부족을 이야기했지만, 이 점은 통계로도 확인된다. 1944년 웨슬리언 대학 사서인 프리먼트 라이더는 "우리의 커다란 연구도서관의 놀랄 만한 성장"에 대해 이야기하면서, 100년 이상 동안 대학의 소장 도서는 평균적으로 16년마다 두 배로 늘어났다는 자료를 제시했다. 라이더는 이 점을 좀 더 실감나게 이야기하기 위해 예일 대학 도서관을 예로 들어 100년의 기간(즉 2040년까지)에 대한 예측을 내놓았다. 예일 대학 도서관을 예로 든 것은 그 장서 규모와 성장 속도가 비슷한 기관들의 평균치에 가깝기 때문이다. 라이더는 예일 대학 도서관 장서가 지금까지의 비율로 계속 증가한다면 1938년 약 300만 권이었던 장서가 2040년에는 약 2억 권으로 늘어날 것이라고 계산했다. 그만한 장서를 보관하는 데 필요한 선반의 길이는 9600킬로미터에 달할 것이다. 1938년의 카드 카탈로그 시스템이 그대로 유지된다면 모든 책의 목록을 정리하는 데 75만 개의 서랍이 필요할 것이며, 이 서랍들은 3만 2000제곱미터의 바닥 면적을 차지하게 될 터였다.

현재 예일 도서관의 카드 카탈로그는 원래 있던 구석 자리에서 큰 복도로까지 뻗어나와 실제로 바닥 공간의 상당 부분을 차지하고 있다. 그러나 다행히도 전산화된 카탈로그가 도입되어 미래에 필요할 것으로 예상되는 면적은 조절할 수 있게 되었다. 또한 예일 도서관과 같은 도서관들의 성장 속도도 둔화되었다. 라이더의 예측대로 16년에

《도서관 분류 및 선반 배치 매뉴얼Manual of library classification and shelf arrangement》(1898)에 실린 삽화(아래)와 1910~1920년대 미국 의회도서관에서 카드를 분류하고 있는 광경(위). 카드 카탈로그 시스템에서는 작은 카드에 저자 이름, 제목, 출판사, 출간 연도, 서가 번호 등을 적어 서랍에 보관했다. 위 삽화는 아주 작은 서랍을 보여주고 있지만, 아래와 같은 대형 도서관에서는 카드를 보관하는 서랍이 어마어마한 공간을 차지했다.

두 배씩 늘어났다면 예일은 2000년에 4000만 권 가량의 장서를 보유하게 되었을 것이다. 그러나 책을 모으고 보관하는 일의 경제성이라는 현실에 맞추어 장서가 늘어나는 속도는 느려졌다. 1990년대 중반 예일 도서관은 1000만 권을 약간 넘는 장서를 보유하고 있다(여기에 신문, 정부 문서, 원고 등과 같은 다른 문건들은 포함되지 않는다). 따라서 라이더가 60년 전에 걱정한 대로 상황이 암담하게 흘러가지는 않았지만, 그래도 걱정할 이유는 충분하다. 사서들 사이에서도 문제나 해법을 둘러싸고 만장일치를 이룬 의견 같은 것은 없다.

19세기 말 시카고 뉴베리 도서관의 사서 윌리엄 풀은 비용, 미학적 측면 등 여러 가지 이점을 들어 "나무 선반이 철 선반보다 낫다"고 주장했다. 나무는 금속보다 값쌀 뿐만 아니라 "더 세련되고 장식적"이라는 것이었다. 나아가 나무는 "철보다 다정하고 자비로운 재료로서, 책 제본에 거칠게 굴지도 않고 부대끼지도 않는다"고 했다. 실제로 대영박물관에서는 철 선반을 들여놓은 이후 선반을 가죽으로 덮어야 했다. 그런데 그 요구량이 워낙 많아 "유럽 시장에서 특정한 종류의 어린 짐승 가죽이 동이 나버렸다." 마지막으로 풀은 불에 타지 않는다는 점 때문에 철을 선택한다는 주장을 비웃었다. 만일 그것이 선택 기준이라면 "책 역시 종이 대신 철판이나 석면 같은 재료로 제본해야 할 것"이라는 이야기였다. 그러나 금속 선반을 옹호하는 이들도 많았다. 버나드 그린이 그들의 주장을 잘 요약하고 있는데, 나무 책장 안에 나무 선반이 있을 경우 "그 안으로 들어가는 것, 특히 먼지, 쓰레기, 퀴퀴한 냄새 등을 그대로 감추고 유지한다"고 말했다.

나무냐 금속이냐 하는 문제만큼이나 논란이 심했던 것은 "이동식 선반이냐 고정식 선반이냐" 하는 문제였다. 멜빌 듀이는《라이브러리

노트Library Notes》에서 이렇게 말한다.

> 모든 선반은 움직일 수 있어야 한다는 것이 도서관 경제의 금과 옥조였다. 제대로 된 기계만 갖춘 제작자라면 비슷한 가격으로 이동식 선반을 만들 수 있었다. 필요하지도 않은데 움직일 것까지야 없겠지만, 어쨌든 움직일 수 있다는 것은 큰 이점으로 보인다. 그러나 이동식 선반에는 여러 가지 문제가 있다. 우선 비용이 추가된다. 핀 등 어떤 형태든 버팀 장치가 필요한데, 이런 장치가 성가시게 튀어나올 수도 있고 그것을 잃어버릴 수도 있다. 또한 선반을 수직 지지대에 고정시킨 것보다 선반 뒤틀림이 훨씬 심하며, 단단하게 일체형으로 제작한 것보다 강도가 약하다(일체형일 경우 각 선반이 가장 강력한 고정 버팀대 역할을 해준다). 이런 약점을 상쇄하려면 더 무거운 재료를 사용해야 하는데, 이렇게 되면 비용이 또 추가된다. 핀 같은 것을 꽂으려면 수직 지지대도 더 두꺼워져야 한다. 홈을 따라 선반을 끼워넣는 구식 설계가 아니라면 무게가 선반 앞쪽으로 쏠렸을 때 선반이 앞으로 뒤집어지는 것을 막을 도리가 없다. 낮은 선반 가장자리를 발로 밟거나, 높은 선반을 손으로 잡았을 때 선반이 앞으로 뒤집어져 책이 쏟아지는 경우를 많이 보았다. 마지막으로 고정식 선반을 사용하면 완벽하게 줄을 맞출 수 있기 때문에 방 안에 통일된 느낌이 조성되는데, 이동식은 그렇지 못하다.

많은 사서들이 이 같은 불평을 늘어놓으면서, 선반을 길게 직선으로 늘어놓는 것이 더 좋다는 듀이의 의견에 동조한다. 뉴욕 공립도서관에서 '서고 책임자'였던 로버트 헨더슨은 1930년대 중반에 이렇게 말했다. "특히 책들이 순서대로 가지런히 정리되어 있을 경우, 중단되지 않고 줄줄이 늘어서 있는 책꽂이들은 고전적인 엄격함을 느끼게 해주어 보기에도 좋다." 그러나 등을 곧게 편 책들이 선반 가장자리에 줄을 맞추어 늘어서 있다 해도, 책등 윗부분이 만들어내는 비뚤비뚤한 선은 질서 잡힌 모습이라기보다는 강우량이나 사서들의 키와 같은 무작위적인 그래프 같은 느낌을 준다. 이 문제를 처리하기 위해 "어떤 사람들은 선반 가장자리에 천이나 가죽을 드리우자고 제안했다." 그렇게 하면 "선반에 어떤 마무리를 했다는 느낌도 주고, 책들의 불규칙한 높이를 가려주기도 하고, 책 윗부분이 고스란히 드러났을 때와는 달리 먼지도 많이 막아줄 수 있기" 때문이다.

듀이는 또한 서가의 높이나 통로의 폭 등 도서관 선반에 관련된 일련의 좋은 예들을 정리했다. 그는 "완벽한 규칙성"을 보여주는 고정식 선반을 선호했지만, 조정 가능한 선반이 사용될 때는 그것이 교체 가능해야 한다는 점을 놓치지 않았다. 이 말은 한 섹션 안의 선반들이 그 섹션 내 어디에나 맞아야 할 뿐 아니라 이웃한 구역의 선반과도(그리고 방 건너편에 있는 구역에서 온 선반과도) 바꾸어 낄 수 있어야 한다는 뜻이다. 이렇게 하면 어떤 섹션에 원래 여섯 개의 선반을 끼웠다가도 필요에 따라 같은 디자인의 일곱 번째 선반을 끼울 수도 있으므로 바람직한 일이었다. 그러나 이렇게 할 수 없는 도서관들이 너무 많았다.

"건축가들은 이런 형편없는 선반을 설계하고, 건축업자들은 그것을 도서관 안에 들여놓고, 이사들은 돈을 지불하고(이따금 더 나은 선반을 살 수 있는 돈의 두 배를 내고), 가엾은 사서만 이 모든 관련자의 무지로 인한 결과로 고생한다."

프리먼트 라이더도 듀이의 불평을 거들었다.

> 건축가들은 웨슬리언의 비교적 작은 도서관 건물에 무려 서른일곱 가지나 되는 서로 다른 길이와 크기와 스타일을 가진 선반을 떠안겼다. 그 가운데 극히 일부만이 표준 규격이어서 서로 바꾸어 낄 수 있었다. 우리 서고에만 길이가 제각기 다른 선반이 일곱 개 있는데, 실제로는 하나 이상 있을 이유가 없다(더 짜증나는 것은 일곱 개 가운데 네 개는 길이 차이가 육안으로 판단할 수 없을 정도로 적어 선반을 옮기려 할 때마다 일일이 자로 재야 한다는 것이다). 이런 말도 안 되는 뒤죽박죽 상태 때문에 처음에 설치할 때 돈이 많이 들 뿐 아니라 사용하는 과정에서도 다시 돈이 들어가며 짜증도 많이 난다.

새로 짓거나 확장한 소규모 공공도서관도 지을 때는 규모가 적당하지만 "5년이나 10년이 지나면 책을 보관할 공간 부족에 시달리는" 경우가 많다. 헌책 판매 같은 행사를 통해 인기 없는 책들을 내보내고 남은 책들을 새로 정리하면 일시적으로나마 숨통이 트인다. 그러나 취향의 변화 때문에, 종류가 다른 책들은 크기도 다르기 때문에, 소장 도서를 재배치할 때는 도서관 여기저기의 선반 높이를 재조정할 필요가 자주 생긴다. 이런 일을 할 때 사서들은 건축가들과 건설업자들에게 느꼈던 분노가 다시금 끓어오르곤 한다.

책 선반을 조정 가능하게 만드는 이유는 바로 모든 책의 높이가 똑같지 않기 때문이며, 이따금 책들을 재배치할 필요가 생기기 때문이다. 나무 책장에 조정 가능한 나무 선반을 끼우는 일반적인 방법은 선반의 수직 지지대에 일련의 구멍을 뚫고 원하는 높이에 걸이못이나 핀을 박아두는 것이다. 멜빌 듀이는 이런 방법을 비난했지만, 어쨌든 이것도 효과적인 디자인이다. 구멍을 2.5센티미터 정도 간격으로 뚫어놓으면 선반 높이를 상당히 미세하게 조정할 수 있다. 물론 구멍이 너무 크면 안 된다. 그러나 구멍이 작아질수록 적당한 강도를 가진 특수한 걸이못이 필요해진다. 물론 구멍들은 반드시 수평을 이루어야 한다. 그러나 새 선반에 책을 꽂으려 할 때에야 비로소 왼쪽 구멍과 오른쪽 구멍의 높이가 다르다는 것을 발견하게 되는 경우도 가끔 있다. 물론 선반의 낮은 쪽에 나무 조각을 끼워 응급조치를 할 수 있지만, 선반을 움직일 일이 생길 때마다 사서는 같은 문제에 부딪혔을 것이다. 19세기 말부터 서고에 설치되기 시작한 이동 가능한 강철 선반은 매우 정확했기 때문에 나무 책장처럼 선반이 수평이 맞지 않아 사서의 노여움을 사는 일은 없었다.

1940년대에 이르자 사람들은 "기분 좋은 색깔의 심리적 중요성"에 민감해졌다. 그러자 전반적으로 나무 선반을 대체해 나가던 강철 선반에 에나멜 마무리를 하게 되었다. "상아색, 연녹색, 회색, 황갈색, 담황색" 등은 "빛을 반사하는 측면에서 탁월했기 때문에" "사무실 가구에 널리 사용되던 황록색"을 대체하면서 새로 설치되는 선반들의 지배적인 색깔이 되었다. 이제는 익숙해진 까치발 선반, 즉 양옆이 아니라 뒤에서 지탱되는 선반은 한때 불편하고, 추하고, 불안정하고, 비경제적이라는 이유로 비판을 받았지만 결국 수많은 도서관에 설치되었다. 구조적으로 캔틸레버라고 할 수 있는 이런 종류의 선반은 북엔드들이 내장되어 있는 것처럼 보이는데, 이 북엔드들은 실제로 책을 눌러주는 역할을 하기도 하고, 까치발의 고리를 고정시킬 장소를 제공하기도 한다. 까치발의 고리는 때로 너무 가늘어 보이는 수직 구조물의 틈에 맞춰 끼운다. 20세기 말의 수많은 공공 및 기관 도서관과 증축 건물에는 이런 식으로 지탱되는 선반들이 많은데, 이 선반들은 책을 선반에 도로 꽂아넣을 때 움직이게 만들어지기도 한다. 그러나 구조적인 강도가 만만치 않기 때문에 참담한 사고는 거의 일어나지 않는다.

물론 책이나 책 비슷한 것을 지탱하기 위해 공장에서 만든 선반 장치에 문제가 생긴 적은 있다. 1968년 노스웨스턴 대학에서 일어난 불운한 사건이 그랬다. 방금 옮겨놓은, "독립적으로 서 있고, 묶이지도 않고, 지지대도 없는 책장"들이 책이 꽉 찬 다른 책장 위로 쓰러진 것이다. "도미노 효과로 인해 스물일곱 개의 책장이 쓰러지면서 26만 4000권의 책이 쏟아졌다. 그 결과 단단한 오크 의자들이 쪼개지고, 강철 발판들이 납작해지고, 책들이 반으로 쪼개지고, 8000권 이상의 책이 완전히 망가지거나 손상을 입었다." 그러나 쓰러지는 남자가 책장을 움켜잡는 바람에 책사태 속에 묻혀버리는 E. M. 포스터의 책《하워즈 엔드 Howards End》와는 달리, 노스웨스턴 대학의 외딴 서고에서는 아무도 부상을 입지 않았다. 그러나 1983년 뉴저지주 에잉 타운십 기록보관센터에서 비슷한 사고가 일어났을 때는 직원 한 사람이 사망했다.

지진이 일어나면 아무리 안정된 서가라 하더라도 쓰러질 수 있기 때문에 선반들은 가로로 지탱되는 벽에 고정되어 있어야 한다. 선반 섹션의 꼭대기를 일정한 간격으로 가로지르는 버팀대들이 그런 역할을 한다. 캘리포니아주 산마리노의 헌팅턴 도서관은 자전거나 오토바이 뒷좌석에 물건을 묶어둘 때 사용하는 번지 코드를 이용해 책들을 눌러주고 있다. 이런 주의를 기울이지 않으면 도서관들은 1983년 캘리포니아주 콜링가 구립도서관에 일어났던 다음과 같은 일을 겪게 될 위험이 있다. "카드 카탈로그 캐비닛이 넘어지고, 벽 선반들이 쓰러지고, 일부 서가는 비틀리고, 6만 권의 책 가운데 3분의 2가 바닥에 쏟아졌다."

오랫동안 사서들은 선반의 재료, 비축된 힘, 지진이 났을 때의 안정성 등보다는 선반에 얼마나 많은 책을 올려놓을 수 있는지에 관심을 가졌다. 중복된 책이나 독자들에게 인기 없는 책을 뽑아버리는 것으로는 공간을 확보할 수 없는 연구도서관에서는 늘 진짜 선반 공간을 찾아야 한다. 듀이는 컬럼비아 칼리지 사서로 일할 때 "통로를 원하는 곳마다" 학교에서 책장을 섹션에서 빼 공간을 확보해주었다. 이렇게 해서 서고에는 편리한 통로들이 추가로 확보됐다. 그러나 이는 책장을 놓기 위해 마련했지만 이용하지는 않는 공간이 있을 때만 누릴 수 있는 사치였다.

책이 가득 찬 도서관에 추가로 선반 공간을 집어넣는 가장 초기 해결책은 더블린의 트리니티 칼리지, 옥스퍼드의 보들리언 도서관, 브래드퍼드의 프리 도서관 등에서 찾아볼 수 있는데, 이들 모두 기존 선반들 앞에 바퀴로 굴리거나 미끄러뜨릴 수 있는 책장을 달았다. 뒤에 있는 책꽂이를 이용할 때는 앞에 있는 책장을 옆으로 밀었다. 움직이는 책장 뒤에 있는 책장에서 책을 꺼내는 일은 경첩으로 칸막이를 단 낚시 상자나, 들어 올릴 수 있는 함이 달린 공구 상자의 바닥에서 뭘 꺼내는 것과 비슷했다.

가장 널리 알려진 미끄럼 책장은 1880년대 말 대영박물관에 설치한 것이다. 당시 이곳 사서를 맡고 있던 리처드 가닛의 말에 따르면 "박물관에서 그런 시설을 처음 본 것은 1886년 11월 저녁이다. 내부 개조 뒤에 베스널 그린 도서관을 재개관하면서 조그만 축제가 열려 거기에 참석하려고 내려갔을 때 보조 책장을 처음 보게 되었다." 박물관에 들여올 새 책장들 1차분은 이듬해 초에 주문했다. 가닛은 새 보조 책장이 새로운 공간을 요구하지 않으면서도 수용 용량은 증가시켰다고 묘사하는데, 라이더에 따르면 이런 일이 가능했던 것은 "애초에 대영박물관 통로들이 엄청나게 넓었기 때문이다." 실제로 그 이후의 서고들은 대영박물관과는 달리 2미터 폭의 통로라는 호사를 누리지 못했다.

밀집 장서compact shelving라는 개념이 나타날 것을 예상했던 듀이는 대영박물관의 "현수 책장suspension book case"을 칭찬하면서, "강철 도서관"의 넓은 통로라면 "이런 과정을 되풀이하여 각각 20센티미터를 차지하는 책장들을 네 개 더 집어넣고도 미국 서고의 보통 통로 폭인 80센티미터를 확보할 수 있다"고 말했다. 듀이는 계속해서 "이렇게 하면 용량이 다섯 배로 늘어나며, 전기 조명은 햇빛을 차단하는 문제를 해결해준다"고 말했다. 마지막으로 듀이는 강철 도서관은 폭이 65센티미터밖에 안 되는 좁은 통로를 "아주 편안하게" 이용해왔기 때문에, 자기 제안대로 한다고 해서 큰 혼란이 일어나지는 않을 것이라고 덧붙였다.

스니드사의 1915년 핸드북에서는 통로를 좁게 만드는 데도 한계가 있다고 이야기하고 있다. "폭이 52센티미터인 통로라도 사람이 지나다닐 수는 있지만, 67센티미터보다 좁아지면 선반 하단을 이용하기가 어렵다." 그런 좁은 공간에서는 몸을 굽히기가 힘들기 때문이다. 그러나 앞서 말했듯이, 통로가 아무리 좁다 한들 그것은 바닥 면적의 65퍼센트를 차지하며, 책에게는 35퍼센트밖에 남겨주지 않는다. 라이더의 목표는 가능하다면 이 비율을 뒤집는 것이었다. 그래서 라이더는 밀집 장서 역사의 또 다른 측면을 연구했다.

바퀴 달린 책장은 이동 가능한 서가 공간을 덧붙이는 방법들 가운데 하나일 뿐이다. 또 한 가지 방법은 경첩 달린 책장을 설치하는 것이다. 개인 서재에서는 모든 벽을 서가로 덮기 위해 문에도 책장을 설치하는 경우가 있는데(이 경우 문에 달린 책장은 때로는 진짜 책장이지만, 속임수 벽지이거나 그림인 경우가 많다. 대영박물관 '열람실' 갤러리에서 그런 예를 볼 수 있다), 경첩 달린 책장은 이런 문을 변화시킨 형태라고 할 수 있다. 그러나 경첩 달린 책장이 서고에 자리 잡을 경우, 이 책장을 열면 문간이 나타나는 것이 아니라 붙박이 책장들이 나타난다. 문 역할을 하는 책장과 붙박이 책장이 경첩으로 연결되어 있는 것이다. 경첩 달린 책장은 통로가 넓은 서고에서는 편리하게 이용할 수 있다. 경첩을 이용해 새로 단 책장을 원래 책장에 수직이 될 때까지 활짝 열어젖히고 안에 있는 책장에 들어가 일을 볼 수 있기 때문이다. 통로가 좁은 서가에서 경첩 달린 책장을 제대로 써먹으려면 책장이 통로에 비례하여 좁아야 한다. 라이더는 선반 공간을 두 배로 불리기 위해 경첩 달린 책장을 양면으로 만들 것을 제안했는데, 이 경우 통로가 좁은 곳에서는 고민이 더 커질 수밖에 없다.

이보다 60년 전인 1887년 듀이는 훗날 20세기의 밀집 장서를 예상하면서 라이더보다 앞서나간 이야기를 했다. 듀이는 현수 책장에 대해 말하면서, 사서들에게 익숙한 카드 카탈로그를 비유로 들어 설명했다.

> 이론가들은 이런 계획이 무한히 그리고 터무니없이 확대될 수 있다는 것을 잊지 말아야 한다. 예를 들어 양면 책장 100개를 함께 매달아놓고 여기에 75센티미터 폭의 통로를 하나만 둘 수도 있다.

통로를 필요한 책장까지 옮기려면 평균적으로 스물다섯 개의 책장을 옮겨야 할 것이다. 이 방은 카드가 가득한 서랍과 같기 때문이다. 사람들은 어느 지점에서 카드들을 펼치고 그것을 양옆으로 밀어낸 다음 아래쪽에 적혀 있는 것까지 읽을 만한 공간을 확보한다. 즉 서랍은 그 전체 길이에 하나의 열린 공간을 가지고 있다고 볼 수 있다. 이 공간은 원하는 대로 어느 카드 앞으로나 가져갈 수 있다. 마찬가지로 서고의 통로도 어느 책장 앞으로나 가져갈 수 있다.

라이더도 웨슬리언의 서고에서 1입방인치라도 더 찾아내기 위해 노심초사했지만, 듀이의 제안을 채택했던 것 같지는 않다. 반면 라이더는 엄격한 분류 순서가 아니라 크기에 따라 재배치하는 것만으로도 기존 선반 공간을 거의 두 배로 늘릴 수 있다는 것을 보여주었다. 라이더에 따르면 우선 공간이 낭비되는 곳을 알아야 한다. 예를 들어 키가 큰 책이 한두 권 있고, 나머지는 다 작다 하더라도 선반 높이는 키 큰 책들에 의해 결정되는 경우가 많다. 라이더는 작은 책들 위의 공간을 탐냈다. 그러나 개인들이 집에서 하듯이 그 공간에 책을 수평으로 넣자고 제안하지는 않았다. 라이더는 그런 식으로 책 위에 책을 쌓았다가는, 위에 올려놓은 책이 서고 환기를 위해 남겨둔 서가 사이의 공간으로 떨어질 위험이 크다는 것을 알았다. 그곳으로 떨어진 책은 "몇 년 동안 찾지 못할 수도 있다. 우리의 서고 바닥은 단단하지 않아서 책들이 바닥 몇 개를 뚫고 떨어질 수 있기 때문이다. 이는 제본 상태에도 심각한 영향을 줄 수 있다!"

이런 재난을 피하기 위해, 또 선반 두께가 차지하는 공간을 절약하기 위해, 라이더는 서고에 설치하는 강철 선반들은 최소한의 두께로 제조될 필요가 있다고 제안했다. 물론 제조업자들은 오래전부터 선반을 값싸게 만들기 위해 두께를 줄이고자 노력해왔다. 그러나 너무 얇은 선반은 버티는 힘이 약할 수밖에 없었다. 따라서 라이더는 버티는 힘을 보강하기 위해 선반 뒤에 "입술" 또는 "에이프런"을 달자고 제안했다. 라이더는 선반 뒤의 에이프런은 강철판을 위로 접어 올려 만들면 된다고 생각했다. 그렇게 되면 "후면 저지대" 역할도 하여, 폭이 넓은 책을 선반 뒤쪽으로 밀더라도 반대편에 놓인 책을 삐죽 튀어나오게 할 염려가 없었다. 이 아이디어는, 거의 모든 아이디어가 그렇듯이, 완전히 새로운 것은 아니었다. 멜빌 듀이는 그가 발행한 잡지《라이브러리 노트》1887년 호에서 도서관 선반에 대해 무기명 편집자주를 달면서 "선반 폭을 너무 길게 잡음으로써 생겨나는 공간의 낭비"에 대해 자세히 이야기했다. 듀이가 묘사한 것은 법률도서관인데, 그는 도서관에서처럼 책과 잡지에서도 공간을 절약하고 싶어했기 때문에 독특한 표음식 철자법을 고안하여 글을 썼다[물론 우리말 번역에는 반영되지 않았다].

> 각 선반의 뒤쪽에는 띠가 채워져 있는데, 이 때문에 선반에는 표준적인 8절판 법률 서적이 들어갈 만한 공간만 남는다. 따라서 선반에 꽂은 책의 줄을 맞출 수 있다. 여러 분야의 책을 보관하는 도서관에서는 뒤쪽의 띠 앞에 표준적인 공간을 남겨두어야 모든 종류의 책을 보관할 수 있다. 보통 그 공간은 17.5센티미터는 되어야 한다. 만일 선반 길이만 한 하나의 띠를 이용하지 않고 여러 개의 블록들을 이용한다면 띠가 차지하는 공간을 줄일 수 있을 것이다.

> 가령 폭이 큰 책들이 놓이는 자리에는 짧은 블록을 넣어 필요한 공간을 얻을 수 있다. 말하자면 도서관에 도로처럼 연석을 설치하는 것인데, 이것은 이용자들이 서가에 접근할 수 있는 곳이나, 선반이 불필요하게 깊어 책들이 제대로 정돈되기 힘든 곳에서 아주 큰 도움을 준다.

라이더는 듀이의 전통에 입각하여 "선반 디자인에서 훨씬 더 급진적인 변화"를 제안하는데, 강철 선반 앞부분을 굽혀 위로 올리자는 것이었다. 라이더의 말을 들어보면 그가 책 보관에 대해 얼마나 세밀한 부분까지 깊이 생각했는지 알 수 있다.

> 현재 우리의 서고 선반들을 모두 거꾸로 뒤집어놓는 것이 적어도 가능해 보이기는 한다! 강철 선반들이란 나무 선반들을 뒤따른 것이기 때문에 우리는 "강도를 높이기" 위해 선반을 구부릴 때 앞 가장자리를 아래로 구부리는 것을 당연시해왔다. 그러나 위로 구부리는 것도 어려운 일은 아니다. 그렇게 위로 접어 올린 부분, 또는 흔히 하는 말로 "입술"은 특히 그것이 … 일렬로 늘어놓은 묵주 모양이라면, 지금 사용하는 것보다 훨씬 더 효율적인 선반이 될 것이다. 위로 접은 가장자리는 책이 통로 쪽으로 튀어나오는 것을 막아주며, 따라서 책들은 저절로 정렬된다.

라이더도 선반 뒤쪽을 위로 올린 입술이 균일한 폭을 가진 법률 서적들의 책등을 선반 앞에 가지런히 정렬시켜준다는 것을 인정했지만, 일반 도서관에서는 상황이 다르다고 생각했다. 일반 도서관에서는 책들의 폭이 아주 다양하기 때문에 오히려 앞부분에 입술을 만들어주어야만 조금만 앞으로 잡아당겨도 저절로 줄이 맞추어진다(책을 빼낼 때 조금 들어 올리기는 해야겠지만). 그러나 책꽂이든 다른 어떤 디자인이든 간단한 것은 없다. 라이더도 인정했듯이, 선반 앞쪽 가장자리에 입술을 만들면 선반을 튼튼하게 보강하고 책들의 줄을 맞춰줄 수 있지만, 선반에서 책을 꺼내기는 힘들어진다. 그러나 라이더는 "책을 도로 집어넣기는 약간 더 편해질 것"이기 때문에 이런 약점이 상쇄되리라고 생각했다. 이는 라이더가 책의 보관과 관련된 세부사항들을 다시 디자인하는 문제를 놓고 의욕이 지나쳤음을 보여주는 몇 가지 예 중 하나일 수도 있다. 근시안적인 디자이너들이 흔히 그렇듯이, 라이더는 그가 제안한 변화의 유리한 점은 과대평가한 반면 불리한 점은 과소평가했다.

책등을 선반 앞쪽 가장자리에 정렬시키게 되면 물론 책 앞에 있던 빈 공간에 먼지가 쌓이는 것을 막을 수 있다. 그러나 그 공간은 단지 눈에서 멀어졌을 뿐이다. 그래서 아마 마음에서도 멀어지게 되었겠지만, 나는 선반에서 책등이 놓이는 위치를 어디로 잡을 것인가는 취향의 문제라고 생각하게 됐다. 나는 이제까지 대부분의 경우에 선반 가장자리에서 조금 떨어뜨려놓았는데, 도대체 무엇이 문제인지 보기 위해 책들을 모두 앞 가장자리까지 잡아 빼는 실험을 해봤다. 이렇게 해놓고 살다 보니 이런 방식을 옹호하는 이들의 주장을 이해하게 됐다. 선반이 덜 보일수록 선반이 아닌 책이 관심의 초점으로 떠올랐기 때문이다. 반면 책등이 아니라 눈에 보이지 않는 앞마구리의 줄을 맞추어야 한다는 주장도 있을 수 있다. 그렇게 해야 책 제본의 힘이 미치지 못하는 곳을 측면에서 최대한 지탱해줄 수 있기 때문이다. 물론 이렇게 하면 책등 줄이 들쭉날쭉해질 것이기 때문에, 이런 배치를 옹호한 사람은 아무도 없는 것 같다.

도서관 공간을 둘러싼 치열한 쟁탈전에서 라이더의 주요 관심사는 책의 끝을 어디에 맞출 것이냐 하는 것이 아니라, 선반 공간의 낭비를 어떻게 막을 것이냐 하는 것이었다. 선반에 놓인 책들 가운데 다수는 선반 자체만큼 폭이 넓지 않다. 라이더는 이 낭비되는 공간을 최대한 활용하기 위해, 웨슬리언의 책들을 폭에 따라 배치하면서 앞마구리가 바닥으로 가도록 눕혀서 꽂았다. 19세기의 일부 서적 애호가들이 이 사실을 알았다면 화를 냈을지도 모른다. 그들은 "책을 앞마구리가 바닥으로 가도록 눕혀놓지 말라. 그렇게 하면 앞마구리의 아름다운 평면이 찌그러진다"고 충고했기 때문이다. 그러나 웨슬리언 도서관에서 근무하던 라이더는 그런 문제에는 신경을 쓰지 않았던 것 같다. 공간 문제 때문에 책은 세우지 않고 눕혀 꽂기로 결정이 났다. 이 경우에는 책등이 위로 가게 할 것이냐 아래로 가게 할 것이냐 하는 것이 문제가 된다. 만약 책등을 아래로 가게 하면, 책의 무게가 온통 책등으로 쏠려 책등이 납작해질 것이다. 반대로 책등이 위로 가게 하면 책의 무게가 제본된 부분을 아래로 끌어내려, 책등이 움푹 "찌그러질" 것이다. 어떤 식으로 하든 피해는 막을 수 없다. 그러나 책을 두 책 사이에 꼭 맞게 끼우면 피해는 최소화할 수 있다. 양옆의 책들이 옆에서 눌러줄 때 생기는 마찰력이 종이의 무게를 어느 정도 지탱해주어 책등의 제본된 부분을 지나치게 밀거나 당기지 않을 것이기 때문이다.

어쨌든 라이더의 의도대로 책을 눕혀 꽂으면, 선반을 일곱 개 달았던 책장에 이제 열두 개를 달 수 있다. 이렇게 책을 꽂으면 책장은 거의 책(정확히 말하자면 책의 아랫마구리)으로 이루어진 고체 덩어리처럼 보였을 것이다. 라이더는 1949년 논문 첫머리에 재배치 이전과 이후의 사진을 실어놓았는데, 이에 대해 재배치 이전에는 396권에 달하는 한 세트의 정부 문서가 선반 공간의 3과 3분의 1을 차지했던 반면 재배치 이후에는 1과 4분의 3을 차지하게 되었다고 설명했다. 정부 문서와는 달리 대체로 판형이 균일하지 않은 일반 도서의 경우 이처럼 선반 공간을 절약하는 효과를 얻으려면 책들을 크기에 따라 분류해야 할 터였다. 이는 라이더를 비롯한 여러 사서들이 오래전부터 주장해온 것이기도 했다.

빽빽한 선반에 앞마구리가 바닥으로 가도록 꽂은 책의 내용을 파악하는 것은 중세 도서관에서 책을 앞마구리가 밖으로 나오도록 보관했을 때 부딪혔던 문제와 비슷하다. 그러나 라이더는 각 책의 제목, 저자, 도서 정리 번호를 비롯한 관련 정보를 책의 아랫마구리, 즉 통로를 향한 면(또는 라이더의 표현을 빌리자면 특정한 책을 찾는 손님이나 직원에게 "보여지는" 면)에 적어두는 것으로 이 문제를 해결할 수 있다고 생각했다. 그러나 라이더는 곧 많은 책의 아랫마구리가 글을 써넣을 수 있을 만큼 평평하지 않다는 사실을 알게 되었고, 재단기를 이용해 필요한 책들의 표면을 평평하게 다듬자고 제안했다. 그래도 펜으로 글씨를 쓸 수 없는 책들이 있었다. 예를 들어 너무 얇은 책이 그런 경우였다. 그래서 라이더는 책을 상자에 넣자고 제안했다. 이렇게 하면 타자로 찍은 라벨을 붙일 만한 평평한 바닥면을 확보할 수 있었다. 라이더는 자신의 방법을 통해 얻는 공간 절약 효과를 과장하는 경향이 있기는 하지만(상자가 선반에서 차지하는 공간을 최소로 계산한다든가) 그의 분석은 전체적으로 타당하며, 실제로 많은 공간을 절약해주었다. 물론 그가 제시한 방법이 다소 극단적이고 손도 많이 간다는 지적은 피할 수 없을 것이다.

라이더는 그의 서고 수용 용량을 60퍼센트나 늘일 경우 재래식 장서를 위해 지어진 구조물에 부담을 주고, 서가도 위험할 정도로 무거운 하중을 받는 것은 아니냐는 질문을 자주 받는다고 말했다. “이 아주 합당한 질문”에 대한 라이더의 대꾸는 엔지니어들은 서가를 설계할 때 구조적으로 “안전상의 여유”를 두는데, 이것이 300 내지 400퍼센트에 이른다는 것이었다—즉 스니드사가 제조한 서고의 경우 안전계수가 3 또는 4라는 것이었다(실제로는 이보다 더 강하게 만들어졌다). 1920년대에 금속 서가를 구입한 미네소타 대학 도서관이 요구한 안전 계수는 4였다. 모두가 이렇게 높은 수치는 아니겠지만 모든 도서관 구조물에는 실제로 안전 계수가 있다.

엔지니어들이 제대로 지은 구조물들이 정해진 규격보다 더 강하게 설계되고 건설되는 것은 분명하다. 그러나 라이더는 책들을 빽빽이 채워넣음으로써 구조물에 대한 책의 부하를 증가시킬 정도로 안전 여유분을 감소시켰다는 점은 이야기하지 않았다. 공학적인 여유분을 끌어들인 것은 구조물의 강도와 공간을 좀 더 활용할 수 있는 영리한 방법인 것 같지만, 원래 구조물 설계에 포함된 안전 계수를 감소시키는 것은 권할 만한 일이 아니다. 안전 계수는 재료의 변화, 지지대의 정렬 미비, 작업상의 실수를 비롯해 건설, 유지, 이용상의 여러 우연적 요소들을 고려하여 설정한 것이기 때문이다. 라이더의 제안이 구조물의 안정성을 위협할 정도는 아니었지만, 언제 그런 일이 생길지 모르는 것 아닌가.

선반을 그대로 두고 책을 재배치한다고 했을 때, 라이더만큼 공간을 절약하기는 힘들 것 같다. 그러나 1890년대 초에 라이더와는 다른 방법으로 이 문제에 접근한 사람이 있었다. 이 사람은 사서가 아니라 영국 수상을 몇 차례 역임한 인물로, 그는 "다른 사람에게는 집 한 채를 족히 채울 만한 책을 한 방에 쑤셔넣고" 싶어했다. 이 사람은 윌리엄 유어트 글래드스톤으로, 그는 "(책이) 잘 채워진 방에서는 누구도 혼자라는 느낌이 들지 않고, 들 수도 없다"고 믿었다. 그는 또 책을 구입하는 것은 "서점에 돈을 지불하는 일"로 끝나지 않는다고 생각했다. 돈을 지불하는 것은 "상당히 긴 일련의 과정에서 첫 번째 대목에 지나지 않기" 때문이다. 이 과정에는 책장을 유지하고, 먼지를 털고, 분류 작업을 하는 것까지 포함된다. 그러나 그것은 "힘들기는 하지만 동시에 반갑기도 한 일"이다.

글래드스톤은 책을 선반에 꽂는 문제에 대해 강한 주관이 있었다. 그는 "문제를 해결하려고 노력하는 사람들, 또는 어쨌든 간에 어려움을 해결하려고 노력하는 사람들 특유의 순간적인 증오심을 품고, 한 줄의 책 앞에 다시 한 줄의 책을 꽂아놓음으로써" 문제를 처리했다. 그러나 수상은 피프스와 같은 방법으로 책장을 이용하려 하지는 않았다. 따라서 그는 책을 보관할 수 있는 다른 구도를 마련해야 했는데, 이 구도는 세 가지 기준을 만족시켜야 한다고 생각했다—"경제성, 멋진 배치, 가능한 한 짧은 시간 안에 책을 찾을 수 있는 편의성" 등이었다. 글래드스톤은 책은 "주제에 따라 정리되고 분류되어야" 한다고 생각했지만, 그런 분류 기준들이 서로 독립된 것이 아님을 인정해야 했다. "주제에 의한 분류는 어느 정도 크기에 의해 통제되어야 하기" 때문이다. "어떤 주어진 주제에 대하여 2절판부터 32절판까지 다양한 책들을 모으게 되었다면, 그런 다양한 크기의 물건들을 하나의 책장에 넣으려 할 때 엄청난 공간 낭비가 생길 것이다."

글래드스톤은 빅토리아 여왕 시대에 유행하던, 장식이 많은 책장들을 좋게 보지 않았다. "책은 자신을 위한 장식을 전혀 원치 않는다. 책 자체가 장식이다."

그는 "마구간 방식을 따른" 진열대 시스템을 옹호했다. 그러나 당시 개인 서재에서는 대체로 벽 시스템이 유행의 선두에 서 있었다. 세밀한 부분에 까다로웠던 글래드스톤은 또 고정식 선반을 옹호했다. "그것이 책장 부품들을 단단히 지탱하는 데 도움이 되기" 때문이었다. 더불어 그는 자신의 "아주 오랜 경험"에 기초하여 사용할 목재의 크기도 정했다. 길이 90센티미터에 폭 30센티미터, "두께 1.2센티미터 내지 1.8센티미터인 선반을 1.8센티미터 내지 2.5센티미터 두께의 수직 지지대에 단단하게 고정시키면, 크고 무거운 2절판만 아니면 모든 책을 충분히 보관할 수 있다."

책에 대한 그의 글에 "예로" 덧붙인 주석에서 글래드스톤은 "제대로 지은 방의 3분의 2 또는 5분의 3을 책들로 이루어진 고체 덩어리로 만들 수 있다"고 하면서 그 방법을 제시했는데, 그것은 우리가 밀집 장서라고 부르는 방법과 비슷하다.

> 바닥이 가로 8.4미터, 세로 3미터에 높이가 2.5미터가 약간 넘는 방이 있다고 해보자. 여기에 세로로 1.2미터 폭의 통로를 낸다. 이 통로 양 끝이 벽 선 너머로 30센티미터 내지 45센티미터 튀어나오게 한다. 통로 끝에는 창문이나 유리문을 단다. 방에 가로로 24쌍의 궤도를 깐다. 그 위에 56개의 책장을 올려놓는데, 이는 통로에 의해 구분되며 천장까지 닿는다. 책장 각각은 넓이 90센티미터에 깊이는 30센티미터이며, 옆 책장과 5센티미터 간격을 두고 있다. 이 책장들 밑에는 작은 바퀴나 도르레나 롤러가 달려 있어 궤

도 위를 움직일 수 있다. 또한 각 책장의 안쪽 면에는 강력한 손잡이가 있어 그것을 잡고 책장을 통로로 끌어낼 수 있다. 이 책장들 각각이 500권의 8절판을 보관할 수 있다. 가로 8.4미터에 세로 3미터인 방이면 2만 5000권이 들어간다. 12미터에 6미터(그렇게 큰 방이 아니다)인 방에는 6만 권이 들어간다. 물론 이는 방이라기보다는 창고라고 할 수 있다.

1893년 글래스고 대학 도서관 사서는 기본적으로 이와 똑같은 아이디어를 제시한 적이 있다. 이 사서는 그즈음 대영박물관의 미끄럼 책장 이야기를 듣고 이렇게 물었다.

왜 도서관의 모든 책장을 한군데 나란히 모아놓으면 안 될까? 원하는 서가에 들어가고 싶으면, 앞에 있는 책장들을 빈 공간으로 끌어당겨놓고 들어가면 된다. 물론 이런 식의 배치에서는 책장이 대영박물관처럼 가로 방향으로 움직이는 것이 아니라 세로 방향으로 움직여야 할 것이다.

보들리언, 대영박물관, 글래스고 등의 도서관에서 영감을 얻은 이런 시스템은 서가 제조 회사의 "다재다능한 엔지니어"로부터 도움을 받아 개발되어 1930년경 토론토 중앙 순회도서관에 설치되었다. 도서 수용 용량을 40퍼센트 이상 늘린 이 시스템은 처음부터 책에 "먼지가 쌓이는 것을 상당히 막아주고", "빛을 차단함으로써 제본이 더 오래 버티고 페이지 가장자리도 다른 경우와는 달리 갈색으로 변색되는 일이 드물어진다"는 부수적 효과도 안겨주었다. 그러나 바퀴 달린 책꽂이를 세로로 넓은 통로 쪽으로 빼내는 시스템은 다른 곳으로 확산되지 않았다. 선반에서 튀어나온 책이 마주 보는 책장의 다른 책들에 걸린다는 것도 한 가지 이유가 되었을 것이다.

다른 종류의 움직이는 선반에 대한 아이디어는 20세기 후반에 유행했다. 현대의 가로로 움직이는 밀집 장서 시스템은 거의 모두가 바퀴로 굴리거나 미끄러뜨리는 것이다. 이것은 천장에 달린 트랙을 통해 굴러가는 대영박물관의 책장과는 달리, 선반 밑에 자리 잡은 트랙이나 레일에 의해 지탱된다. 밀집 장서에서 핵심이 되는 아이디어는 낭비되는 통로 공간을 거의 0으로 줄이자는 것이다. 실제로 이 시스템은 통로 이동식 밀집 장서라고 부른다. 여기에서는 책을 찾아보는 두 책장 사이에만 통로가 제공될 뿐이다. 이는 듀이가 카드 카탈로그를 비유로 들어 설명한 것과 비슷하다. 꽉 채워진 책장들은 빽빽하게 붙어 있어, 책을 꺼내기는커녕 손 하나 간신히 밀어넣을 수 있을 정도다. 그러나 이 책장은 동력을 이용하거나 톱니 등의 기계적인 장치를 통해 움직이기 때문에, 책을 꺼내기 위해 통로를 확보하고자 할 때는 쉽게 움직인다. 그러나 움직이는 속도는 느리다. 안전상의 이유도 있고, 갑자기 움직이거나 멈추면 책이 빠질 염려도 있기 때문이다. 도서관 직원이나 이용자가 안에 있는데 책장이 닫혀버리면 큰 사고가 나므로, 바닥에 전자 감지기를 설치하는 등 정교한 안전장치를 해놓기도 한다.

밀집 장서 서가에는 주로 찾는 사람이 적은 자료를 보관하는 경우가 많다. 여기에는 왼쪽 끝부터 오른쪽 끝까지, 위에서 아래까지 책을 꽉 채울 수 있어, 이용 가능한 선반 공간의 거의 100퍼센트를 활용하게 된다. 재래의 고정 통로를 갖춘 보통 도서관 서고는 물리적으로 선반의 90퍼센트 이하가 차더라도 보통 꽉 찬 것으로 간주한다. 이는 새로 들어오는 책들을 보탤 필요 때문인데, 재래의 일반적인 분류 관행에 따르면 새 책은 이미 선반에 꽂혀 있는 책들 사이에 꽂게 되기 때문이다. 새로 들어오는 책이 어디에 꽂힐지 모르는 일이기 때문에, 끊임없이 책을 대량으로 옮기는 일을 피하려면 선반 어디에나 빈 공간을 남겨두어야만 한다.

정상적인 조건일 경우, 도서관 선반이 약 60퍼센트만 차 있다면 서고의 책들을 대량으로 재배치할 만큼 책이 쌓이기까지는 상당한 시간이 걸릴 것이다. 그러나 이 시점에서 선반을 추가할 계획을 세우라고 권고하는 것이 보통이다. 도서관의 일반적인 관행에 따르면, 기존 서가에 새로운 책들을 끼워넣기 어려워지는 시점은 선반의 84퍼센트가 찼을 때다. 이 시점에 이르면 아코디언처럼 전체 소장 도서들 사이의 간격을 벌려주어야 한다. 물론 그다음부터 다시 조여지는 과정이 시작될 것이다. 책을 추가로 보관할 계획이 제때 시작되어야만 새로운 선반 공간을 확보하는 것이 효과를 거둘 수 있다. 만일 그런 계획을 세워도 새로운 공간이 확보되지 못한다면, 책들을 책장 앞의 바닥에나 책장 위에 쌓아두어야 하는 경우도 자주 생긴다.

강철 서고가 유행에서 뒤처지게 되고, 책장이 도서관 서고 바닥을 지탱하는 것이 아니라 다시 바닥이 책장을 지탱하게 되자, 바닥 면적을 빈틈없이 메우는(접근을 위한 통로 한두 개를 빼놓고) 진정한 밀집 장서가 이상이 되었다. 그러나 원래 하중의 거의 200퍼센트에 이를 수도 있는 추가 하중은 가벼운 구조물이 감당하기에는 무리일 수도 있다. 도서관 건물도 안전을 위한 여유분을 규정한 건축 법규를 따르지만, 엔지니어가 구조물에 그 이상의 힘을 넣어두었을 것이라고 가정할 수는 없다. 이미 설계상의 용량대로 사용되고 있는 기존 바닥에 밀집 장서 시스템을 설치하여 추가적인 부담을 주는 것은 불법이기도 하고 지혜롭지 못한 일이기도 하다. 따라서 기존 도서관 건물에 밀집 장서 시스템을 설치하는 것은 처음부터 특별히 강한 구조를 가지고 있기 때문에 추가적인 무게를 감당할 수 있는 지하층이나 지하 2층에만 한정될 수도 있다.

재래 서고에 새로운 서가나 밀집 장서 시스템을 세울 방이나 바닥 공간이 없을 경우, 또는 수용 능력을 확장할 자원이나 의욕이 없을 경우, 도서관 외부의 보관 공간을 이용하는 경우도 많다. 이런 경우에는 원래 도서관으로 사용할 의도가 아니었던 건물을 창고처럼 개조하여 책을 보관하는 것이 보통이다. 이럴 때는 서가가 매우 높아지는 경우가 많기 때문에, 사다리나 다른 보조 설비를 이용해 올라가야 한다. 1869년부터 1909년까지 하버드 칼리지 학장을 맡았던 찰스 윌리엄 엘리엇은 자주 찾지 않는 책들을 별도 장소에 보관하는 방법을 장려했다. 엘리엇은 "1.5미터 선반이면 젊은 시절의 교양 교육에 필요한 책들은 충분히 보관할 수 있다"는 생각을 가진 사람이었다(엘리엇은 나중에 '엘리엇 박사의 1.5미터짜리 책꽂이'라는 시리즈로 알려지게 된 '하버드 클래식'의 서문을 쓰기도 했다). 엘리엇 학장은 "1840년부터 도서관 건물로 사용되어 매우 비좁아진 고어 홀의 증축이 시급하다고 관심을 촉구했다." 앞서도 보았듯이 이 도서관은 1870년대 말에 증축되었으며, 1890년대 말에 재증축되었다. 그동안 새 건물을 지을 자금을 모으고 건설하는 작업을 진행할 수 있었고, 새 건물이 준비되는 동안 책들은 다른 건물들의 지하에 보관되었다.

1885년 엘리엇은 하버드 도서관의 모든 책이 같은 빈도로 이용되지 않음을 지적했다. 실제로 사람들이 찾아 이용하는 책은 극히 적은 것으로 나타났다.



> 커다란 도서관에 책이 급속히 축적되는 것을 지켜보는 사람들은 사용되는 책과 사용되지 않을 책들을 나눌 수단, 사용되지 않는 책들을 현재 강철 서가에 보관하는 것보다 더 압축적으로 보관할 수 있는 수단을 갈망하게 된다. 강철 서가는 커다란 도서관에서 책을 보관하는 이전의 방법들로부터 많이 진전한 것이지만 그래도 상당한 공간을 낭비한다. 게다가 선반 위에 전혀 필요하지도 않은 책들이 잔뜩 쌓여 있기 때문에 필요한 책을 찾는 것도 느리고 어려워진다. 필요한 책과 필요하지 않은 책을 구분하고, 필요하지 않은 책을 밀집 장서할 수 있는 바람직한 수단을 찾는 것은 도서관의 당면 과제다.

어떤 사람들은 엘리엇의 말을 논란의 여지가 없는 주장으로 받아들일지도 모르겠다. 엘리엇은 "죽은 책들의 창고"("사용되지 않는" 책들을 보관하는 곳)를 제안하는 방식으로 이 문제를 학자들과 도서관 직원들에게 제기했다(그보다 100년 전, 한 스페인 사제는 바티칸 도서관의 보물에 접근하는 데 큰 어려움을 겪고 나서 그곳을 "책들의 묘지"라고 부른 적이 있다. 글래드스톤은 밀집 장서 시스템에 "책의 공동묘지"라는 용어를 사용하기도 했다. 그러나 책을 사랑하는 사람들이 그런 이름이 붙은 계획을 수용해줄지 의문이다). 엘리엇은 이렇게 말했다.

"현대의 강철 서가는 장식적이거나 영감을 주는 구조물이 아니다. 사용되는 책을 보관하는 도서관에는 좀 더 아름답고 흥미로운 형태의 구조물을 사용해야 한다는 것을 우리 모두 아무 거리낌 없이 옹호할 수 있을 것이다."

그러나 사용되지 않는 책들—죽은 책들—을 보관하는 데는 덜 아름답고 덜 흥미로운 창고면 충분하고, 그 창고는 워싱턴이든, 뉴욕이든, 시카고든 아무 데나 있어도 좋다고 생각했다. 이 창고 도서관들은 물론 책을 널리 이용하는 데도 도움을 줄 것이다. 엘리엇은 창고 도서관을 따로 두는 것이 책의 전달 속도를 늦출 것이라는 반론에 대해 이렇게 응답했다.

> 학생이나 일반 독자들은 몇 시간 또는 심지어 며칠이라도 자기가 원하는 책이 도착할 때까지 기꺼이 기다려줄 것이다. 이는 자연을 연구하는 학자가 자신의 특정한 주제를 발견할 수 있는 계절이 오기를 기다리는 것과 마찬가지다. 그들은 1년 중 자신의 식물이 꽃을 피우는 시기, 자신의 나비가 유충에서 벗어나는 시기, 닭이나 송어가 부화하는 시기를 기다리지 않는가. 진정한 학자라면 약간 앞을 내다보면서 독서 계획을 짜나갈 수 있을 것이다.

엘리엇은 책이란 "24시간 내에 전달될 수만 있다면 쉽게 이용하는 것이라고 보아도 좋다"고 생각했다. 따라서 이용자들이 자기 요구를 몇 분 내에 충족시키기 위해 보관시설에 수백만 달러를 투입하는 데 반대했다. 엘리엇은 책을 훑어보는 일은 여가시간에 하는 일이지, 학문에 필수적인 수단이 아니라고 생각했다. 도서관 서고에서 책을 찾아보는 것은 "비과학적인" 방법(어떤 장서도 완벽하지 않으므로)이라고 생각했기 때문이다. 그는 예컨대 보스턴 지역의 모든 도서관이 이용되지 않는 책을 모아 공동 창고에 보관해야 하며, 거기서 중복되는 책은 버려야 한다고 주장했다. 또한 이런 시설에서는 주제에 따라서가 아니라

(공간을 낭비하는 일이기 때문이다) 크기에 따라 분류 보관해야 한다고 주장했다. 엘리엇의 철학은 1900~1901년 연례 보고서에 나타난, 자주 인용되는 다음과 같은 구절로 요약될 수 있다.

> 보관한 자료 가운데 극히 적은 수만 활발하게 이용되는 상황에서 대학이 책들을 수백만 권씩 보관하는 일을 떠맡는 것이 과연 현명한 일일까? 지금은 전국 각지로 여행을 하는 것이나 책을 보내는 일이 안전하고 값도 싸기 때문에, 인쇄물을 대량 축적해놓는 곳은 전국에서 서너 개 지점만 확보해도 충분하다. 대신 다수의 도서관들은 당대—이 말에 아주 폭넓은 의미를 부여해서—에 이용되는 책들만 보관하면 된다. … 5년 내지 10년 단위로 책들을 검사해 이용되는 책과 이용되지 않는 책을 구분하면 될 것이다. 이용되지 않는 책들은 효율적으로 배치된 서가에, 지금보다 훨씬 더 밀집된 방식으로 보관할 수 있다. … 사서들이나 학식 있는 사람들 가운데에는 도서관에서 책을 이런 식으로 구분하는 데 혐오감을 느끼는 이도 있을 것이다. 모든 책은 각각의 주제에 따라, 좋든 나쁘든 평범하든, 살아 있든 죽었든 한자리에 모아놓아야 한다고 생각하는 이들이 많기 때문이다. 그러나 대학 도서관의 주된 목적은 늘 새로운 세대의 학자들을 가르치는 것이다. 도서관은 우선 학문의 신병들에게 피해가 가지 않도록 최선을 다하면서, 고참 학자들의 요구에도 부응해야 한다.

실제로 일부 학자들은 별도 장소에 책을 보관하자는 제안에 경악했다. 그들은 자신들이 조사에 나온 것보다 훨씬 더 많은 책들을 이용한다고 주장했다. 한 하버드 교수는 "책들을 다른 곳으로 보내는 데 반대한다는 경고로, 자신이 찾아본 책들에 날짜와 이름 머리글자를 써놓기도" 했다. 도서관 외부 또는 창고에 책을 보관한다는 구상을 지지한 사서는 거의 없었다. 따라서 당시에 이 구상은 현실화되지 않았다. 적어도 하버드에서는 고어 홀을 대신할 위드너 도서관이 1915년에 완공됨으로써 이 제안은 완전히 묻혀버렸다. 그러나 오래지 않아 선반 공간 문제가 다시 불거졌고, 엘리엇의 구상을 현실화하는 것이 불가피해졌다. 1930년대와 1940년대에 창고 도서관은 불가피한 선택지로서 점차 활발하게 논의되었다. 1942년, 하버드가 참가한 뉴잉글랜드 창고 도서관이 문을 열었다.

비슷한 시기에 뉴욕 공립도서관 역시 책들 가운데 일부를 도서관 외부에 보관하기 시작했다. 몇 년 지나지 않아 이 구상은 유행이 됐고, 1940년대 말에 이르면 소규모 도서관들까지도 사용 빈도가 낮은 책들 가운데 일부를 별도 장소에 보관하는 공동 사업에 참여하기 시작했다. 그러한 노력 가운데 하나가 시카고 지역의 미드웨스트 보관 창고다.

시간이 지나면서 몇몇 대형 참고도서관들은 독자적인 도서 창고를 세우기 시작했다. 지난번에 가보았을 때, 듀크 대학 도서관의 외부 보관시설은 도서관 본관에서 1.5킬로미터 떨어진, 철도 옆에 즐비한 금속 건물들 가운데 하나를 차지하고 있었다. 이 창고 안에는 콘크리트 바닥에서부터 높은 물결무늬 강철 지붕에까지 이르는 묵직한 산업용 선반이 놓여 있었다. 마치 크리스마스 이전 장난감 가게의 재고 창고처럼 이 선반들에는 책들이 빽빽이 쌓여 있었다. 책은 라이더의 밀집 선반처럼 앞마구리가 바닥으로 가도록 줄을 지어 누워 있었다. 책을 꺼내 오는 일을 하는 사람들이야 거대한 책장들 사이를 능숙하게 누비겠지만, 일반적인 도서관 이용자들에게 편리하고 친근한 환경은 아니었다.

이 방법을 한 걸음 더 밀고 나간 것이 20세기 말에 발달한, 컴퓨터 제어를 이용한 자동 보관 및 인출 시스템이다. 이 시설에서는 선반이 책장 형태에서 완전히 벗어나, 음식 창고나 대형 철물점에서 볼 수 있는 산업용 그물 선반을 닮았다. 책들을 빽빽하게 꽂을 필요도 없다. 책은 상자에 담겨, 바닥에서 12미터 높이에 있는 선반들 위에 놓여 있다. 상자에 든 책은 컴퓨터를 통해 추적이 가능하다. 컴퓨터는 지게차처럼 생긴 인출 장치를 활용하는데, 이 장치는 선반들 사이의 27미터 길이 통로에 깔린 레일 위를 이동한다. 어떤 책에 대한 요청이 들어오면, 이 인출 장치가 책이 든 상자를 오퍼레이터 앞으로 운반해준다. 오퍼레이터는 상자에서 필요한 책을 꺼낸 다음 단추를 눌러 상자를 원래 위치에 되돌려놓는다. 가능한 한 작은 공간에 가능한 한 빽빽하게 많은 책을 끼워넣으려고 노력할 때 보관 공간의 크기에는 이론적으로 한계가 거의 없지만, 창고들이 커지면 임대료나 운영비가 상승한다. 때문에 사서들은 오래전부터 물리적인 책들의 밀집 보관에 대해서도 대안을 찾아내고자 노력해왔다.

책을 마이크로필름으로 만드는 기술은 양차 세계대전 사이에 발달했다. 한동안은 이 기술이 점점 늘어나는 서고와 도서 보관시설 문제에 대한 해결책이 될 것이라 여겨졌다. 많은 사람들이 마이크로필름의 도입을 활판 인쇄와 같은 혁명이라고 생각했고, 새로운 형식이 낡은 형식을 몰아낼 것이라고 예상했다. 독자와 도서관은 시간이 지나면 종이책 대신 마이크로폼(인쇄물을 축소 복사해놓은 것)을 이용할 것이며, 독서 자료는 벽에 영사기로 비추어 사람들은 영화를 감상하듯 책을 감상할 것이라고 예측했다. 실제로 이런 영사 책은 제2차 세계대전 상이군인들을 위해 이용되기도 했다. 그러나 "얼마 지나지 않아 사람들은 곧 기계 장치를 통해 글을 읽는 불편에 저항감을 느끼기 시작했다."

20세기 마지막 수십 년 동안에는 컴퓨터가 크고 작은 도서관의 카드 카탈로그를 거의 대체하다시피 했다. 적어도 카드 카탈로그가 차지하는 공간의 확장은 저지한 셈이다. 그러나 컴퓨터가 참고도서를 대체할 것이라는 예언은 세기 말까지도 아직 완전히 이루어지지 않았다. 게다가 컴퓨터는 새로운 공간 문제를 야기했다. 내가 있는 대학에서도 컴퓨터들이 점점 더 많은 공간을 차지하고 있다. 동시에, 소장된 참고도서들도 여전히 중요한 부분을 차지하고 있다. 적어도 일부 나이 든 독자들은 재래의 책 외에 다른 장비를 사용하고 싶어하지 않는다. 그러나 일부에서는 CD-ROM을 "새로운 파피루스"라고 부르고, 이것이 인류 역사의 새로운 시대를 연다 하여 BC와 AD에 빗대어 CD라는 말을 사용하기도 한다.

전통적인 책을 대체하는 전산화된 데이터베이스가 앞으로 어떻게 발전할 것인가는 아직 추측만 할 수 있을 뿐이다. 앞으로 수십 년은 지나야 컴퓨터와 함께 성장한 세대가 종래의 책을 완전히 버리고 전자화된 책을 택할지 아닐지가 결판날 것이다. 만일 그런 상황이 온다면 적어도 몇몇 도서관에서는 소장 도서들을 스캔해 디지털화할 것이고, 새로운 책들도 컴팩트 디스크를 비롯한 전자 매체 형식으로 주문할 것이다. 이런 시나리오대로라면 재래의 낡은 책들은 다 버리고 새로운 책은 거의 사지 않을 것이므로 이용할 수 있는 선반 공간이 늘어날 것이다. 게다가 컴팩트 디스크는 크기가 균일하므로 이것들을 보관하는 작업에서는 마침내 프리먼트 라이더와 같은 사서들의 꿈이 실현될 것이다.

또 다른 시나리오도 가능하다. 전자책이 성공할 것이며, 인터넷에서 책을 내려받게 될 것이라는 시나리오다. 그러나 이메일과 웹 이용이 증가하여 전자 교통이 정체되고, 컴퓨터 메모리와 작동 속도가 성장 한계에 이르면, 디지털 네트워크와 거기 물려 있는 단말기들이 포화 상태에 이를 수도 있다. 그런 일이 발생하면 인쇄된 형태의 옛 책들을 유지하라는 압박이 생길 수도 있으며, 심지어 새 책을 낼 때도 더 많은 정보로 인터넷을 어지럽히기보다는 아예 인쇄본 형태로 발행하는 쪽을 택할 수도 있다. 이런 상황이 도래하면 옛 책들은 CD나 디지털 책의 확산 기간 동안 살아남은 것이 거의 없어 유통이 허용되지 않을 수도 있다. 인쇄본은 오늘날 수서 코덱스만큼이나 희귀한 존재가 될 것이다.

잠재적인 문제들에도 불구하고, 일부 공상가들은 모든 사람에게 모든 책을 약속하는 전자 서적이 미래를 예측하는 어떤 시나리오에서든 빠질 수 없는 핵심 요소라고 생각한다. 그러나 전자기적인 재해가 일어나거나 어떤 정신 나간 해커가 중앙 도서관의 전자 메모리를 모조리 파괴해버린다면 어떻게 될까? 우리는 죽은 책들의 희귀한 인쇄본을 책의 묘지에서 발굴하여 다시 스캔해야 할 것이다. 희귀본들을 스캔해 전자적인 형태로 만드는 동안에는 도서관 서고에 남아 있는 책을 이용해야 할지도 모른다. 그럴 경우 도서관 서고는 포트녹스[연방 금괴 저장소가 있는 곳이다]만큼이나 엄중한 감시를 받게 될 것이다. 서가가 계속 진화하다 보면 컴퓨터를 이용하기 위하여 서고를 전선으로 연결해야 할지도 모른다. 책들이 서고의 해당 섹션에 전자적인 사슬로 연결되어 있기 때문에, 도서관들은 모든 책장 앞에 책상들을 설치해놓아야 할 것이다. 그래야 이용자들이 노트북이나 스캐너를 들고 와 전화선이나 컴퓨터 케이블을 통해 책장으로부터 책을 복사해 올 수 있을 것이기 때문이다. 서고 통로들 역시 책상 앞에 앉는 자리를 제공할 수 있도록 바뀌어야 할 것이다. 이런 식으로, 정보 초고속 도로와 관련된 하부구조 가운데 적어도 일부는 좁은 산길 꼭대기의 수도원 탑에 자리 잡았던 중세 도서관의 하부구조와 비슷한 형태를 띠게 될지도 모른다.

# II장

# 장서의 과거와 미래

리처드 드 베리는 《필로비블론》에서 파리의 "묘한 향기가 나는 서가"에 대해 썼다. 그로부터 500년이 지난 뒤에도 프랑스인들은 여전히 도서학 서클들에서 "유럽의 스승"이라는 찬사를 받는다. 빅토리아 여왕 시대에 나온, "아마추어" 장서가들에게 책의 관리 방법에 대한 실제적 조언을 해주는 책에서도 프랑스인들을 그렇게 대접했다.

> 한 번에 책을 한 권밖에 사랑할 수 없다는 말을 한 애서가가 있었다. 그는 그 순간 가장 좋아하는 책을 아름다운 가죽 케이스에 넣어가지고 다니곤 했다. 장서 수가 얼마 안 되는 어떤 사람들은 앞에 유리가 달린 긴 상자에 책을 넣어두기도 했는데, 이 상자는 라반의 집안 수호신[창세기 31장]처럼 얼마든지 가지고 다닐 수 있었다. 그러나 책을 숭배할 뿐 아니라 읽기도 하는 아마추어들에게는 그보다 큰 보관시설이 필요하다. 이 시대의 작가들, 그리고 이 시대의 일반적인 종이로 만들고 제본한 책들은 문이 없는 오크 책장에 담고, 진귀하고 값어치 있는 책들은 문이 있는 책장에 담는다면, 아마 이것이 그의 보물을 보관하는 가장 유용한 방식이 될 것

이다. 그의 책장은 거대한 2절판이 편안하게 설 수 있는 가장 낮은 선반에서부터 엘제비어판[포켓판]들이 눈높이에서 편안하게 쉬고 있는 높은 선반에 이르기까지, 올라갈수록 높이가 낮아질 것이다. 선반마다 가장자리에 가죽을 드리워 밑에 있는 선반으로 먼지가 들어가지 않도록 해주는 것이 좋다.

"앞에 유리가 달린 긴 상자"는 물론 변호사들이 사용하는 조립식 책장으로, 이것은 빅토리아 여왕 시대에 큰 인기를 누렸으며, 그로부터 100년 뒤에는 골동품 시장에서 어마어마한 가격에 거래가 되었다. (나와 아내는 운 좋게도 이런 상자가 아직 유행을 타기 전에 타이거-오크 박판으로 만들고 발톱 모양의 다리가 달린 훌륭한 세트 하나를 구입할 수 있었다. 실제로 나는 이 책장 안에 책을 넣은 채 섹션별로 이곳저곳 들고 다니기도 했다. 그러나 불행히도 대부분의 섹션들이 20세기 말에 주종을 이루는 큰 8절판이 아니라 19세기에 인기를 끌었던 작은 책들을 위한 것이었다. 오늘날에도 변호사용 책장이 다시 만들어지고 있으나 다분히 현대적인 방식을 따르고 있다. 직선을 많이 사용하고, 판유리를 이용하며, 발은 평평하다. 이것은 페이퍼백에서부터 CD와 비디오테이프에 이르기까지 온갖 물건을 보관하는 데 사용된다)

"진귀하고 값어치 있는" 책들은 더 오래된 책들이라고 가정할 때, 그것을 보관할 때는 문이 있는 책장을 사용하라는 충고는 물론 역사적으로 적절하다. 엘제비어판은 "쉽게 호주머니에" 들어갈 수 있는 작은 책들이었을 것이고, 따라서 책을 사 책장을 채우는 데 돈을 쓰는 것을 사치로 여기던 집안에도 쉽게 "밀반입"될 수 있었다. 원래 엘제비어는 16세기 말 네덜란드의 출판 가문 이름으로, "느슨한 저작권"의 시대에 프랑스 책들을 많이 베껴 12절판으로 출판한 것으로 유명하다.

이 출판업자의 이름을 딴 작은 책들은 "아름다웠지만, 현대인의 눈으로 보기에는 너무 작다." "가장자리에 가죽을 드리워 밑에 있는 선반으로 먼지가 들어가지 않도록 해주는 것"은 동시에 균일한 엘제비어판들 사이에 크기가 다른 책들을 끼웠을 때 높이가 들쭉날쭉해지는 것을 가려주기도 했을 것이다. 오늘날의 일부 애서가들도 이런 식의 스카이라인 같은 모습에 짜증을 내곤 한다.

책이나 선반 위에 쌓이는 먼지가 짜증날 수도 있지만, 책장 자체가 책들의 적이 될 수도 있다. 빛, 날씨, 생물이 훨씬 더 큰 피해를 줄 수 있기 때문이다. 책장을 햇빛이 환하게 드는 방에 오랫동안 놓아둔 사람들은 다 아는 것이지만, 책등과 재킷의 색이 심하게 바랠 수 있다. 흔히 그렇듯이 높이가 다른 책들이 함께 꽂혀 있을 경우, 낮은 책 옆에 있는 높은 책은 윗부분의 색이 바래서 나중에는 마치 두 가지 색조를 사용한 것 같은 느낌이 들기도 한다. 물론 이런 문제는 창문에 블라인드를 달면 해결되지만, 어떤 사람들은 장정을 선명하게 유지하느냐 아니면 방을 밝게 유지하느냐 사이에서 갈등한다. 나 역시 겨울에는 침침한 방에 햇빛이 최대한 들어오도록 블라인드를 열어놓는다. 하지만 이렇게 하면 태양이 매일 하늘을 가로질러 남쪽으로 낮게 이동할 때마다 내 책들에 강한 빛을 뿌린다. 한 애서가는 블라인드를 창문이 아닌 책장에 달아 이 문제를 해결했다. 또 다른 애서가는 "장정이 바래지 않도록 해가 지기 전에는 아내가 블라인드를 올리지 못하게 했다." 이 사람은 투자 분석가 일을 했는데, 그는 "아끼는 책은 적어도 두 권을 사 그중 한 권에만 페이지를 넘기는 부담을 준다."

영국 옥스퍼드셔의 폴 게티와 같은 좀 더 독립적이고 부유한 수집가들은 책들을 햇빛에 직접 노출시키는 모험을 하지도 않았으며, 심지어 페인트칠을 하거나 스테인을 한 나무 선반에 닿게 하지도 않았다. 게티의 서재는 "성 같은 커다란 건물"이었는데, 천창은 "자외선 차단 처리가 되어 있었으며," 전기 조명에는 밝기를 조절할 수 있는 장치가 달려 있었다. 선반에는 "당구대에 까는 베이즈를 덮어 책을 꺼낼 때도 자국이 남지 않았다." 게티는 또 "방 전체는 사람에게 편안하도록 따뜻한 온도를 유지했지만, 선반 뒷부분에는" 구멍을 뚫어 "책 주위에 시원한 공기가 순환되도록 했다." 이 장서의 관리자—성 같은 커다란 건물 안에 있는 장서이니 관리자도 따로 있는 것이 당연하지 않겠는가—는 중앙난방이 책에 좋지 않으며, 오히려 시원할수록 좋다는 점을 지적했다. "책들은 포도주와 마찬가지로 규칙적이고 변화 없는 온도를 유지해줄 필요가 있다." 게티의 서재에는 화재에 대비해 스프링클러 시스템까지 설치되어 있었다. 그러나 이 스프링클러는 다른 많은 공공도서관이나 참고도서관과는 달리 수도관과 연결된 것이 아니라 할론 가스와 연결되어 있었다. 책은 적시지 않고 산소만 없애 불을 끄려는 의도였다. 물론 작은 서재들의 경우에는 그저 불이 나지 않기를 바라는 수밖에 없다.

전기 엔지니어이자 발명가이자 과학 및 테크놀로지의 역사에 관한 책들의 수집가로 첫손에 꼽히는 번 디브너는 자신의 보물을 번디 엔지니어링 회사의 사무실에 있는, 유리 문 달린 나무 책장에 보관했다. 전기 커넥터를 생산하던 번디 공장에는 물 스프링클러 시스템이 갖추어져 있었는데, 만일 이 시스템이 가동되면 희귀본들이 물에 젖을 염려가 있었다. 디브너는 자신의 장서를 이런 사태로부터 보호하기 위해 책장 위에 금속 덮개를 씌웠다. 이것은 물매가 진 지붕처럼 물을 아래로 흘려주는 역할을 했다.

물론 게티의 서재나 디브너의 예방 조치는 극단적이다. 집 안에 있는 책장들은 일반적으로 게티가 갖추고 있는 것들만큼 진화하지 못했다. 공공도서관의 서고와 밀집 장서 시스템만큼 진화하지 못한 것은 말할 것도 없다. 가정의 장서는 유지 예산이나 책의 양에서 공공도서관보다 제한적일 수밖에 없기 때문이다. 연구기관의 도서관은 보유한 것(거의 모든 것이 두 배로 늘어난다)으로부터 힘을 얻는 반면, 가정의 서재는 늘 오래된 책들을 뽑아버림으로써 새 책을 넣을 공간을 확보하여 계속 그 핵심에만 집중한다. 장서의 잡초 뽑기 또는 편집이라고 할 수 있을 이 과정은 자신이 보유한 장서의 완벽성을 기하기 위해서라기보다 선반 공간을 더 확보하고자 하는 목표에 의해 시작되는 경우가 많다. 실제로 모든 가정 서재는 절대 버릴 수 없는 핵심 장서를 중심으로 운용되는 것처럼 보인다.

물론 예외는 있다. 내가 아는 젊은 장서가들 가운데에는 자신을 의회도서관 사서처럼 생각하는 사람들이 있다. 이들은 절대 책을 버리지 않는다. 책이 늘어나면 책장을 더 만들며, (제한된 예산을 가진 많은 애서가들과 마찬가지로) 책장이 어떻게 보이는가 하는 것보다는 책을 훨씬 중요하게 여긴다. 내가 아는 사람 중에는 픽업트럭에 석탄과 쇠를 싣고 다니며 파트타임으로 말 편자를 달아주는 일을 하는 이가 있는데, 그는 책이 너무 많은 나머지 거실에 지하실이나 차고에서나 볼 수 있는 선반들을 갖추어놓고 모든 벽 공간을 책으로 채워버렸다. 벽이 다 차자 방 한가운데에도 선반들을 갖다놓았기 때문에 마치 미로 정원 같은 인상을 준다. 그들 부부가 사는 집은 그렇게 크지도 않았는데, 그들은 여윳돈을 모두 책과 책꽂이에 쓰는 것이 틀림없었다. 실제로 그가 편자공 일을 하게 된 것도 책과 책꽂이에 들어갈 돈을 벌기 위해서였던 것 같다. 그에게 어떻게 말 편자를 달아주는 일을 하게 되었는지 물었더니, 그는 책에서 읽고 배웠다고 대답했다. 그러나 아이러니하게도, 그가 하는 일은 너무 힘이 들어 책을 읽거나 쓸(그는 자신의 책이 도서관에 꽂혀 있는 모습을 보고 싶어했다) 시간이나 에너지가 남지 않았다.

책이 사람의 생활까지는 아니라 해도 생활공간을 차지하게 되는 예는 그리 드물지 않다. 이는 각계각층의 책—재미있기는 하지만 선반이 아닌 커피 테이블에나 올려놓는 책coffee-table volume*—을 좋아하는 사람들의 가정을 보여주는《책이 있는 가정에서At Home with Books》라는 책을 보아도 알 수 있다. 예를 들어 시인이자 번역가 리처드 하워드의 뉴욕시 아파트는 집보다는 서점 같은 느낌을 준다. 하워드는 "사실 작가가 아니라 독자가 되고 싶었다"고 말하는데, 바닥에서 천장까지, 문에서 문까지 가득 채운 선반들에 흘러넘치는 책들을 보면 그 말이 빈말이 아님을 알 수 있다. 역시 뉴욕에 사는 작가 로저 로젠블랏은《비블리오마니아Bibliomania》[책에 미친 사람을 뜻한다]라는 제목의 원맨쇼를 하기도 했는데, 식당을 포함하여 "집의 거의 모든 방에서 책이 들어갈 만한 공간을 찾아냈다."

재미있는 것은 로젠블랏의 책장들은 두께가 4센티미터에 가까워 주위에 놓인 섬세한 의자들과 비교하면 너무 묵직해 보이는 것이 아닌가 하는 느낌까지 주는 데 반해, 하워드의 길고 늘씬한 책장들은 두께가 2.5센티미터 정도밖에 안 되어 보이며, 책의 무게 때문에 여기저기 처진 것처럼 보인다. 로젠블랏의 선반은 직선을 유지하는 데 필요한 두께 이상으로 두껍다. 어쨌든 그 선반들은 휘지 않았으며, 설사 지

* 보통 장식용으로 놓아두는 크고 호화로운 책을 가리킨다.

금 길이보다 더 길어진다 하더라도 별로 처지지 않을 것이다. 반면 하워드의 선반은 자기 일을 제대로 감당하지 못하는 것이 분명하다. 그 선반들은 무척 길어서, 아래 있는 선반에 가득 찬 책들이 받쳐주니 망정이지, 그렇지 않으면 수직 지지대에서 빠지지는 않는다 해도 더 심하게 처질 것이 틀림없다. 선반이 처지는 것을 어느 정도까지 용인할 것이냐 하는 것은 취향의 문제라고도 할 수 있다. 그러나 너무 많이 처지면 분명히 보기에도 안 좋을뿐더러 선반들이 매우 불안정하게 느껴질 수 있다. 그러나 많은 경우에 선반 자체의 모습은 눈에 잘 들어오지 않는다. 책, 그리고 책을 이용하는 방법에만 초점을 맞추기 때문이다.

나는 휴스턴 시내에는 드문 고층 건물 아파트(뉴욕이나 다른 대도시에서 쉽게 찾아볼 수 있지만)에서 열린 저녁식사 자리에 초대받은 적이 있다. 건물 한 귀퉁이에 자리 잡은 거실과 식당 공간은 하나로 넓게 트여, 공원과 주위의 낮은 건물들을 굽어보고 있었다. 벽 공간에는 바닥에서 천장까지, 창문에서 창문까지 닿는 서가들로 가득 차 있었다. 물론 서가에는 책들이 빼곡히 들어차 있었다. 식탁은 이 서가들 바로 앞에 놓여 있었다. 서가에는 눈에 익은 책등들이 많이 보였다. 예를 들어, 스크리브너에서 페이퍼백으로 나온 노란색과 검은색 장정의 《위대한 개츠비》, 포도주 빛깔의 빈티지판 《피네간의 경야》 등이었다. 이것을 보면 책의 임자가 1960년대에 학교를 다녔다는 것을 알 수 있으며, 또 부부 가운데 적어도 한 사람은 대학에서 영문학을 전공했을 가능성이 높다는 것을 알 수 있다. 이 선반들은 세로 폭이 무척 넓은 편이었는데, 그것은 이 부부가 예술 애호가이기도 하여 서가에 커피테이블용 책 크기의 미술 서적을 많이 소장하고 있었기 때문이다.

저녁식사는 뷔페 스타일로 나왔다. 우리는 아름다운 은그릇과 멋진 수정그릇이 놓인 탁자에 앉아 식사를 했다. 이런 우아한 식탁에서 프라이드치킨(텍사스 스타일이었다)을 먹는 것도 어울리지 않는 일이었지만, 접시를 올려놓게 된 접시받침 또한 손님들을 놀라게 했다. 접시받침은 흔히 볼 수 있는 사각형의 천이나 풀을 직물처럼 엮은 것이 아니라 미술 책이었다. 미술 책은 펼쳐져서 그림이나 구성을 볼 수 있었는데, 내 자리에는 모네가 펼쳐져 있었다. 모네가 많이 그린 수련 유화 가운데 하나였다. 그 책들은 타임-라이프 북클럽에서 얻은 것으로, 사람에 따라서는 일회용 접시받침처럼 한 번 읽고 버리는 책이라고 생각할 수도 있었다. 그래도 책을 식탁을 보호하는 물건으로 쓴다는 생각은 그 자리에 앉은 많은 사람들이 쉽게 받아들일 수 없는 것이었다. 그러나 모두들 예의를 아는 사람들이었기에 뒤늦게 깨달았다는 듯이 접시를 내려놓기를 거부한다거나 하는 소동은 벌어지지 않았다. 저녁식사가 끝난 뒤 기름기 많은 부스러기를 털어낸 다음 책들을 다시 선반에 꽂았는지 어쨌는지는 모르겠다. 어쩌면 더러워진 페이지들은 찢어버렸을지도 모르겠다. 험프리 데이비 경이 읽은 부분은 찢어버렸듯이.

물론 대부분의 서가가 식당에 있었던 것은 아니다. 그리고 서가에 꽂힌 책들은 밑에 깔고 식사를 하기는커녕, 더러운 손으로 만져서도 안 되는 것들이었다. 굳이《필로비블론》을 읽어보지 않아도 책은 "더러운 손으로 만질 때 큰 손상을 입는 경우가 많다"는 것은 쉽게 알 수 있는 일이다. 대영박물관 '열람실'의 한 직원은 비위생적인 이용자가 남긴 흔적을 눈에 보이듯이 묘사하고 있다. 그는 일을 시작하던 첫날 "경악한 표정의 열람실 감독이 들고 온 책을 보았는데, 책을 보던 독자의 커피 자국이 페이지를 가로지르고 있었다." 그러나 그 직원도 '열람실'이 개관하던 날 책상에 놓였던 아침식사는 맛있게 즐겼을 것이다. 비단 손이

나 음식만 책을 더럽히는 것이 아니다. 드 베리는 "학자라는 인종은 보통 버르장머리 없이 성장한다"고 생각했다.

> 혹시 어떤 방자한 젊은이들이 한가하게 서재를 거니는 것을 보았는지도 모르겠다. 겨울 추위가 매서울 때는 감기 때문에 코에서 콧물이 나온다. 그는 손수건으로 그것을 닦을 생각도 않고 있다가, 마침내 앞에 있던 책에 그 더러운 물을 묻히고 만다. 그의 앞에 있는 것이 책이 아니라 구두장이의 앞치마였다면! 손톱에는 칠흑처럼 시커멓고 지저분한 것이 끼어 있는데, 그는 그것으로 마음에 드는 구절에 표시를 하기도 한다…….
>
> 그는 책을 펼쳐놓고 과일이나 치즈를 먹는 것을 두려워하지 않는다. 또는 부주의하게 컵을 입으로 가져가기도 한다. 당장 옆에 쓰레기통이 없기 때문에 남은 조각들은 책에 떨군다. 그는 지치지도 않고 수다스럽게 떠들거나 동료들과 말다툼을 한다. 말도 안 되는 주장을 끝도 없이 늘어놓는 과정에서 무릎 위에 반쯤 펼쳐놓은 책을 입에서 튀어나가는 소나기로 흠뻑 적신다. 그래, 그러고 나서는 다급하게 팔짱을 끼고 책 위로 몸을 수그린다. 그러나 곧 짧은 공부로 인한 피로가 몰려와 긴 낮잠을 잔다. 이윽고 잠을 깨서는 책에 주름 잡힌 것을 편답시고 책 가장자리를 잡고 반대편으로 젖히는데, 이것이 또 책에 적지 않은 피해를 준다.

움베르토 에코의 중세 미스터리 소설《장미의 이름》에서 화자인 아드소 역시 책을 이용하는 사람들이 책을 망치는 것에 화를 낸다. 그는 책을 "남용과 과시에 의해 닳아버린 아주 멋진 드레스"에 비유한다.

> 너무 많은 손에 닿으면 페이지는 구겨지고, 잉크와 금은 색이 바랜다. 나는 티볼리의 파시피쿠스가 습기 때문에 페이지가 들러붙은 고서를 넘기는 것을 보았다. 그는 혀에 대 침을 묻힌 엄지와 검지로 책장을 넘겼는데, 그 침 묻은 손이 닿을 때마다 페이지가 흐물흐물해졌다. 책을 펼친다는 것은 곧 책을 접는 것이었으며, 책을 바람과 먼지의 모진 마모 작용에 노출시키는 것이었다. 그로 인해 양피지의 섬세한 주름들은 부식되고, 침에 의해 물렁해지고, 약해진 모퉁이에는 곰팡이가 핀다.

페이지 모퉁이를 접든 안 접든, 손가락에 침을 묻혀 넘기든 안 넘기든, 냅킨을 제대로 사용하든 사용하지 않든, 이야기를 하거나 음식을 먹는 곳 근처에 책꽂이가 있으면 이용자들은 엉뚱한 생각을 할 수 있다. 나는 오래전부터 도서관이 관내에서 음식을 먹는 것에 대해 이용자들에게 분명한 태도를 보여주지 않는다고 생각해왔다. 게시판에는 먹을 것이나 마실 것을 절대 건물 안으로 반입하지 못한다고 명시되어 있지만, 실제로 입구에서 음식물 반입을 엄격히 통제하는 것도 보지 못했고 사람들이 그 지시를 그대로 따르는 것도 보지 못했다. 어쩌면 도서관에도 공항의 금속 탐지기와 같은 전자 문이 설치되어 있어, 배낭에 허가받지 않은 책을 넣고 나가면 경고음이 울리고 문이 잠기기 때문에 직원들이 방심하고 있는 것인지도 모른다. 어쨌든 온갖 종류의 음식물이 서고나 열람실까지 들어가며, 그 때문에 통로에서는 도서관 냄새가 아니라 식당 뒷골목 냄새가 난다.

도서관 열람실마다 놓인 쓰레기통에 비닐 봉투를 넣어두는 것도 사람들이 아무 생각 없이 바나나 껍질, 마시다 만 음료수 캔, 그 밖에 온갖 묘한 음식들을 거기에 버리는 이유가 된다. 쓰레기통에 비닐 봉투를 넣어두는 것은 왁스를 바른 갈색 종이로는 겨자 묻은 고기가 강철 쓰레기통에 들러붙는 것을 막을 수 없다고 생각했기 때문인지도 모르고, 청소하는 직원들이 쓰레기통에서 비닐 봉투를 빼다 복도에 있는 카트에 싣는 것이 쓰레기통을 들고 나가 비운 다음 다시 가지고 들어오는 것보다 더 편하다고 생각했기 때문인지도 모른다. 어쨌든 이 때문에 상황이 바뀌었다. 어떤 이유에서 비닐 봉투를 쓰레기통에 넣게 되었는지는 몰라도, 사람들이 쓰레기를 버리는 습관은 더 지저분해졌다. 도서관 안에 그런 쓰레기통이 있는데 학생들이 입구의 음식물 반입 금지라는 표지판을 심각하게 받아들이기를 기대할 수는 없을 것이다.

나는 전에 도서관의 아주 조용한 구석 자리에 있는 열람석에서 공부를 한 적이 있다. 어디선가 들려오는 냉방기 돌아가는 소리, 이따금 열람실 문이 열리고 닫히는 소리, 책상에서 의자를 빼거나 집어넣는 소리 외에는 아무런 소리도 들리지 않았다. 열람실 이용자들도 대체로 무척 조용한 사람들이었다. 그러나 점심시간 무렵만 되면 서서히 도시락 봉투가 바스락거리는 소리가 나기 시작하다가 시간이 지나면서 터퍼웨어 같은 것이 뻥 하며 열리는 소리가 났다. 열람석들에서 흘러드는 그런 냄새는 매우 이질적으로 느껴졌다. 전에 사무실에서 함께 일한 적이 있던 친구가 정오만 되면 접시받침 대용으로 쓰던《월 스트리트 저널》을 펼쳐놓고 풀어놓던, 마리네이드를 지나치게 오래한 샐러드 냄새와 비슷했다. 그는 신문에 드레싱을 흘리더라도 아무런 문제될 것이 없었다. 아침 내내 신문 여기저기를 훑어보아 아직 읽지 못한 내용이 없었을 것이기 때문이다.

도서관 서가 자체에는 일반적으로 쓰레기통(비닐 봉투를 넣었든 안 넣었든)이 비치되어 있지 않기 때문에 쓰레기를 버릴 곳이 없다. 이용자들이 너무 사려 깊은 나머지 바닥에 쓰레기를 버릴 수 없어서 그랬는지 몰라도, 사탕이나 껌 포장지를 서가 위에 남겨두고 가는 경우가 자주 있다. 가끔은 책갈피로 쓰는 경우도 있다. 500년 전 리처드 드 베리가 그런 모습을 보았더라면 틀림없이 불쾌해했겠지만 그다지 놀라지는 않았을 것이다. 세상이 변해도 제정신이 아닌 행동을 하는 사람들은 늘 그대로이므로.

물론 우리 책장을 남에게 보여줄 때는 음식 외에도 걱정할 것들이 많다. 책장 자체를 책처럼 읽을 수 있는 경우가 많기 때문이다. 선반에 책을 너무 빽빽하게 꽂아놓으면 책을 사랑하는 사람들은 마치 버스, 지하철, 엘리베이터에 사람이 너무 빽빽하게 들어찬 것처럼 느낄 것이다. 리처드 드 베리가 그것을 보았다면 손톱이 더럽고 콧물을 줄줄 흘리는 젊은 독자들을 책망했듯이, 그 무례한 행동에 대해서도 한마디 하고 지나갔을 것이다. 선반에 그 높이보다 약간이라도 키가 큰 책을 억지로 밀어넣는 것 역시 책을 꽂는 예절에 어긋나는 행위다. 심지어 수직으로 책들을 정렬해놓은 곳 위에 마치 스톤헨지처럼 수평으로 책을 쌓기도 하는데, 이는 절대 금지되어야 할 행위다. 그러나 그 빈 공간의 낭비를 막고 싶은 유혹은 상당히 강렬하다. 어떤 사람들은 피해를 최소화하기 위해 책들이 꽂힌 곳을 잘 골라 다른 책을 조심스럽게 올려놓기도 한다. 가능하면 양장본이 많은 곳이 좋다. 또 아래 꽂은 책들의 높이가 균등해야 하중이 분산되는 효과도 얻을 수 있다. 그러나 수직으로 꽂은 책들 위에 수평으로 책을 가로질러 놓는 일은 조심해서 하든 아무렇게나 하든 임시방편에 불과하다. 곧 소유자는 필요 없는 책을 버리거나, 책장을 재배치(주로 책장을 더 산 다음에 하는 경우가 많다)할 것이다.

선반에 책이 쌓이는 것은 불가피해 보인다. 책을 꽂을 장소를 계속 더 찾는 일에는 끝이 없는 것 같다. 책이 너무 많아 보이는 집도 늘 책이 늘기 마련이다. 내 딸이 새 아파트로 이사를 간 직후에 딸의 책꽂이 선반에는 새끼 고양이가 올라가 편안하게 잠을 잘 만한 공간이 있었다. 그러나 이제는 그렇지 않다. 물론 그 새끼 고양이가 크기도 했지만, 장서가 늘어나면서 책장의 빈 부분들을 꽉 채웠기 때문이다.

시간이 지나면서 책장의 지붕 위에도 먼지가 아닌 책이 쌓이게 된다. 책꽂이가 늘어나면서 방, 복도, 계단은 좁아지기 시작한다. 뉴욕에 사는 한 장서가의 과부는 그들 아파트에 방이 열여덟 개가 있는데도 방마다 "책이 너무 많아 아이들이 침실로 가려고 복도를 지날 때도 옆걸음질을 쳐야 한다. 물론 침실에 들어가도 책이 가득하다"고 말한다. 복도와 침실을 다 채우면 탁자 아래 공간에 책이 쌓이기 시작하고, 이따금 탁자의 다리가 북엔드 역할을 하기도 한다. 어떤 장서가는 방 한가운데 책을 쌓아놓은 다음 그 위에 판자나 유리판을 덮고 그것을 탁자라고 부르기도 한다. 커피테이블용 책을 올려놓을 수 있는 책-커피테이블인 셈이다.

훌륭한 집이건 평범한 집이건 집을 비워야 할 때는 책을 선반에서 꺼내 다른 곳으로 보내게 된다—보통은 더 나은 선반으로 가기를 바라게 된다. 텅 빈 공간에 남겨진 텅 빈 선반은 책을 가진 많은 사람들에게 기괴하게 느껴진다. 그렇게 선반 공간이 텅 비어 있다는 것은 매우 부자연스러운 일이기 때문이다. 자연이 진공을 혐오한다면, 대부분의 애서가들은 빈 선반을 혐오한다고 말할 수 있다. 아니, 계속 새로운 책을 사는 경향으로 판단해보건대, 선반 위의 빈틈도 혐오한다고 할 수 있다. 한 장서가의 아내는 그런 상황을 긍정적으로 보기로 했다. 선반의 빈 공간은 곧 더 많은 책을 꽂을 수 있는 자리를 뜻하기 때문에 혐오의 대상이 아니라 환영의 대상이라는 것이다.

어떤 책 소유자들, 특히 "희귀본"이라고 부르는 투자 재산의 소유자들은 선반 위의 책이 박물관 벽의 그림과 같다고 생각하는 것 같다. 볼 수는 있지만 만질 수는 없다는 것이다. 한 장서가는 자식의 친구가 집에 놀러와 선반에서 책을 꺼내려고 하자 방 건너편에 있다가 "뭐하는 짓이야?" 하고 소리쳤다고 한다. 이런 감정은 새로운 것이 아니다. 19세기 영국 수필가 찰스 램은 책을 빌려가는 사람들을 "장서를 불구로 만드는 자이며, 선반의 대칭을 파괴하는 자이며, 전집의 이를 빼는 자"라고 불렀다. 어떤 책 소유자들은 "선반의 모든 구멍을 분화구로" 여긴다.

그 분화구들을 다 채우고 나면, 부엌이나 식료품실의 장들이 선반 공간을 찾기 위한 전투에 징집될 수 있으며, 그에 따라 가족의 식사 습관도 바뀔 수 있다. 종이 접시가 도자기를 대체할 수 있다면, 책을 접시 닦는 기계 속에 집어넣지 못할 이유도 없다. 빈 냉장고는 귀중한 책을 넣어두기에 가장 좋은 곳이다. 책은 낮은 온도를 좋아하기 때문이다. 전기가 나가지만 않는다면 곰팡이도 피지 않고 해충도 번식하지 못한다. 부엌이 책으로 가득 차면 다음에 눈독을 들이게 되는 곳은 옷장이다. 그러나 옷은 음식처럼 쉽게 처리할 수가 없다(책을 좋아하는 사람들은 보통 외식을 하면서 책 이야기를 즐기는 것 같다). 그러나 아무리 옷이 가득한 옷장이라 해도 책을 넣을 공간은 찾아낼 수 있다. 지난 한 주 동안 입지 않은 옷은 빼버리고, 나머지는 압축시키면 된다. 간단히 말해서 아무리 짐이 많고 비좁아 보이는 집이라 해도 어딘가에든 책을 넣을 공간은 있게 마련이다. 물론 그 공간이라는 것이 전통적인 책꽂이의 형태는 아니겠지만.

사서와 장서가들이 교묘하고 기발한 방법으로 책을 보관할 빈틈을 찾아내기는 하지만, 그래도 사람들이 책을 보관하고 전시하기에 가장 좋은 곳은 말할 것도 없이 재래의 책꽂이다. 그러나 아주 간단해 보이고 목적도 뻔해 보이는 물건이지만, 책꽂이가 원하는 대로 기능하려면 몇 가지 원칙을 지켜야 한다. 이를테면 선반의 폭이 충분해야 한다. 그래야 큰 책들이 마치 픽업트럭 뒤로 튀어나와 빨간색이나 노란색 꼬리표를 달고 다니는 목재처럼 선반 너머로 튀어나오는 일이 생기지 않는다. 또한 선반 사이의 높이도 충분해야 한다. 그래야 큰 책이 들어가기 때문이다. 이런 고려사항들 때문에 좋은 책장들은 대체로 속이 깊고 또 선반 높이를 조절할 수 있다. 그러나 가끔 경제적인 이유에서 또는 개성을 표현하고 싶어서, 공장에서 나오는 표준적인 책장과는 다른 것을 원하거나 필요로 할 수도 있다.

서재든 도서관이든 벽을 따라 책장들을 늘어놓다가 두 벽이 만나는 모서리에서는 고민에 빠지기 마련이다. 물론 이런 경우에는 몇 가지 방법을 택할 수 있다. 두 개의 책장이 충돌하는 지점은 뒤에 감춰두고 사용하지 않는 것도 그중 한 가지 방법이다. 가끔, 크기를 맞춰 자를 수 없는 독립 책장의 경우, 한 책장의 끝이 다른 책장의 끝을 가리기도 한다. 어느 한쪽의 책장이 어차피 벽면 전체를 채우지 못할 경우에는, 책장 하나는 벽에 바짝 붙여 세워두고 다른 책장은 앞의 책장에서 책을 뺄 수 있을 만한 여유를 두고 설치할 수 있기 때문이다. 이렇게 하면 음침한 골목 안으로 손을 넣어 책을 뽑을 수 있다. 하지만 이것은 그렇게 매력적인 해결책은 아니라고 할 수 있다. 도서관 설계자들은 바람직하지 않은 모서리 공간을 외투나 빗자루를 넣는 작은 장으로 활용하라고 권하는데, 실제로 이렇게 하는 경우는 드물다. 모서리 안이 아니라 바깥에서 책장이 만나는 경우는 그렇게 고민스럽지 않다. 어떤 경우에는 기하학적인 난제를 풀기 위해 회전용 책장을 이용하기도 한다.

그러나 두 변이 모서리의 두 면에 꼭 끼는 직각 삼각형 모양의 모퉁이 선반은 아주 어색해 보인다. 그럼에도 실제적인 쓸모와 관계없이 꽤 많이 사용되는 것 같다. 선반의 앞쪽 가장자리(삼각형의 빗변)에 책을 놓게 되면 적당한 북엔드를 사용하지 않는 한 양쪽 끝에서 아무것도 받쳐주지 못한다. 이런 문제가 있음에도 삼각형의 공간을 낭비하고 싶지 않은 욕심 때문에 일부 장서가들은 그대로 사용하는 것 같다. 삼각형의 빗변이 아닌 두 변을 따라 책을 보관하는 것은 책이 만드는 두 줄이 구석에서 만났을 때 문제가 생긴다. 이것은 두 책장이 모퉁이에서 만났을 때의 상황과 흡사하다. 일반적으로 모퉁이의 서가에 책을 보관할 수 있는 좋은 방법은 없다. 그럼에도 모퉁이 책장을 계속 만들고, 팔고, 사고, 설치한다. 모퉁이 책장들의 경우 앞쪽 가장자리가 오목하게 파였거나 더 불규칙한 단면을 가진 경우도 있어, 이럴 때 책 소유자들은 이중으로 골치 아픈 문제에 부딪히게 된다. 그러나 이용 가능한 선반 공간은 어떻게든 이용하고 싶은 욕구가 늘 승리를 거둔다. 그래서 직사각형의 책들이 삼각형 공간 또는 더 심각한 공간에도 꽂히게 된다. 그러나 제대로 지탱되지 않는 책들은 결국 패배자가 되고 만다(수필가 몽테뉴는 책 1000여 권이 있는 서재를 원형 탑에 만들어 모퉁이 문제를 원천 봉쇄해버렸다).

그러나 대부분의 책들은 일반적인 직사각형 책장에 보관된다. 예외

알브레히트 뒤러, 〈에라스무스의 초상〉(1526). 에라스무스 바로 옆에 놓여 있는 책에 꽂혀 있는 책갈피의 위치를 잘 보라.

는 있지만, 책꽂이에 많은 신경을 쓰는 사람들은 책을 다루는 데에도 조심하는 경향이 있다. 책갈피는 일부 애서가들에게 특히 민감한 문제다. 중세 및 르네상스 시대 학자들이 책을 보관한 모습을 그린 그림을 보면, 때때로 책 한두 군데에 종잇조각이 끼워져 있는 것이 보인다. 뒤러의 〈방에 있는 성 제롬〉을 보면 앞쪽에 있는 책은 닫혀 있고 죔쇠로 죄어져 있는데, 거기에 책갈피 같은 것이 보인다. 그러나 묘하게도 책등 근처(현대의 독자들은 주로 이쪽에 꽂을 것이다)가 아니라 앞마구리 근처에 꽂혀 있다. 그러나 르네상스의 모든 학자들이 제롬의 관행을 따르지 않았다는 것은 뒤러의 1526년 작품인 〈에라스무스의 초상Portrait of Erasmus〉을 보면 알 수 있다. 이 그림의 앞쪽에 있는 책에는 책등 근처에 책갈피들이 꽂혀 있다.

에라스무스도 제롬처럼 책 앞마구리 쪽에 책갈피를 꽂을 수 있었다. 그 책은 죔쇠로 죄어져 있기 때문에 책갈피가 빠지거나, 책장 사이로 들어가버릴 염려가 없었기 때문이다. 현대에 와서 엔지니어 아트 프라이는 찬송가 책에 책갈피로 꽂아놓은 종잇조각들이 자꾸 빠지는 데서 영감을 얻어 포스트잇을 발명했다. 이 끈적끈적하면서도 쉽게 떼어낼 수 있는 꼬리표는 오늘날의 독자나 학자들에게 불가결한 것이 되었으며, 이들은 프라이와 마찬가지로 책의 어떤 구절에 표시를 할 때 포스트잇을 사용한다. 그러나 불행히도 이 편리한 물건은 가끔 오래된 책이나 잡지에서는 쉽게 떨어지지 않아 책장이 뜯어지거나 활자가 묻어나오는 경우도 있다.

그러나 끈적끈적한 종이 때문에 책이 망가지는 꼴을 보려면 20세기 말까지 기다릴 필요가 없다. 역시 이번에도 리처드 드 베리가 일부 독자들이 밀짚이나 나뭇잎이나 풀잎으로 책에 갈피를 하는 것에 민감하게 반응했다. 드 베리는 "한가하게 서재를 어슬렁거리는 방자한 젊은이"에 대해 이렇게 말한다.

> 그는 수많은 지푸라기를 가져다가 여러 군데 튀어나오게 꽂아놓는다. 그의 기억이 감당할 수 없는 것을 짚이 대신 감당해주기를 바라는 것이다. 그러나 책에는 이 짚을 소화할 위가 없고 다른 사람이 이것을 뽑아주지도 않는다. 따라서 이 짚은 처음에는 우선 책이 꽉 닫히는 것을 방해하다가, 마침내 부주의함 속에 잊힌 채 썩어버린다…….
> 이제 우기가 끝나고 꽃들이 우리 땅에 만발했다. 우리의 학자는 책을 연구하기보다는 태만히 다루는 사람이기 때문에 책 안에 제비꽃, 앵초, 장미, 사판화 등을 꽂아둔다. 그러고 나서 땀이 난 축축한 손으로 책장을 넘긴다. 온갖 먼지가 묻은 장갑으로 하얀 송아지 가죽을 누르기도 한다. 오래된 가죽으로 덮인 손가락이 페이지 위의 줄들을 따라서 움직이기도 한다. 그러다가 벼룩이 물기라도 하면 거룩한 책을 내던져버린다. 그러고는 잊어버린 채 한 달 동안 닫지도 않는다. 나중에는 먼지가 잔뜩 쌓여 닫으려고 해도 닫히지 않는다.

그러나 책의 복지에 대한 이런 관심은 14세기에도 새로운 것이 아니었다. 비트루비우스가 형편없는 상태에 처한 도서관을 보고 걱정하는 것에서도 그것을 알 수 있다.

"남쪽으로 노출된 도서관에서 책들은 벌레와 습기 때문에 망가지고 있다. 축축한 바람이 불어와 벌레들을 기르고 양육할 뿐 아니라, 책 위로 습기 찬 숨을 내뿜어 곰팡이로 책을 망가뜨리기 때문이다."

그러나 《장미의 이름》에서 아드소는 묻는다.

"그러면 어떻게 할까? 읽지는 말고 그냥 보존하기만 할까?"

책을 보존하는 것은 중요한 목표였다. 많은 도서관들이 산酸을 포함한 종이에 인쇄된 책의 손상을 막는 중요한 사업에 참여했다. 이런 종이는 세월이 지나면 물러져서 망가지기 쉽기 때문이다. 그러나 보존 사업만 한다면 도서관은 박물관과 다를 바 없을 것이다. 서가가 있다고 해서 도서관이 되는 것이 아니듯이, 책이 한 줄 꽂혀 있는 것만으로는 서가가 아무런 의미를 가질 수 없다. 가구점에 가서 손님이 물건을 사도록 유혹하기 위해, 캔에 든 우유나 진열장 속의 물건이나 소파 위의 쿠션들처럼 책을 쑤셔넣은 책장들을 얼마나 많이 보았던가? 그러나 책만으로 책장을 만들 수는 없지만, 책은 다른 책을 만들 수 있다.

조지 오웰의 말에 따르면, "사람들은 도서관 서가에서 찾을 수 없는 책을 쓴다." 그러나 서가에 꽂힐 책을 쓰는 것은 선반에서 책을 꺼내 그것을 쓴 사람이 이용하기를 원한 대로 이용하는 것이다. 책은 창문으로 들어오는 바람에 섞인 흙과 먼지를 맞을 수밖에 없으며, 언어의 들판에서 고된 일을 하는 사람들의 땀과 눈물을 받아들일 수밖에 없다. 때로는 우리의 열 손가락으로 표시할 수 없는 곳에 표시를 하기 위해 풀과 꽃과 펜과 연필을 이용할 수밖에 없다. 책들은 사람과 사물의 과거, 현재, 미래의 존재 방식을 찾기 위해 페이지에서 페이지로, 뒤와 앞으로, 때로는 미친 듯이 넘겨져야 한다. 이런저런 잔소리를 늘어놓기는 했지만 드 베리는 책이 결국 이용되어야 하는 것임을 알았던 게 틀림없다(고맙게도 오늘날의 사서들 역시 이 점을 알고 있는 것 같다). 만일 드 베리에게 양자택일을 하라고 한다면, 그는 책이 한 번도 선반에서 뽑히지 않는 것보다는 더럽혀지는 쪽을 택했을 것이다. 그가 바로 이렇게 쓰고 있기 때문이다.

> 연대기 기록자와 마찬가지로 훗날의 작가들이 늘 이전 시대 작가들을 바탕으로 존재한다는 것은 어렵지 않게 알 수 있다. 이전 시대 작가들이 없다면 이전 시대와 관련을 맺을 수가 없기 때문이다. 과학 저자들에 대해서도 같은 생각을 할 수 있다. 혼자만의 힘으로 어떤 과학을 만들어낸 사람은 없기 때문이다. 최초의 연구자들과 훗날의 연구자들 사이에는 반드시 중간 역할을 맡은 연구자들이 있다. 그들은 우리 시대와 비교하면 오래되었지만, 학문의 기원을 생각한다면 우리 시대와 가까운 사람들이다. 우리는 이 사람들이 가장 학식이 높은 사람들이라고 생각한다.
>
> 라틴 작가들 가운데 중요한 위치를 차지하고 있는 베르길리우스는 테오크리투스, 루크레티우스, 호메로스의 책을 더럽히지 않았다면, 그들의 암소와 함께 밭을 갈지 않았다면, 아무것도 이루지 못했을 것이다. 그가 파르테니우스, 핀다로스를 약간씩이라도 되풀이하여 읽지 않았다면 결코 그 웅변을 흉내 낼 수 없었을 것이다. 살루스트, 키케로, 보에티우스, 마크로비우스, 락탄티우스, 마르티아누스 등 그 모든 라틴 작가들이 그리스인들의 책을 읽지 않았다면 무엇을 할 수 있었을까?

실제로 성 제롬도 그의 서가 주위에 흩어놓은 그리스와 히브리 두루마리들, 또 마치 사자나 양의 먹이처럼 발치에 어지럽게 늘어놓은 초기 기독교 코덱스들이 없었다면 무엇을 할 수 있었을까? 보스웰도

《존슨 박사의 삶Life of Dr. Johnson》에서 말했듯이 "한 사람이 한 권의 책을 쓰려면 도서관의 반은 뒤집어놓기 마련이다."

이는 성 제롬의 시대나 존슨 박사의 시대와 마찬가지로 이 시대에도 엄연한 사실이다. 나는 첫 책을 쓸 때 아이디어를 얻고, 일화를 찾고, 사실을 확인하기 위해, 다시 말해서 실패라는 개념이 성공적인 디자인에서 중심적 역할을 한다는 내 가설을 폭넓게 뒷받침하기 위해 온갖 종류의 다른 책들을 이용했다. 내가 원고를 쓰던 서재의 책장은 이미 책으로 가득 차 있었다. 따라서 내가 도서관에서 집으로 가져오는 책들은 다른 곳에 두어야 했다. 처음에는 책상 위에 아무렇게나 위로 쌓아 올렸다. 그러나 곧 책들은 위험한 높이까지 올라갔고, 중간에서 책을 뽑아내는 일도 어려워졌으며, 내 작업 공간까지 침범하게 되었다. 그래서 나는 책을 책상에서 바닥으로 옮겼다. 이는 공공도서관에서 더 이상 한 권의 책도 꽂을 수 없을 때 어쩔 수 없이 하는 일이기도 했다.

그러나 나는 바닥에 책을 다시 쌓아 올리는 대신 본능적으로(당시에는 아직 도서관에서 어떻게 이런 상황에 대처하는지 보지 못했다) 마치 바닥이 새로 발견한 선반이기라도 한 것처럼, 선반에 책을 꽂듯이 책장 앞에 책들을 수평으로 늘어놓았다. 그러나 방에 차가운 공기를 공급하는 송풍구는 막지 않도록 특별히 조심했다. 책들은 송풍구 양옆으로 대체로 수직으로 서 있었다. 왼쪽 면은 벽의 낮은 굽도리널에 기대 있었다. 오른쪽은 캐비닛의 받침에 기대 있었다. 책들은 내가 일하기에 좋은 위치에 있었으며, 대체로 선반에 있는 것과 비슷하게 배치되었다.

책들이 놓인 위치 때문에 책등을 쉽게 읽을 수는 없었다. 그러나 책들이 바닥으로 내려갔을 때쯤 나는 이미 책의 내부만이 아니라 외부에도 익숙해져 있었기 때문에 장정의 색깔이나 윗마구리의 종이 질감, 두께만 보고도 그것이 무슨 책인지 알 수 있었다. 마치 텅 빈 앞마구리만 보이는 중세의 책장을 마주한 것과 같은 상황이었다.

책장 앞의 바닥을 영구적인 추가 선반으로 생각한 적은 한 번도 없다. 글을 쓰는 일이 끝나면 책을 치웠기 때문이다. 그곳은 여전히 바닥이다. 단지 한때 비뚤비뚤 늘어선 책들을 보관하고 있었을 뿐. 오늘날까지도 나는 바닥은 도서관 책들을 위한 선반으로만 이용한다. 혹시 도서관 책들이 내 책과 섞여 반납 기한이 지난 줄도 모른 채 돌려주지 못할까봐 걱정이 되기 때문이다. 실제로 지금 이 글을 쓰는 동안에도 바닥은 책으로 덮여 있다. 그러나 이번에는 제목을 쉽게 읽을 수 있도록 책등이 위로 가게 배치해놓았다. 물론 이번에도 금방 책들과 친숙해져서 굳이 제목을 읽어보고 책을 확인하는 경우는 드물지만.

이제 나에게는 새 서재가 생겼다. 그곳에는 바닥 공간이 아닌 진짜 책꽂이들이 있지만, 이미 많이 차 있다. 선반은 비어 있건 차 있건 책들을 끌어당기는 것이 자연의 법칙인 모양이다. 그 책들은 상당히 먼 곳에서 올 수도 있다. 이웃 도시의 헌책방에서 올 수도 있고, 나라 반대편, 또는 바다 건너편에서 올 수도 있다. 책꽂이와 책 사이의 인력은 책꽂이에 지배당하는 개인을 통하여, 또는 좀 더 공식적인 수집가들일 경우에는 서점으로 연결되는 전화나 팩스를 통해 전달된다. 나는 여행을 할 때면 나도 모르게 언제 다시 보게 될지 모르는 책방으로 들어가 책을 살펴본다. 물론 다시는 살 기회가 없을지 몰라 책을 많이 사기도 한다. 그러다 보면 엄청나게 많은 책을 공항으로 가지고 들어가게 되고, 간신히 책을 눌러 담은 가방을 머리 위의 비좁은 공간(형태가 일그러진 서가라고 해야 하나?)에 쑤셔넣곤 한다.

책꽂이들은 최근 새로운 인력을 개발했다. 그 힘은 이더넷, 인터넷, 월드와이드웹 등을 통해 아마존닷컴을 비롯한 여러 가상 서점으로서 작용한다. 그래서 이제 포장된 화물을 열어보기 전에는 물리적으로 보지도 만지지도 못한 상태에서 책을 살 수 있고, 그 책은 밤샘 배달 서비스를 통해 배송될 수 있다. 그러나 집 안의 책꽂이들은 가상이 아니다. 집 안의 책꽂이는 컴퓨터 하드디스크보다 훨씬 빠른 속도로 채워진다. 물론 책꽂이를 비우는 일이 생길 수도 있다. 책을 좋아하는 사람들이 함께 모여 책에 대한 이야기를 할 때는 종종 그런 일이 벌어진다. 사실 저녁에 친구들과 함께 모여 책꽂이에서 계속 책을 꺼내가며 좋아하는 구절을 찾기도 하고, 잘 기억나지 않는 사실을 확인하기도 하고, 다른 사람의 엉터리 기억을 놀리기도 하던 것이 나의 가장 따뜻한 추억들 가운데 하나다.

그러나 친구들이 떠나고 나면 컵과 접시를 치우듯이 책도 치워 선반에 도로 꽂아둔다. 그곳에서 다른 손님들이 올 때까지 또는 다른 프로젝트가 생길 때까지 쉬게 해주는 것이다. 우리는 늘 책들을 대기 상태로 놓아둘 필요가 있다. 우리 기억이 책꽂이만큼 질서정연하지 않은 경우가 많기 때문이다. 스코틀랜드인 앤드루 랭도《그의 책들의 발라드Ballade of His Books》에서 이렇게 썼다.

여기 내 책들이 줄줄이 서 있다
그들은 줄을 이루어 천장에 닿아 있다
그들은 내 희미해진 과제에 대해 이야기한다
내가 알았지만 지금은 모르는 것에 대해 이야기한다

우리는 서재에서 혼자 일하는 경우가 많다. 그럴 때 책꽂이와 거기 꽂힌 책들은 우리를 둘러싼 인내심 많은 친구가 되어준다. 우리는 그 친구들을 선반에서 꺼내 서로 소개시켜주기도 하고, 세대와 세기를 건너 둘의 생각이 똑같았음을 보여주기도 하고, 모순되는 다른 증거를 찾아내 한 친구를 기분 좋게 놀려주기도 한다. 책을 쓴다는 것은 책꽂이에 혼란을 일으키고 그 고요를 위협하는 것이다.

이 책을 마무리 지으면서 내 책들이 이제 줄줄이 질서정연하게 놓여 있지 않은 모습을 보게 된다. 내 서재에도 제롬의 서재와 마찬가지로 약간의 무질서가 생겼다. 그렇게 책을 사랑했던 리처드 드 베리도 《필로비블론》을 끝마칠 무렵에는 서재가 좀 어지러웠을 것이다. 중세 이후 완전히 새로운 텍스트들이 나타나는 빈도가 높아졌다지만, 사실 오늘날에도 이미 책꽂이에 꽂혀 있는 것에 많은 빚을 지지 않은 책은 거의 없을 것이다. 이 책을 쓰는 작업을 끝내면 어지럽혀진 책들을 어느 정도 정리해놓을 것이다. 시간이 지나면 한 권의 책이 더 생길 것이라는 사실을 고려하면서. 그런데 그 책은 어디에, 어떻게 꽂아야 할까?

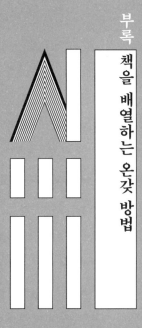

부록

# 책을 배열하는 온갖 방법

책꽂이 위의 책을 어떻게 배열할까? 순서와 디자인에 대한 모든 질문이 그렇듯이, 이 질문에는 수많은 답이 있다. 한번 그 방법들을 나열해보도록 하자. 나열하는 순서에 큰 의미가 있는 것은 아니다. 물론 이것이 배열 방법의 전부라고 우길 생각도 없다.

### 1. 저자 이름 순서에 따라

알파벳 순서를 따르는 것은 책꽂이에 책을 배열하는 평범한 방법이지만, 이렇게 해도 몇 가지 문제에 부딪히게 된다. 우선 우리는 보통 참고서의 경우에는 저자 이름을 기억하지 못한다—바틀릿의 《익숙한 인용Familiar Quotations》이나 로짓의 《동의어 사전Thesaurus》 같은 예외가 있기는 하지만. 웹스터나 펑크&와그널스[이 둘은 영어사전, 백과사전 등을 내는 것으로 유명한 미국 출판사다] 같은 경우가 아니라면, 우리는 책꽂이에서 사전을 찾는 데 꽤 애를 먹을 것이다.

알파벳 순서에 따른 배열은 특정 저자의 저서들을 한군데 모아놓을 수 있다는 장점이 있다. 그러나 같은 주제에 대한 책들을 무작위적으로 흩어놓고, 전혀 어울리지 않는 주제를 가진 책들을 함께 놓는다는 것은 분명한 단점이다. 수전 손택도 "토머스 핀천을 플라톤 옆에 놓는다는 것은 마음에 들지 않는 일"이라고 말했다지 않은가. 따라서 언뜻 아주 논리적이고 편해 보이는 방법, 즉 저자 이름의 알파벳 순서에 따른 분류는 옛 도서관 카드 카탈로그나 오늘날 온라인 카탈로그와 마찬가지로 여러 가지 문제에 부딪히게 되는 간단치 않은 방법이라는 것이 금방 드러난다.

엄격하게 알파벳 순서를 따르다 보면 O. 헨리의 책들을 O에 꽂을지 H에 꽂을지—아니면 이 작가의 본명인 윌리엄 시드니 포터를 따라 P에 꽂을지—결정해야 하며, 어떻게 결정 내렸는지를 나중에 기억해야 한다. 심지어 O. 헨리의 본명을 기억해야 할 수도 있다. 물론 책꽂이에 지침을 적어놓을 수도 있다. 카드 카탈로그에서 "O. 헨리: 포터, 윌리엄 시드니 참조"라고 적힌 카드를 이용하는 것이 그런 예다. 그렇지만 이런 지침이 어떤 형태를 취해야 하는지도 문제다. 카드를 책 사이에 끼워두었다가는 분실되기 십상이다. 어떤 도서관에서는 책 크기의 나무 블록에 지시사항을 적어 책꽂이에 꽂아놓는데, 이런 블록을 너무 자유롭게 쓰면 책장의 귀중한 공간이 줄어들 것이다.

### 2. 제목 순서에 따라

책 제목에 따라 정리하는 것은 필명을 사용하는 저자들과 같은 문제가 없을 거라고 생각하겠지만, 이 경우에도 어려움은 있다. 도널드 노먼의《일상적인 것들의 심리학The Psychology of Everyday Things》은 페이퍼백으로 나올 때 제목이《일상적인 것들의 디자인The Design of Everyday Things》으로 바뀌었다. 따라서 두 책을 모두 보유하고 있는 도서관에서는 같은 책이 서로 다른 서가에 꽂히게 될 것이다. 둘 중 한 권만을 보유한 도서관에서는 책이 우리가 알고 있는 것과는 다른 제목을 단 채 보관될 수도 있음을 염두에 두어야 한다.

나아가 제목이 수수께끼 같은 책들도 많다. 예컨대 트레이시 키더의《새로운 기계의 영혼》은 컴퓨터 제작에 대한 책이다. 암시적인 제목, 따라서 이해하기 어려운 제목도 많다. 가령 윌리엄 H. 체이프의《달리기를 멈추지 마라Never Stop Running》는 미국 자유주의자 알라드 로웬스틴에 대한 책이다. 이런 경우, 제목의 알파벳 순으로 배열된 책들 사이에서 그 책을 찾으려 할 때 제목을 제대로 기억하는 것은 만만찮은 일이 될 수도 있다.

### 3. 주제에 따라

이는 내가 자주 이용하는 방법이지만, 주제라는 것은 매우 모호한 범주이기도 하다. 나는 한 선반에는 디자인에 관한 책들을, 한 선반에는 다리에 관한 책들을 모아놓았다. 그렇다면 다리 디자인에 관한 책은 어디에 꽂아야 할까? 나는 이런 솔로몬 같은 결정을 내려야 하는 상황을 피하기 위해, 다리에 관한 책들을 디자인에 관한 책들 바로 아래에 두었다. (다리에 관한 책들을 위에 두어야 했을까?) 최근 내 책꽂이에서는 컴퓨터와 컴퓨터 소프트웨어 디자인에 관한 책들이 많이 늘어났는데, 나는 어떤 이유에서인지 이 책들을 책장 반대편 끝에 모으기 시작했다. 따라서 이 책들은 디자인에 관한 책들과는 멀리 떨어져 있는데, 아무리 봐도 디자인 책들 바로 옆에 놓인 댐과 댐 사고에 관한 책들보다는 이 책들이 디자인 책들과 훨씬 가까운 것 같다.

반스&노블 서점—이 이름은 1873년에 설립됐을 때부터 알파벳 순서에 따라 배열되어 있었다—은 순서 안에 다시 순서를 정한다. 책들을 넓은 주제에 따라 모은 다음, 거기서 다시 저자 이름의 알파벳 순서에 따라 배열하는 것이다. 어떤 저자가 한 분야에서 여러 권의 책을 썼다면 이 책들은 제목의 알파벳 순서에 따라 배열될 수 있다. 하지만 이 경우 순서가 정말로 복잡해지게 된다. 하나의 주제 범주 안에 저자 이름의 알파벳 순서에 따른 배열이 있고, 거기서 다시 제목의 알파벳에 따른 배열이 있기 때문이다. 주제 범주 역시 다른 주제 범주와의 관계 속에서 알파벳 순으로 배열되어 있을 수도 있고, 그렇지 않을 수도 있다. 우리는 이미 이런 유사 알파벳 기준의 배열에 익숙해졌는지도 모르지만 이는 이상적인 배열과는 거리가 멀다. 여러 가지 주제에 대해 글을 쓰는 저자의 새 책을 찾을 때는 불편할 수도 있다(저자가 여러 개의 필명을 쓰는 경우에도 마찬가지다). 때때로 분야가 이름만큼이나 서로 달라서, 차라리 완전히 다른 저자들이 쓴 것이라고 여기는 편이 속 편하기도 하지만.

### 4. 크기에 따라

많은 사람들이 책을 배열하는 방법으로, 나 역시 어느 정도는 이 방법을 사용한다. 앞서 내가 말한 다리에 관한 책들은 그 크기가 매우 다양하다. 물론 사서들이 보통 8절판이라고 부르는 표준적인 크기의 책들도 있다. 데이비드 매컬러의《위대한 다리The Great Bridge》(브루클린 다리의 건설에 대한 이야기다)가 그런 예다. 하지만 다리의 높은 탑이나 긴 경간처럼, 다리에 관한 책들은 세로나 가로로 긴 경우가 많다.

다리에 관한 많은 책들 가운데 큰 판형은 대충 4절판이라고 부르지만, 이는 다시 두 범주로 분류된다. 두 범주를 묘사하는 데는 아마 컴퓨터 출력 용어인 초상화 방식과 풍경화 방식이라는 표현이 가장 적절할 것이다. 초상화 방식이 다리의 높은 탑을 보여주는 데 적당하다면, 풍경화 방식은 다리의 길이를 보여주는 데 적당하다. 다리에 관한 책들을 모아놓은 내 선반은 왼쪽에서 풍경화 방식—교통부가 역사적인 다리를 기록하는 데 선호할 만한 판형 같다—의 책들로부터 시작한다. 이 책들 가운데 가장 작은 것은 폭이 27센티미터 정도다. 따라서 28센티미터 폭의 선반(이 선반이 일반적인 규격과 다른 크기인 것은 합판의 심판心板을 쇠시리로 마무리했기 때문이다)을 가장자리까지 거의 꽉 채운다. 다리에 관한 다른 풍경화 방식 책들 일부는 폭이 30센티미터이며, 따라서 선반 폭을 넘는다. 이것이 내게는 약간 성가시다. 내 서재에서 다리에 관한 책들 중 폭이 가장 넓은 것은 주디스 뒤프레의《다리Bridges》(이 책은 제목의 알파벳 순서로 보자면 데이비드 J. 브라운의《다리》, 스티븐 A. 오스트로의《다리》, 그레임과 데이비드 아우터브리지의《다리》와 함께 꽂혀 있어야 하지만, 이 책들은 모두 초상화 방식의 4절판으로 분류된다)다. 가로 45센티미터에 세로 19센티미터로 비표준적인 판형을 가진 이 책은 내가 가진 책들 가운데 단연 폭이 가장 넓은(가장 길다고 해야 하나?) 책이다. 이 책을 관례적인 방식으로 선반에 꽂아두면 책꽂이에서 18센티미터쯤은 튀어나올 것이고, 지나가는 이들에게 경고를 하기 위해 노란 깃발이라도 달아두어야 할 것이다. (지금까지는 뒤프레의《다리》를 별도 선반에 눕혀 보관했는데, 이런 사치가 얼마나 지속될 수 있을지 모르겠다)

위에서 이야기한 풍경화 방식의 다리 책들 다음에 초상화 방식의 책들이 시작된다. 그리고 이 방식의 책들이 이 선반에 꽂힌 책들 가운데 다수를 차지하고 있다. 둘 사이에 끼는 작은 8절판은 극히 드물기 때문이다. 일반적으로 책은 키가 커지면 두께는 얇아지지만, 그래도 키가 큰 책들이 많으면 선반이 무거워 보인다. 하지만 선반이 처질 것 같지는 않다. 이들 책의 전체 길이가 70센티미터 정도밖에 안 되기 때문이다. 이는 다리를 건설하는 기준으로 보면 비교적 짧은 경간이라고 할 수 있다. 그럼에도 심리적으로는 선반이 감당하기에 너무 무거울 것 같아 다소 불안하다. 물론 이 책들을 맨 아랫선반으로 옮겨놓을 수도 있다. 그곳은 내가 사전이나 커피테이블용 책 등 여러 가지 키가 큰 책들을 모아놓는 곳이다. 하지만 그렇게 하면 그 책들(내가 자주 찾아보는 책들이다)을 이용하기가 편치 않을 것이다.

따라서 크기별로 책을 모아놓는 것은 외관적인 측면에서나 편의라는 측면에서나 문제가 될 수 있다. 사실 큰 책들을 보관하는 건 쉽게 답이 나오지 않는 문제다. 내가 자주 찾는 공학도서관에는 판형이 큰 책들이 한군데 모여 있는데, 그 가운데 많은 수는 (당연한 이야기지만) 다리에 관한 책이다. 이 책들을 수직으로 꽂아놓은 것을 보면 책들이 위험하고 긴장된 방식으로 몸을 맞대고 있어, 책에 척추 만곡이 생길 수밖에 없다는 생각이 든다. 책을 몇 권 빼내면 생기는 빈 공간은 상황을 악화시킨다. 그렇게 빼냈던 책들은 기우는 책 더미 위에 수평으로 쌓아놓았는데, 아마 무거운 책들 사이의 틈으로 책을 다시 꽂는 일이 쉽지 않았거나 불가능했기 때문일 것이다. 스미소니언협회 국립미국사박물관의 희귀본을 모아놓은 다이브너 도서관에서는 아주 큰 판형의 책들을 수평으로 보관하고 있다. 이들 책은 원래 그렇게 보관하기 위해 디자인된 책이며, 듀크 중앙도서관 중앙 서고에서도 그런 식으로 보관하고 있다. (앞서 말한 공학도서관 역시 최근에 판형이 큰 책들을 더 잘 관리하기 위해 널찍한 수평 선반들을 설치했다)

어떤 장서가들은 지적인 질서나 심지어는 책을 찾을 때의 편의성이 아니라 최대한의 시각적 효과를 위해 책을 배열해 디자인이나 장식에 치중하곤 한다. 예외 없이 높이에 따라, 즉 키가 가장 작은 책에서부터 키가 가장 큰 책까지 배열하는 것도 주목할 만한 방법이다. 이는 새뮤얼 피프스가 이용하여 큰 효과를 본 방법이기도 한데, 책장들이 벽을 꽉 채우고 있을 경우에 특히 효과가 있다. 만약 책들이 책장의 세로 구획선을 염두에 두지 않고 라로로 쭉 이어지면서 이 순서를 지켜나간다면, 이 효과는 극대화될 수 있다. 물론 이렇게 배열하려면 모든 선반의 가로 줄이 맞춰져 있어야 한다—이런 식의 선반 배치는 꼭 책을 높이에 따라 꽂지 않더라도 좋은 배치로 여겨지곤 한다. 높이에 따른 배열에서는 책의 폭이 완전히 무시되기 때문에 책장에서 책들이 들쭉날쭉 튀어나올 수는 있다. 뒤프레의 《다리》 같은 책이 끼어 있기라도 하면 그런 사태를 막기란 거의 불가능하다. 폭이 넓은 책은 르네상스의 폐허에 튀어나온 캔틸레버 빔—갈릴레오의 《두 가지 새로운 과학에 관한 대화록》에 나오는 그림이다—처럼 튀어나와 있을 것이다. 《다리》는 또 높이가 19센티미터에 불과해 비교적 키가 작은 책에 속한다. 따라서 다른 책들은 선반의 빈 공간에 먼지가 쌓이는 것을 막기 위해 선반 앞 가장자리까지 바짝 붙어 정렬해 있는 상황에서 이 책은 마치 옛 시카고 마천루의 테라코타 코니스의 헐렁한 조각처럼 묘하게 불안정해 보일 것이다. 만약 이 책과 짝을 이루는 책인 뒤프레의 《마천루》가 높이에 따라 배열한 줄의 끝에 꽂혀 있다면 줄은 더 이상해 보일 것이다. 《마천루》는 높이가 45센티미터인 반면 폭이 19센티미터밖에 안 되기 때문이다. 높이에 따라 배열한 줄 끝에는 보통 지도책이 놓인다. 지도책은 조심스럽게 정렬하지 않으면 벽돌들 사이의 모르타르처럼 보일 수도 있다. 피프스는 자신의 책들 가운데 일부는 앞마구리를 아래로 하여 눕혀놓음으로써 이런 문제를 해결했다. 이렇게 한다면 뒤프레의 《다리》

와《마천루》는 나란히 놓일 수도 있을 것이다.

크기에 따라 책을 배열하는 또 한 가지 방법은 책의 폭을 기준으로 삼는 것이다. 폭에 따라 배열한 책장은 앞에서 보면 다소 무작위적으로 느껴질 것이다. 그렇지만 위나 옆에서 보면 풍경화 방식의 책들 때문에 분명한 입체감을 느낄 수 있다. 가르 다리[프랑스 남부에 있는 거대한 다리로, 기원전 19년 로마인들이 건설했다]에서 특이한 돌들이 바깥 면으로부터 약간 튀어나옴으로써 생기는 효과와 마찬가지다. 폭을 기준으로 책을 꽂을 때 최대 효과를 노리려면 책을 책장 뒷벽까지 밀어넣으면 된다. 이렇게 하면 배열 기준을 강조하고, 책들이 균일하게 폭이 넓어지는 과정을 효과적으로 보여줄 수 있다. 그러나 어떤 식으로 순서를 잡든 뒤프레의《마천루》와《다리》는 같은 저자가 쓴 것이라고는 생각할 수 없을 만큼 서로 멀리 떨어지게 될 것이다. 나아가 키가 큰《마천루》는 이웃들 위로 우뚝 솟아 있을 것이며, 폭이 넓은《다리》는 공중권[땅이나 건물 상공의 소유권 또는 이용권]을 놓고 타협하지 않는 건물처럼 보일 것이다.

### 5. 수평으로

애서가들이 가장 괴로워하는 것 중 하나는 책이 꽉 차지 않은 선반이나 한두 권이 빠져나간 선반에서 책들이 서로 몸을 기대고 있는 모습이다. 책들이 등뼈가 굽고, 앞표지와 뒤표지가 뒤틀리고, 꽃천이 기울어진 모습은 피사의 탑만큼이나 불안하다. 물론 괜찮은 북엔드가 있다면 문제를 해결할 수 있다. 하지만 옆에 꽂힌 책을 한 권 빼내면서 책이 기우는 것을 어떻게 막느냐 하는 문제는 좀처럼 이야기되지 않는다. 물론 빼낸 책과 비슷한 크기(같은 크기면 더 좋다)의 다른 책을 끼워넣으면 빈 부분을 채울 수 있다. 그렇지만 만약 이 책을 다른 선반에서 빼내왔다면 빈 공간이 어디인가만 달라졌을 뿐 문제는 그대로 남아 있을 것이다. 아예 필요한 때 채우기 위한 용도로 다양한 크기의 책들을 모아 희생용 선반을 만들 수도 있겠지만, 이렇게 하려면 두뇌보다는 근육을 이용하는 이류 책들을 갖고 있어야 할 것이다. 만일 책장 바닥에 서랍이나 장이 있다면 나무토막을 보관해놨다가 어딘가에서 책을 꺼내면 옛 식자공처럼 적당한 크기의 나무토막을 골라 빈 공간에 끼워넣을 수도 있다. 책장용 쐐기나 책갈피라고 할 수 있겠다. 좋은 나무로 만들어 광택까지 입힌 나무토막이라면 보기에도 좋을 것이다.

특히 선반이 긴 편인 책장에서 책이 기우는 것을 해결하는 또 다른 방법은 책들을 수평으로 꽂는 것이다. 크노프 출판사의 내 편집자인 애슈벨 그린 역시 사무실 책들을 이런 식으로 보관한다—그 모습이 책상에 잔뜩 쌓여 있는 원고 더미와도 썩 잘 어울린다. 따라서 그의 책장에는 형태가 일그러진 책이 없다. 그는 크노프 저자들 이름 순서에 따라 책을 배열해놓았으며, 책등에 적힌 글자도 쉽게 읽을 수 있다(물론 책등에 세로가 아닌 가로로 인쇄해놓은 짧은 제목들은 예외가 될 수 있다). 책을 수평으로 보관하면 또 다른 문제도 해결된다. 책을 수직으로 꽂을 때와는 달리 책 높이가 일정하지 않아 생기는 공간의 낭비가 없다는 것이다. 실제로 책을 수평으로 보관하게 되면 책장의 수직적인 공백은 최소화할 수 있지만, 선반 길이를 적절히 분배하는 데에는 신경을 써야 한다. 그렇지 않으면 책이 들어가기에는 좁고 그냥 놔두기에는 아까운 공간이 생길 수 있다.

### 6. 색깔에 따라

학창 시절 한 공대 교수의 집을 찾아간 적이 있다. 그는 식당을 아틀리에처럼 바꾸어놓았는데, 원래 식당이었던 그곳에는 벽을 따라 2미터가 넘는 높이의 수제 책장들이 세워져 있었다. 식당 벽 전체가 책장들로 둘러싸인 모습은 매우 인상적이었다. 식당 여기저기에 흩어진 의자 몇 개 외에 큰 가구(그것을 가구라고 부를 수 있다면)는 딱 하나밖에 없었다. 문 없는 두 벽이 만나는 모퉁이에 설치된 (르네상스 시대의 서재를 연상케 하는) 단 위의 술집 카운터 같은 구조물이었다. 책상 역할을 한 것으로 보이는 카운터의 길고 널찍한 표면 위에는 늘 많은 잡지들이 흩어져 있었다. 그 잡지들은 방에서 빠질 수 없는 것이었다. 방의 독특한 장식 요소였기 때문이다.

책장 위의 남는 공간—벽과 천장—에는 낡은 잡지에서 오려낸 온갖 사진이 빈틈없이 붙어 있었다. 그곳에 들어가는 사람은 누구든지 사진을 오려 벽이나 책장에 붙일 수 있었다. 그러나 여기에는 한 가지 규칙이 있었다. 색깔이 어울리는 곳에 붙여야 한다는 것이었다. 이미 붙어 있는 사진들은 그런 식으로 배치되어 있었고, 그에 따른 효과는 양보할 수 없는 것이었다. 식당은 색깔들이 스펙트럼을 이루고 있었다. 가장 넓은 부분—천장과 한쪽 벽을 차지하고 있었다—은 살구색이 주조를 이루고 있었다. 그곳에는 핀업 걸pin-up girl[사진 속 노출이 많은 여성을 가리키는 말]을 둘러싼 패션모델들의 드러난 어깨가 자리 잡고 있었다(이때는 1960년대로, 일반적으로 유통되는 잡지에서는 누드 사진을 흔히 보기 힘들었던 시절이다). 이 지배적인 색으로부터 패션모델들이 입은 가운의 다양한 색이 사방으로 뻗어나갔다. 파란색 섹션, 빨간색 섹션, 노란색 섹션 등이 있었고, 각각의 색이 다른 색과 만나는 부분에서는 멋지게 혼합된 색조가 드러났다. 내 기억이 정확하다면, 그러한 색깔 구도는 카운터 겸 책상 뒤쪽에서 깨졌다. 사실 방 어딘가에서는 깨질 수밖에 없었다.

벽이나 천장에 새로 붙일 사진이 없을 때는 손님들이 모여 책장에 꽂힌 책들에 대한 이야기를 나누기도 했다. 공대 교수의 집이었기 때문에 기술적인 책들이 많았는데, 이 책들은 보통 화려하게 장정하지 않아 책장 위쪽에 붙여놓은 사진들과 대조를 이루었다. 책장에는 한 가지 색깔로 제본해놓은 연재물이나 정기간행물도 있었다. 이 책들은 색깔이라는 배열 기준과는 약간 독립적으로 자리 잡고 있었다. 그곳에 모인 사람들에게는 책들을 어떻게 하면 논리적이고 조화로운 순서로 재배치할 것인가(책의 수를 감안하면 만만한 문제가 아니었다)가 화제로 떠오르곤 했다. 강의 시간도 아닌데 토론을 하게 된 학생들에게 분명히 떠오른 한 가지 방법은, 천장과 벽에서부터 책장까지 색깔을 일정한 면에 배치하는 것이었다. 하지만 그런 디자인을 실현하기는 어려운 일이었다. 거기 있는 책들 중에는 화려한 장정을 했거나 책가위를 덮은 책이 거의 없었기 때문이다. 실제로 밤색, 회색, 갈색 등으로 제본된 책들이 너무 많아 공학도 한 무리가 있었음에도 도저히 문제를 풀 수가 없었다. 내가 알기로, 그 방에 있는 책들은 결코 재배치되지 않았다.

그렇다고 해서 색깔을 중심으로 책을 꽂는 것이 책을 관리하는 인상적인 방법이 될 수 없다고 말하는 것은 아니다. 이런 경우에는 책가위를 입힌 책이 천으로 장정해 책등을 드러낸 책들보다 유리하다. 책가위가 없는 책들은 보통 검은색이나 다른 짙은 색을 사용하는 경우가 많기 때문이다. 여러 색의 책이 있다고 할 때, 이 책들을 가장 잘 배치하는 방법은 책장이 놓인 방의 전체적인 색조와 관련이 있다. 만약 그 방에 앞서 말한 공대 교수의 부러워 마지않은 방처럼 점진적인 색깔 변화가 나타나지 않는다면, 책장 왼쪽의 벽지 색깔을 택한 다음 오른쪽으로 가면서 점차 색깔을 바꿔나가는 것도 한 가지 방법이 될 것이다. 아니면 색깔 스펙트럼을 따라 빨강에서 시작해 보라로 끝낼 수도 있다. 가죽 장정이 된 책들은 뛰어난 단색 효과를 낼 수 있는데, 이는 일부 장서가들이 애용하는 방식이다.

### 7. 양장본과 페이퍼백을 별도로

양장본과 페이퍼백을 섞을 것이냐 말 것이냐는 집 안 서재에 질서를 부여하고 싶어하는 사람이라면 누구든 부딪히는 문제다. 다 같은 책인데 왜 따로 두려고 하냐면서 두 가지를 섞어놓을 생각이라면 이미 결정한 기준에 따른 순서만 고려하면 된다. 하지만 양장본과 페이퍼백을 나란히 꽂게 될 경우 페이퍼백의 사각형 모양이 양장본과 전혀 닮지 않았다는 것이 문제가 될 수 있다. 양장본은 대개 책등이 둥그스름하며, 대다수 사람들은 이것이 진짜 책이라고 생각한다. 책장의 높은 선반을 올려다볼 때 그런 차이는 분명하게 나타난다—양장본의 둥그스름한 책등은 분명하게 드러나며, 이에 비례하여 페이퍼백의 사각형 책등도 더욱 두드러져 보인다. 사실 페이퍼백은 읽을 때 조심하지 않으면 책등이 오목해져서 양장본의 볼록한 책등과 더 분명한 대비를 이루게 되고, 또 책등이 갈라지고 접히는 일이 생기기 때문에 책꽂이에 아무리 잘 꽂아놓아도 원래 상태로 되돌아가리라고 기대하기 어렵다. 사실 그런 책을 멋진 가죽 장정 책들 옆에 나란히 꽂아놓으면 가죽 장정본의 모양만 구기게 된다.

그렇지만 양장본과 페이퍼백을 구분해놓을 경우 독특한 부조화가 드러나게 된다. 페이퍼백들을 꽂아놓은 선반은 아주 엄격해 보일 것이다. 특정한 종류의 책만 산다면 높이에도 거의 변화가 없을 것이다. 예컨대 대중적인 시장을 겨냥한 페이퍼백들은 일반적으로 슈퍼마켓이나 잡화점 진열대에 잘 맞도록 균일한 크기로 나온다. 그 외의 보급판 페이퍼백들은 이따금 예외가 있기는 하지만 크기가 균일한 편이다. 따라서 페이퍼백만 꽂아놓은 선반에서 눈에 보이는 차이는 책등 두께밖에 없을 것이다(이 차이는 높이의 차이에 비하면 거의 눈에 띄지 않는다).

### 8. 출판사에 따라

더럼 시내의 '북익스체인지'라는 서점은 교과서를 포함한 다양한 새 책과 헌책을 많이 갖추어놓은 것으로 유명하지만, 책을 분류하는 방식으로도 유명하다. 이곳에서는 교과서가 아닌 책들은 출판사에 따라 배열한다—이 원칙은 양장본이나 페이퍼백이나 동일하게 적용되지만, 양장본은 양장본대로 페이퍼백은 페이퍼백대로 진열된다. 책들은 각 출판사 섹션에, 출간일에 따라 배열된다. 양장본일 경우에는 가장 최근에 출간된 책이 해당 출판사 섹션 맨 마지막 선반의 맨 끝에 꽂히며, 페이퍼백일 경우에는 카탈로그 번호에 따라 배열된다. 출판사를 알고 책이 대강 언제쯤 출간됐는지 안다면 북익스체인지에서 책을 찾는 것은 쉬운 일이다. 각 출판사가 서점 어디에 자리 잡고 있는지 안다면 더더욱 그렇다. 출판사들이 늘 분명한 논리적 원칙에 따라 자리 잡고 있는 것은 아니기 때문이다. 새 양장본들은 멜빌 듀이라면 개탄할 만한 방식으로 배치되는데, 한 출판사가 이루는 줄은 그야말로 줄을 이루고 있기 때문이다. 즉 수직의 선반 지지대들을 무시하고 수평으로 길게 뻗어 있다. 출판사를 모른다면 북익스체인지가 제공하는 여러 권의《출간된 책》가운데 한 권을 뒤져보아야 한다. 그러나《출간된 책》가운데 몇 번째 책부터 뒤져볼지 판단하려면 대략적인 출간일을 알고 있어야 한다.

개인 서재에서도 물론 출판사에 따라 분류할 수 있다. 이렇게 배치해놓으면 출판사들의 디자인 철학에 대해 흥미진진한 연구를 해볼 수도 있다. 예를 들어 MIT 출판부 책들은 사각 상자 형태인 경우가 많아 책등이 평평하며, 책가위나 페이퍼백 색깔은 어두운 경우가 많다. MIT의 멋진 출판사 로고—mitp는 간격이 균일한 7개의 수직선으로만 이루어져 있는데, 이 직선들은 t의 올라간 부분과 p의 내려간 부분을 표시하기 위해 높이에만 차이를 두었을 뿐, i에 점을 찍지도 않았고 t에 가로 획을 긋지도 않았다—역시 이 책들에 통일성을 부여하는 또 하나의 중요한 디자인 요소다.

앨프리드 A. 크노프 출판사 로고인 보르조이[러시아 사냥개]도 출판사별로 배열한 책장에서 금방 눈에 띄는 진귀한 것이다. 이 러시아 사냥개는 늘 다리를 쭉 뻗고 달리는 모습이지만, 오랜 세월이 흐르는 동안 이 로고 그림에는 미묘한, 때로는 아주 분명한 변화가 나타났다. 크노프에서 출간한 내 첫 책에는 연필 스케치로 그려진 보르조이가 박혀 있었는데, 연필을 댄 방향이 마치 지우개로 지우기라도 한 듯이 같은 방향으로 뻗어 있다. 다음 책에서 이 개는 마치 어떤 쓸모 있는 물건에 대한 특허 마크라도 되는 양 라벨로 찍혀 있었고, 또 다음 책에서는 19세기 다리에 장식으로 부착하기 위해 주철로 만든 소용돌이 장식품처럼 보였다. 그런가 하면 다음 책에서는 다리가 두 개의 삼각형으로, 머리는 타원형으로 이루어진 개가 박혀 있었다. 꼬리는 원의 한 조각처럼 보였다. 공학에서의 모험을 상징적으로 보여주려는 시도 같았다.

이 책의 경우에는 보르조이가 열린 책에서 뛰어나오거나 책꽂이를 가로질러 뛰어가는 모습으로 찍혀 나올지도 모르겠다. 한 도서관에 있는 크노프 출판사 책들을 한 선반에 모아보라. 그러면 놀라운 개성을 지닌 보르조이들의 행렬을 볼 수 있을 것이다.

* * *

지금까지 말한 것은 공적인 배열 방법이라고 부를 수 있겠다. 책을 배열하는 원칙은 누가 보아도 대체로 분명하다. 그렇지만 사적인 배열이라고 부를 수 있는, 다른 종류의 배열 방법도 있다. 이런 배열은 서재 소유자 외에는 아무도 파악하지 못할 수 있다. 물론 끈기 있는 책꽂이 탐정이라면 수수께끼를 풀 수도 있겠지만.

### 9. 읽은 책과 읽지 않은 책의 구분

누구에게나 아직 읽지 않은 책이 있다. 그것을 어떻게 할 것인가도 문제가 될 수 있다. 어떤 사람들은 읽지 않은 책을 좋아하는 독서용 의자 옆의 탁자나 바닥에 쌓아두곤 한다. 하지만 이렇게 하면 그 책들이 우리가 얼마나 게으른지 보여주는 증표가 되어 늘 부끄러운 마음으로 살게 될 수도 있다. 극단적인 경우에는 쌓아둔 책들 때문에 의자를 오가기가 어려울 수도 있고, 청소를 못 할 수도 있다. 읽지 않은 책을 따로 분류하지 않고 옛 책들, 즉 이미 읽은 책들 사이에 정해놓은 순서에 따라 꽂을 수도 있다. 요컨대 책이 생기는 대로—구입을 했든, 선물을 받았든, 어떤 이유로 우리 바닥이나 탁자에 올려졌든 간에—우리가 채택한 순서에 따라 책장에 보관해둘 수 있다. 그렇지만 이렇게 하면 책을 꽂기 위해 기존의 책들을 대량으로 재배치하는 일이 벌어질 수도 있다. 또 읽은 책과 읽지 않은 책을 섞어놓으면 새로 읽을 책을 찾을 때 문제가 생길 수도 있다. 읽을 후보군이 서가에 무작위적으로 퍼져 있기 때문에 한군데 쌓아두었을 때만큼 편리하게 고를 수가 없기 때문이다. 또 책을 바닥이나 탁자에 쌓아둘 때는 흔히 새 책을 이전에 산 책 위에 올려놓는 경우가 많은데, 이것도 유리한 점이 된다. "먼저 생긴 것을 먼저 읽는다"는 원칙을 따르고 싶을 때는 바닥에 깔린 것을 뽑아 들면 되기 때문이다. 물론 밑바닥에 있는 책을 뽑는 것이 꼭 쉬운 일만은 아니지만.

바닥과 탁자 표면을 깨끗이 비워두면서도 읽지 않은 책들을 따로 분류하는 방법은, 책장의 한 섹션, 예를 들어 이미 읽은 책들의 처음이나 끝부분을 따로 할당해 읽지 않은 책들을 꽂아두는 것이다. 이렇게 한다면 아마 끝부분이 좋을 것이다. 많은 경우 책이 불어나는 속도가 읽는 속도보다 빠르기 때문이다. 따라서 새 책을 기존 책들 앞부분에 꽂아두게 되면 선반이 금세 차버려, 공간을 넓히기 위해 장서 전체를 옮겨야 하는 일이 벌어질 수 있다. 이는 장서가들이 가장 싫어하는 일이다(물론 책 배열 기준을 어떻게 정하든 늘 생길 수 있는 일이지만, 새 책들을 장서 맨 앞에 보관할 때 두드러지게 나타날 수 있다). 새 책들을 장서 맨 끝으로 몰아버리면 문제가 해결될 것 같지만, 모두 알다시피 빈 선반 공간이란 일시적인 것이다.

읽은 책은 엄격하게 읽은 순서에 따라 배열하고, 읽지 않은 책은 읽고 싶은 순서에 따라 맨 끝에 배열하면, 다른 사람들이 보기에는 헷갈릴 수 있지만 개인에게는 많은 도움이 된다. 독서 취향이 어떻게 변해왔는지, 학창 시절부터 지금까지 우리가 지적으로 어떻게 성숙해왔는지 한눈에 파악할 수 있기 때문이다. 더불어 앞으로 우리가 어떤 방향으로 나아갈지도 알 수 있다. 적어도 당분간 어떤 책들을 읽을 생각인지는 알 수 있다. 읽을 책들을 따로 분류해놓으면 여행을 가거나 휴가를 갈 때도 특별히 신경 쓸 것이 없어 편하다. 물론 읽어야 할 책 선반에 꽂히는 책들이 전부《딜버트》나《가필드》같은 만화책이라면 다시 생각해봐야겠지만.

읽은 책과 안 읽은 책을 배치하는 또 한 가지 방법은 모든 책을 정해진 순서에 따라 꽂되, 읽은 책은 뒤집어 꽂는 것이다. 이는 미국 책만 가지고 있는 경우에는 아무런 문제가 없다. 아니, 옛 영국 책만 없어도 문제가 없다. 옛 영국 책들은 보통 책등이나 책가위의 글자가 위에서부터 아래로 읽는 것이 아니라 아래에서부터 위로 읽도록 찍혀 있기 때문이다. 이렇게 배열할 경우, 미국 책과 영국 책이 섞여 있다면 어떤 책을 읽었는지 안 읽었는지 판별하기 위해서는 우선 그 책의 국적부터 알아야 할 것이다.

안 읽은 책을 읽은 책들 사이에 보관하는 모험적인 방법은 중세로 거슬러 올라가 읽지 않은 책은 책등이 안으로 가도록 꽂고, 읽은 책은 책등이 바깥으로 나오도록 꽂는 것이다. 이렇게 하면 책장에 약간의 신비감을 보탤 수 있을 뿐 아니라 새 책을 읽는 것을 모험으로 만들 수 있다. 앞마구리만을 보고서는 어떤 책인지 분간할 수 없기 때문에 읽지 않은 책들 가운데 한 권을 고르는 것은 알아맞히기 게임이 될 것이다. 물론 어떤 배열 원칙에 따라 책 내용을 쉽게 파악할 수 있다면 이야기가 달라지지만 말이다. 책들이 어떤 다른 기준(예를 들면 범주나 저자)에 따라 순서대로 꽂혀 있지 않다면, 책등과 앞마구리가 뒤섞여 나와 있는 책장에서 자신이 꺼낸 읽지 않은 책이 무슨 책인지 알지 못할 것이다. 이 경우에는 책의 두께나 장정을 보고 택해야 하는데, 이는 책을 꺼낼 때의 기분에 좌우될 수 있다. 그러나 선택이라는 면에서 잃은 것을 프라이버시라는 면에서는 얻을 수도 있다. 남의 책장에 기웃거리기를 좋아하는 사람도 이 책장 앞에서는 좌절을 겪을 것이 분명하기 때문이다. 물론 이렇게 배열할 경우, 반쯤 읽은 책은 어떻게 할 것이냐가 문제가 된다. 그러나 어차피 모든 배열 계획은 어려운 결정에 부딪힐 수밖에 없다. 반쯤 읽은 책은 앞마구리가 밑으로 가도록 눕혀볼까?

### 10. 책이 생긴 순서에 따라

책이 어느 정도 쌓이기 전까지 책 배열 문제를 생각하는 사람은 거의 없다. 따라서 책을 배열하려고 마음먹었을 때쯤이면 책이 언제, 어디서 났는지 등을 일일이 기억할 수 없기 때문에, 이미 있는 책들을 서재에 들어온 순서에 따라 배열하는 것은 추측에 맡길 수밖에 없다. 하지만 일단 시작하면 새로 생기는 책들을 배열하는 데는 아무런 문제가 없다. 선반 맨 끝에 꽂아두면 그만이기 때문이다. 안 읽은 책들 중 오래된 책을 읽고 싶을 땐 선반 맨 처음에서부터 손가락으로 쭉 따라가다가 찾는 책을 꺼내 들면 된다. 반대로 가장 최근에 구한 책을 읽고 싶을 땐 선반 맨 끝에 있는 책을 뽑기만 하면 된다.

책을 구한 시간 순서에 따라 배열하면 오랜 세월에 걸쳐 자신의 취향이 어떻게 변해왔는지 한눈에 알 수 있다. 이를테면 대학원생 시절에 만나 결혼을 하고, 자식을 낳고, 그 자식들도 대학을 마치고 이제 본인들은 은퇴를 바라보게 된 부부의 서재라면 선반 첫 부분에는 시집이나 철학책이 많을 테지만, 이어 닥터 스폭[미국 소아과 의사로, 베스트셀러 육아서의 저자로 유명하다]의 책이 나타날 테고, 자식들이 어린 시절에 썼던 물건이 여전히 남아 있는지에 따라 어린이용 책이 길게 이어질 수도 있고 아닐 수도 있다. 그 뒤로는 아동 심리학, 청소년 심리학, 성인 심리학에 대한 책들이 나타날 것이다. 중간중간 실용적인 안내서들이 뒤섞여 있을 수도 있다. 바로 여기서 도피성 문학이나 커피테이블용 책 혹은 여행 가이드북으로 이어질 수도 있다. 자식들이 늦게 결혼한 경우에는 신부 잡지나 현대 예절에 대한 책이 나타날 수도 있다. 이어 투자나 소득세 안내서가 등장한 다음, 가장 마지막에는 재산 관리 매뉴얼이 등장할 만하다. 이렇게 배열된 선반은 그 전체를 한 권의 삶의 책으로 읽을 수도 있다.

### 11. 출간 순서에 따라

시간을 기준으로 삼는 또 하나의 방법은 출간일을 기준으로 배열하는 것이다. 그러나 이 방법 역시 일군의 유물에 질서를 부여하려는 모든 시도가 그렇듯이 여러 가지 어려운 문제를 수반하게 된다. 재판 이후의 인쇄물은 어떻게 할 것인가? 다른 출판사에서 재출간한 책은 어떻게 할 것인가? 책 자체의 출간일에 따라 보관할 것인가, 아니면 초판 출간일에 따라 보관할 것인가? 초판이라 해도 애매한 일이 생길 수 있다. 실제로 세상에 책을 펴낸 날짜를 나타내는 속표지 날짜가 서지학자들이 보통 이용하는 판권면에 찍힌 날짜와 일치하지 않을 수도 있기 때문이다. 예를 들어 속표지에는 1998년 1월에 출간됐다고 적혀 있어도 판권면에는 1997년에 출간됐다고 적혀 있을 수도 있다. 재쇄를 찍은 책은 속표지에 재쇄 날짜를 기록하는 경우가 많다. 그러나 아무런 날짜도 밝히지 않은 짜증나는 책들도 있다. 서지 목록에 [1968년경]과 같은 식으로 괄호로 표시되어 있는 책들이 그런 경우다. 물론 이런 책은 1968년에 출간된 책들과 함께 꽂아놓으면 되지만,

완벽주의자들은 그것이 완벽한 순서가 아니라는 께름칙한 느낌, 혹시 한두 해 틀린 것은 아닐까 하는 미심쩍은 느낌을 떨쳐버리지 못할 것이다.

보통 새 책만 사는 사람들에게는 구입 순서에 따른 배열과 출간 순서에 따른 배열 사이에 차이가 없을 것이다. 그렇지만 필요 때문이든 경제적인 이유 때문이든 헌책을 사는 데 습관을 들인 사람에게는 그 차이가 엄청나다. 나는 신혼 시절 매달 기념할 만한 날이면 아내에게 새로 나온 시집이나 소설책을 선물하곤 했는데, 이런 경우에는 출간 순서와 구입 순서가 거의 똑같았다. 하지만 우리는 시인들의 전집으로 서재를 채우고 싶었고, 헌책방을 뒤지기 시작했다. 그러면서 책을 구입한 날짜와 책이 출간된 날짜는 몇 년에서 수십 년까지 차이가 나게 됐다. 따라서 출간일에 따라 배열하면 나란히 놓일 책들이, 서재에 들인 날짜에 따라 배열하면 여기저기 흩어지게 되는 상황이 벌어졌다.

### 12. 페이지 수에 따라

이렇게 순서를 잡으면 자연스럽게 얇은 책은 선반 앞쪽에 꽂히고, 두꺼운 책은 뒤쪽에 꽂히게 된다. 책 두께에 따라 배열하는 것과 똑같다고 생각하겠지만, 가만히 보면 그렇지 않다는 것을 알 수 있다. 제지업체마다 종이 무게가 다양해, (페이지 수는 많지만) 얇은 책이 (페이지 수는 적지만) 두꺼운 책 뒤에 놓이는 경우도 생기기 때문이다.

페이지 수에 따라 배열된 책장은 짧은 책을 읽고 싶을 때나 긴 시간에 걸쳐 오랫동안 책을 읽고 싶을 때 등 경우에 따라 편하게 책을 고를 수 있다는 장점이 있다.

### 13. 듀이 십진법에 따라

듀크 대학과 어바나-샴페인의 일리노이 대학은 여전히 듀이 십진법에 따라 책을 분류하고 보관하는 대학 연구도서관에 속한다. 현재 미국의 큰 대학 도서관 가운데에는 듀이 십진법에 따라 책을 배열하는 곳이 거의 없다. 나는 오스틴 텍사스 대학이 듀이 시스템에서 의회도서관 시스템으로 분류 방법을 바꿀 때 그 대학에 있었는데, 퍽 불안한 경험이었다. 과도기에는 두 시스템이 동시에 가동되어서, 책을 찾으러 갈 때면 배열 방식이 서로 다른 두 곳을 다 들러야 했기 때문이다.

듀이 십진 분류 시스템이란 물론 멜빌 듀이가 정한 방법이다. 듀이는 학생 신분으로 도서관 조수 일을 하던 1873년 애머스트 대학 도서관에 이 시스템을 적용해보았다. 사실 이 아이디어는 듀이가 생각해낸 것이 아니다. 이 시스템은 W. T. 해리스가 세인트루이스 공공도서관의 책을 배열한 방식에 기초를 두고 있었다. 하지만 십진법, 즉 미터법 체계를 끈질기게 물고 늘어진 사람은 듀이였다. 일반인들은 잘 알지 못하지만 사서들은 카드 카탈로그의 카드가 문구점에서 흔히 구할 수 있는 3~5인치 크기가 아니라 센티미터로 재서 자른 카드(7.5~12.5센티미터)라는 것을 안다. 카드에 표기된 책 높이도 미터법을 따르고 있다. 당연한 일이지만, 카드 카탈로그를 보관하는 가구 역시 미터법에 따라 크기가 정해졌다. 물론 컴퓨터 시대에 들어서면서 카드 카탈로그는 거의 사용되지 않는다. 카드 카탈로그가 종말을 고한 데 대해 새로 건립된 샌프란시스코 도서관은 방문객들이 시적이고 산문적인 글이 적힌 카드를 새 건물 벽에 붙이는 행사를 열어 기념한 한편, 미국 작가 니콜슨 베이커는《뉴요커》에 실린 유명한 에세이를 통해 인상적인 추도사를 남겼다.

20세기 말 사서들이 듀이 십진법에서 겪은 문제 중 하나는 카탈로그 번호, 즉 도서 정리 번호call number(책장에서 위치를 지정하는 번호로, 책을 부르던call 관행에서 나온 이름이 틀림없다)가 끝도 없이 길어진다는 것이다. 이는 이 분류 시스템 시작 부분에서 금방 알 수 있다. 듀이는 001을 정보과학과 관련된 책에 할당했다. 물론 컴퓨터 혁명이 일어나기 전의 일이었다. 현재는 컴퓨터 과학, 인공지능에 대한 책들이 전부 001 안에 들어 있다. 이 범주를 다시 나누기 위해 책들은 001.53909 같은 번호를 부여받아야 하며, 여기에 저자 이름과 책 제목의 첫 글자, 출간연도가 더 붙어야 한다. 따라서 패멀라 매코덕의 《생각하는 기계 Machines Who Think》를 듀이 분류법에 따라 표시하면 001.53909 M131 M149 1979가 된다.

현대 사서들 대다수는 이 19세기의 미터법에 따른 분류를 좋아하지 않기 때문에, 자기 서재에서 듀이 분류법을 따르지도 않고 남들에게 권하지도 않는다. 개인 서재는 대학 도서관에 비해 한정적인 주제에 책이 집중되어 있기 때문에 더욱 그렇다. 그런 서재에 듀이 시스템을 적용하면 거의 모든 책을 몇 개의 십진수 안에 포괄하게 될 것이다.

훌륭한 도서관 학교가 있는 일리노이주 어바나에서 나는 아내와 함께 한 사서 부부의 집을 방문한 적이 있다. 우리는 거실에 놓인 작은 책장 옆에 앉게 됐고, 주인 부부가 와인과 치즈를 가지러 부엌에 가 있는 동안 나는 자연스럽게 책장에 꽂힌 책들을 훑어보기 시작했다. 그런데 어떤 기준에 따라 책을 정리해놓았는지 짐작할 수가 없었다. 부엌에서 돌아온 사서는 내가 고개를 기울이고 책등을 살피는 모습을 보더니, 이 책장에는 집에 있는 책 일부만이 꽂혀 있으며 나머지는 집 전체에 흩어져 있다고 설명했다. 그녀는 그들 부부가 소유한 책들 전체를 일목요연하게 보여주기 위해 카드 카탈로그 상자를 가져왔다. 하지만 그것은 듀이 분류법이 아닌 그녀 자신이 고안한 방법에 따라 정리되어 있었다—정말이지 개인적인 도서 배열 방법이었다.

### 14. 의회도서관 시스템에 따라

《브리태니커 백과사전》에서는 LC 시스템(의회도서관 시스템을 줄여 부르는 말)을 "미국 국회도서관 재편 과정에서 개발된 도서 분류 시스템. 논리적이고 철학적이라기보다는 자의적인 시스템이다. 이는 부수적으로 사용되는 알파벳 표기법을 제외하면 서로 연관성을 갖지 않는 별개의 특수한 분류법들로 구성되어 있다"고 설명해놓았다. 이 백과사전은 또 LC 시스템이 듀이 분류법과 비교할 때 실제로 수집한 100만여 권의 장서를 기초로 만들어졌음을 언급하고 있다. LC 시스템 역시 문자와 숫자를 짜 맞춘 것이기는 하지만 분류 명칭이 짧다는 것이 장점이다. 따라서 듀이 시스템에서는 001.53909 M131 M149 1979이던 책이 LC 시스템에서는 Q335 M23이라는 도서 정리 번호를 갖게 된다.

LC 시스템이 공공도서관이나 개인 서재에서 갖는 큰 장점은 현재 미국에서 출간되는 모든 책의 판권면에 LC 도서 번호가 적혀 있다는 것이다. 따라서 미국에서 새로 나온 책을 선반에 꽂을 때는 복잡한 분류를 머릿속에 떠올릴 필요가 없다. LC 시스템은 "논리적이라기보다는 자의적"이기 때문에 책등에 도서 정리 번호를 붙여놓지 않는 한, 다른 사람이 보았을 때는 거기에 무슨 순서가 있으리라는 생각이 들지 않는다.

## 15. 국제 표준 도서 번호(ISBN)에 따라



국제 표준 도서 번호International Standard Book Number, ISBN는 판권면에 실리는 열 자리 정도의 숫자다. 요즘에는 거의 모든 책의 뒤표지에 찍혀 있는 일반 생산 코드Universal Product Code, UPC 바코드 아래에도 적혀 있는 경우가 많다. UPC 시스템은 1970년대 초에 시작됐다. 1973년 IBM에서 컴퓨터에 기초해 계산 및 재고 파악 과정을 신속히 처리하는 방법을 개발하자 식료품 업계에서 이를 채택했다. 1974년 리글리의 스피어민트 껌이 이 기술을 통해 판매된 첫 물품이었다. 하지만 그로부터 10년이 지나도록 책에는 이 직선 줄무늬가 찍히지 않았다. 1980년대 초중반에 구입한 책들 뒤표지에는 네모나게 생긴 숫자로 이루어진 고유의 ISBN이 찍혀 있었다. 그러나 1990년대에는 출판사들이 소매 시장을 통해 판매하고자 했던 책들 모두 UPC 바코드를 부착하고 나오게 됐다. 물론 이는 북디자이너들에게 까다로운 문제가 됐다. 어떤 디자이너들은 이 줄무늬를 디자인에 교묘하게 통합시키기도 했지만, 대부분의 경우 UPC 바코드와 ISBN은 책 뒤표지에 흉하게 자리 잡고 있다. 그러나 독자들은 그것을 무시해버리지, 별로 눈여겨보지는 않는다.

그렇다고 해서 ISBN이 새로운 책들의 순서를 정하는 기준으로 이용될 수 없다는 뜻은 아니다. 그러나 그 결과는 8번(출판사에 따라)에서 말한 방법과 비슷해질 것이다. 어떤 책의 ISBN—예를 들어 0-375-40041-9—은 늘 0으로 시작한다. 따라서 책을 배열할 때 맨 앞자리 숫자는 무시해도 좋다. 다음에는 출판사를 표시하는 번호가(375는 앨프리드 A. 크노프 출판사의 번호다), 이어 출판사에서 각 책에 정한 번호가 온다. 보통 이 번호는 출간 순서를 따른다. 따라서 40041은 내가 1997년에 낸 책《세계를 다시 만들기Remaking the World》의 번호가 된다. 마지막 숫자(이 경우에는 9)는 확인 번호로 알려져 있다. 컴퓨터는 이전 숫자들에 어떤 공식을 적용하여 계산한 다음 그 결과를 확인 번호와 비교한다. 계산 결과와 확인 번호가 일치하지 않는 경우, 컴퓨터는 코드를 잘못 읽었다고 판단하고 다시 읽는다.

이 책의 UPC 번호는 9-78035-400414다. UPC 번호가 ISBN과 똑같은 건 아니지만, 같은 숫자들을 공유하고 있다. 책의 UPC 번호는 늘 9로 시작한다. 이것이 물품 범주를 나타내는 숫자이기 때문이다. 물론 UPC 번호에 따라 책을 배열할 수도 있겠지만, 그 순서는 ISBN을 따른 경우와 크게 다르지 않을 것이다.

### 16. 가격에 따라

가격에 따라 책을 배열해놓으면 사람들은 책장을 보아도 도무지 배열 기준을 짐작할 수 없을 것이다. 하지만 더 재미있는 것은 책을 구입할 당시의 가격 그대로를 기준으로 책을 배열하는 일이다. 한때 50센트에 팔렸던 보급용 페이퍼백에서부터 시작해, 새 책 가격에 눈이 휘둥그레지던 시절에 1.95달러를 주고 샀던 수십 년 된 양장본 소설들을 꽂아놓는 것이다. 구입 가격에 따라 배열된 책장은 크기나 품질, 가격 사이에 연관성이 없기 때문에 흥미를 자아낼 것이다.

물론 책의 현재 가치가 기준이 될 수도 있다. 그러면 새 책과 헌책 양쪽을 다 가진 사람은 가격 기준에 따라 책을 보관할 때 몇 가지 판단을 해야 한다. 1962년에 나왔을 때 4달러를 주고 산 로버트 프로스트의《빈터에서In the Clearing》초판은 4달러짜리 책들과 함께 꽂을 것인가, 아니면 희귀본 카탈로그에 나온 현재 가격에 따라 선반 맨 끝에 꽂을 것인가? 윌리엄 H. 가스가 1982년 6월 18일 가족과 함께 우리 집을 다녀가면서 헌사 아래에 사인까지 해 선물로 주고 간《내 결혼 생활의 첫 겨울The First Winter of My Married Life》1979년 초판은 어디에 꽂을 것인가? 이 증정본은 헌사와 사인 때문에 현재 가치는 들인 비용—선물로 받았으니 0이라고 할 수 있다—의 몇 배가 될지 모른다. 이런 책은 책장 왼쪽 맨 위의 맨 첫 부분에 들어가야 할까, 아니면 가스가 쓴 책들의 시장 가격 변화에 따라 위치를 바꿔주어야 할까?

### 17. 새 책과 헌책을 구분하여

구입할 때 새 책이었는지 헌책이었는지 여부도 서재를 정리하는 한 가지 방법이다. 이 기준을 따르면 한 서재에 서로 다른 두 계급이 있는 것처럼 보일 수 있다. 헌책이 새 책만큼 말끔해 보이는 일은 드물기 때문이다. 이런 구분 방식은 또 새 책과 헌책을 별도 공간에 보관하지 않는 한 보는 사람이 그 기준을 쉽게 알아차릴 수 있다.

### 18. 즐겨 읽는 정도에 따라

모든 책을 똑같이 즐겨 읽는 사람은 없다. 어떤 책은 읽는 것 자체가 즐거움이지만, 어떤 책은 일 삼아 읽어야 한다. 가장 즐겨 읽은 책은 좋은 자리에 모셔두고, 재미없었던 책은 안 좋은 곳에 꽂아두면 책장이 우리가 책에 대해 느꼈던 감정을 반영하게 된다. 이렇게 배열한 책장은 늘 변화를 겪게 될 것이다. 처음 읽을 때 아주 재밌었던 책도 다시 읽으면 늘 처음 기억만큼 재밌지는 않기 때문이다. 마음에 들지 않아 다 읽지도 않고 어두운 구석에 처박아두었던 책이 다시 읽으면 아주 마음에 드는 책이 되는 경우도 비일비재하다. 하지만 그런 책을 다시 집어 들게 되는 이유는 처음에 싫어했던 이유만큼이나 수수께끼다. 책을 호오에 따라 배열하면 가장 낮은 선반에 처박아두었던 책을 허리를 굽혀가면서까지 집어 들게 될 수도 있고 아예 쳐다보지 않게 될 수도 있다.

### 19. 감정적 가치에 따라

책장들은 넘치고 방에 책장을 더 들여놓을 공간은 없을 때 어느 책을 버릴 것인가를 결정하는 것은 장서가가 부딪히는 가장 어려운 문제 중 하나다. 책을 감정적 가치에 따라 배열하면 그런 상황에 도움이 될 수 있다. 예컨대 마지막 책장 제일 하단 오른쪽 맨 끝에 가장 하찮게 여기는 책을 꽂는다면, 봄에 책장을 정리할 때가 오면 그곳에 있는 책들을 버리고 그동안 주인 마음에 들어 책장에 꽂힐 기회를 노리고 있던 책들에게 적당한 자리를 내줄 수 있다. 물론 책장을 정리할 시기가 왔을 때 주인은 그간의 감정 변화를 반영해 책들을 전면적으로 재배치할 수도 있다. 이때 오래전에 잊은 옛 애인이나 잊고 싶은 전 배우자가 준 책은 사형수 감방으로 보낼 것도 없이 즉결 처분해버릴 수도 있다.

### 20. 출처에 따라

내 책장은 전체적으로 주제에 따라 분류되어 있지만, 다른 사람들이 보기에는 분류 원칙을 어긴 것처럼 보이는 선반들이 있다. 이 선반들에 꽂힌 책은 출처에 따라 분류되어 있는데, 한 선반에는 저자가 서명한 책들이 있는가 하면 한 선반에는 출판사에서 서평을 부탁하며 보낸 책들이 있다. 두 번째 선반에 꽂힌 책들은 나는 잘 알지 못하는 저자나 편집자들이 그간 내가 쓴 책들을 보곤 내가 관심 가질 만하다고 생각해서 보낸 것이다. 다른 이들이 보면 배열 기준을 도무지 짐작할 수 없을 만큼 다양한 주제의 책들이 꽂혀 있지만, 그 책들은 모두 내가 쓴 글과 관련이 있는 셈이다. 때문에 그런 책들은 다 읽기 전에는 버리기가 망설여진다. 실제로 읽어보면 무척 재밌기까지 해서, 저자나 편집자들이 내게 무엇이 유익한지를 알고 보내주었다는 생각이 든 적도 한두 번이 아니다.

### 21. 훨씬 더 신비한 배열 기준에 따라

정말로 책 배열 기준을 짐작하지 못하게 하는 것이 목적이라면, 다른 방법도 많다. 책 부제의 알파벳순에 따라, 첫 문장에 따라, 마지막 문장에 따라, 세 번째 문장에 따라, 마지막에서 두 번째 문장에 따라, 색인에서 마지막 단어의 알파벳 역순에 따라 배열할 수도 있다. 숫자에 따른 배열을 좋아한다면 단어 수에 따라 배열할 수도 있고, 색인 항목 수에 따라 배열할 수도 있다. 이런 배열 각각이 나름대로 불리한 점이 있음은 물론이다. 수를 세거나 알파벳을 따지는 것이 지겨울 수도 있고, 서재에 책을 꽂거나 찾을 때 필요한 정보를 쉽게 기억하거나 알아내지 못할 수도 있다.

### 22. 찬장 서재에 대하여

나는 아내와 함께 시카고에 있는 시인 존 프레드릭 님스의 아파트를 방문한 적이 있다. 그곳에서는 미시건 호수가 잔잔한 바다처럼 펼쳐져 있는 모습이 한눈에 들어왔다. 잠시 잡담을 나눈 뒤 시인은 우리에게 마실 것을 주며 거실에 있는 책장으로 가보자고 했다. 책장에는 촘촘한 망이 덮여 있었는데, 그 뒤를 보기가 무척 힘들었다. 님스는 가장 왼쪽에 있는 문을 열었는데, 거기에는 책이 아닌 술이 들어 있었다. 다른 선반 몇 개에는 책이 꽂혀 있었지만 우리가 기대했던, 또 분명히 있다는 것을 알고 갔던 시집 장서는 보이지 않았다. 우리는 호수를 굽어보는 서재도 구경했지만 그곳에서도 시집은 보이지 않았다.

어리둥절한 우리 표정을 보았던지 님스는 우리를 이끌고 복도를 가로질러 어떤 문으로 향했다. 그는 문을 열어 거기 우리가 찾던, 얇지만 우습게 볼 수 없는 책들이 빽빽이 꽂힌 커다란 찬장(삼나무가 아닌 소나무로 만든 좁다란 선반이 설치되어 있었다)을 보여주었다. 마치 영혼의 찬장인 것처럼, 그 찬장에는 시를 즐겨 읽는 이들이 오랫동안 정신과 마음과 영혼을 살찌울 수 있는 양식이 들어 있었다. 시카고가 포위를 당한다 해도 이 시인에게는 읽을거리가 부족하지 않을 것 같았다. (이 시인은 다는 아니라 해도 대부분 읽어봤을 것이 틀림없지만, 그 시집들에는 한 번 읽고 버릴 시들이 담겨 있는 것 같지 않았다)

시집들은 저자의 이름 순서로 정리되어 있는 것 같았다. 그것이 자연스러운 배열이었을 것이다. 시인은 우리가 지명만 하면 어떤 시인의 작품이든 아주 쉽게 찾아낼 수 있다는 것을 보여주기라도 하듯이, 선반에 꽂힌 얇은 시집 몇 권을 뽑아 보여주었다. 찬장에 한 가지 책이 수천 권까지는 아니더라도 족히 수백 권은 질서정연하게 꽂혀 있는 모습에 나는 강한 인상을 받았다. 그런데 우리가 방문한 뒤에 생긴 시집들은 어떻게 꽂아놓았을지, 지금도 그것이 나에게는 수수께끼다. 하지만 책장도 옷장과 비슷한 것 같다. 옷장은 아무리 꽉 차 보여도 늘 재킷 하나 정도는 더 걸 틈이 있다. 대개는 책장도 그렇다.

### 23. 책가위에 대하여

책가위는 특히 심각한 딜레마를 안겨줄 수 있다. 책가위를 씌우고 보관할까, 벗기고 보관할까? 책가위를 씌우면 나름의 색깔과 성격이 있는 책의 장정이 가려지지만, 장정을 태양과 먼지로부터 보호할 수는 있다. 반면 책가위를 벗겨내면 내용에 대한 간단한 설명이나 저자 사진 같은 흥미로운 정보를 잃게 된다. 그래서 어떤 사람들은 책가위 가운데 중요한 정보를 잘라내 책에 풀 혹은 테이프로 붙여놓거나 아니면 그냥 책 사이에 끼워놓는다. 하지만 나는 그렇게 해둔 게 단정하다고 생각한 적이 한 번도 없다. 책가위는 읽은 책과 읽지 않은 책을 구분하는 데에도 사용할 수 있다. 안 읽은 책에는 책가위를 씌워놓으면 된다.

어쨌든 책가위는 선반의 귀중한 공간을 잡아먹는다. 전체 공간의 2.5퍼센트를 차지한다는 계산도 있다. 책 100만 권마다 작은 공공도서관 하나를 만들 수 있는 공간을 버리는 셈이다. 비좁은 연구도서관들이 책가위를 공간만 차지하는 사치품으로 여겨 다 내버리는 것도 놀랄 일은 아니다.

### 24. 두 정신의 결혼에 대하여

앤 패디먼의 책《서재 결혼시키기》서두에 실린 매혹적인 에세이 '서재 결혼시키기'는 패디먼과 남편이 마침내 그들 책을 섞게 된 이야기를 들려준다. 그들은 결혼 후 5년 동안 다락방 양 끝에 각자의 책을 따로 보관했다. 각각의 책장 정리 방식이 양립할 수 없을 것 같아서였다.

그의 책은 민주적으로 뒤섞여, 모든 것을 포괄하는 '문학'이라는 깃발 아래 연합해 있었다. 어떤 책은 수직으로, 어떤 책은 수평으로 꽂혀 있었고, 또 어떤 책은 다른 책 뒤에 놓여 있기도 했다. 내 책들은 국적과 주제에 따라 분할 통치되고 있었다. 어지러운 것을 잘 참는 대부분의 사람들과 마찬가지로 조지는 3차원 물체를 기본적으로 신뢰한다. 그는 자기가 뭘 원하면 그것이 저절로 나타날 것이라고 믿는데, 그래서 그런지 실제로 그렇게 되는 일이 많다. 반면 나는 책, 지도, 가위, 스카치테이프 등이 자기 숙소에 가두어 놓지 않으면 미지의 영역으로 떠나기를 좋아하는 믿을 수 없는 방랑자들이라고 생각한다. 따라서 내 책들은 언제나 엄격하게 조직화되어 있었다.

결국 그녀의 "프랑스 정원"식 구도가 그의 "영국 정원"식 구도에 승리를 거두었다. "내 식대로 정리해도 그는 자기 책을 찾을 수 있지만, 그의 식대로 정리하면 나는 내 책을 찾을 수 없다"는 근거였다. 일주일 동안 재배치를 하고 나자 그들의 책은 "깔끔하게 질서"를 갖추었다. 그러나 시간이 흐르면서 남편이 책을 읽으려고 꺼냈다가 엉뚱한 자리에 꽂아두는 일이 생기기 시작했고, 결국 다시 무질서가 시작되었다. 얼마나 낯익은 광경인지.

### 25. 그리고 다른 문제들

이 밖에 서재를 정리하는 이들이 겪는 문제는 다양하다. 그런 문제들 때문에 짜증을 낼 수도 있고, 그것을 계기로 창의적인 책장 관리를 할 수도 있다. 예를 들어 팸플릿은 어떻게 할 것인가? 1712년

우표법에 따르면 팸플릿은 전지 두 장 이하로 만든 책이라고 규정되어 있다. 이 전지를 세 번 접는다면 각 접지가 8장—8절판 크기—을 맞대게 될 것이다. 각 장은 앞뒤 2페이지로 이루어지며, 이런 전지가 두 장이므로 팸플릿은 32페이지를 갖게 될 것이다. 좀 더 현대적인 정의에서는 팸플릿을 49페이지 이하의 책으로 규정하고 있다. 어쨌든 팸플릿은 제본을 하지 않고 종이 표지에 스테이플러로 찍어놓은 경우가 많다.

팸플릿은 책들과 섞여 있으면 사라지는 경향이 있다. 특히 책들이 빽빽하게 꽂혀 있는 책장에서는 책을 꺼냈다가 다시 꽂는 과정에서 팸플릿들이 뒤로 밀려나곤 한다. 최악의 경우에는 책장 깊숙이 밀려들어가 몇 년 동안 잊혔다가, 책장의 책들을 전체적으로 재배치할 때 일그러진 모습으로 나타나기도 한다. 하지만 비쩍 마른 팸플릿들을 으스대는 책들과 따로 두는 것은 쉽지 않은 일이다. 집 안 서재에서 팸플릿만을 꽂아둔 선반은 너무 볼품없기 때문이다. 그것은 마치 창고 비품 카탈로그를 꽂아둔 선반처럼 보인다.

* * *

어떻게 배열하든 책은 방 외관에 영향을 준다. 따라서 탁자나 의자를 배치하고 벽에 걸 그림을 고르듯이 책이 책장에 꽂혀 있는 모양에도 신경을 써야 한다. 책들이 기하학적으로 질서가 잡혀 있지 않은 책장은 식탁 옆에 기우뚱하게 놓인 의자나 비뚜름하게 걸린 액자처럼 보기 흉하다. 현대의 책은 선반에 똑바로 서 있기 위해 만들어졌지, 이웃에게 기대어 빈 공간을 놓고 줄다리기를 하기 위해 만들어지지 않았다. 책이 똑바로 서 있지 않으면 북엔드를 들여놓아야 한다.

## 책을 옮기고 나서

책꽂이에 수직으로 꽂혀 있는 책들은 눈에 아주 익숙하다. 수십 년 전과 지금을 비교해보면, 부엌이나 밥상, 화장실 등 근접 생활 환경 가운데 많은 것이 바뀐 가운데서도 책꽂이에 수직으로 꽂힌 책의 모습은 바뀌지 않은 것 같다. 불행인지 다행인지 그 모습은 늘 주위의 가까운 곳에 머물러 있었다. 때문에 아무 의문 없이 원래 그런 것이겠거니 생각하고, 아니 사실은 아무 생각도 하지 않고 살아온 셈이다.

물론 책 자체에는 변화가 있었다. 언제부터인지 세로 쓰기가 가로 쓰기로 바뀌었다. 한자가 괄호 속에 들어가더니 그마저도 거의 사라져 버렸다. 잉크가 약간 번진 듯한 느낌이 들던 인쇄가 선명하고 날카로운 인쇄로 바뀌었다. 종이 질이 나아지고 장정은 대단히 화려해졌다. 관심이 덜해 잘은 모르겠지만, 책꽂이에도 변화가 있었을 것이다. 하지만 선반 구조에 수직으로 책을 꽂아놓는다는 면에서는 달라진 것이 없다(고서를 생활 속에서 접한 적이 없는 세대로서는).

하지만 이제 이런 모습에도 변화가 생길 것이라고 한다. 전자책이 종이책을 대신하는 지배적인 출판 매체로 자리 잡게 되면 그렇게 될 것이라고(또 그럴 날이 머지않았다고도) 한다. 실제로 요즘에는 작은 영어

사전이나 국어사전을 뒤적이는 일이 없다. 사전들이 아예 워드프로세서 프로그램에 내장되어 있기 때문이다. 이제는 열 권이 넘는 백과사전이 듬직하게 꽂혀 있는 책장을 부러워하지 않는다. 백과사전 전질을 사서 안 그래도 비좁은 집 안을 더욱 비좁게 만들지 않을 테니(물론 비좁아지는 불이익을 감수할 만한 장점이 틀림없이 있겠지만) 다행이라는 생각이 들기도 한다.

부엌이나 밥상, 화장실처럼 책꽂이에 꽂힌 책들도 바뀌고 있는 것일까? 아니, 이러다 아예 사라지고 마는 것일까? 이제는 이 질문 자체가 책꽂이에 꽂힌 책만큼이나 익숙해졌다. 많은 전문가들이 가부간에 답을 하고 거기에 그럴 듯한 이유를 덧붙이고 있다. 변화의 방향을 예측하고 발 빠르게 움직이는 사람들도 많다. 물론 최근에 겪은 변화의 속도와 크기 때문에, 또 그 변화의 뒤만 쫓아온 자신의 처지 때문에, 일단 무조건 바뀐다는 쪽에 표를 던져주고 속으로는 자신의 복고적이고 관성적인 태도 때문에 갈등을 겪는 사람도 많을 것이다.

어쨌든 책꽂이에 꽂힌 책을 더 이상 익숙하게 받아들일 수 없는 상황은 온 것 같다. 따라서 지금이 이 익숙한 모습에 질문을 던져볼 만한 때, 또는 던질 수밖에 없는 때라고도 할 수 있겠다. 그러나 단순하게 바뀔 것이냐 안 바뀔 것이냐, 바뀌면 얼마나 바뀔 것이냐 하고 묻는다면 속 시원한 답을 얻지 못할 것 같기도 하다. 예컨대 책이라는 매체에 변화가 생긴다는 것은 사람과 사람 사이의 소통 방식에 중대한 변화가 온다는 것을 뜻하는데, 이에 대한 깊이 있는 설명 없이는 어떤 변화의 이야기도 기술적인 변화 이상으로 나아가지 못할 듯하다. 역사를 되짚어, 활판 인쇄술 발명의 의미를 짚어볼 때도 같은 말을 할 수 있을 것이다. 나아가 어떤 내용이 담긴 매체를 보관 또는 소유하는 방식에 대해서도 깊이 있는 통찰이 필요하다. 예컨대 현재 공공도서관과 개인 서재는 매체의 소유와 관련하여 서로 모순된 면이 있지만, 둘 다 책이라는 매체는 두 사람이 동시에 이용하지 않는다는 전제하에 성립된 것이라는 공통점이 있다. 하지만 인터넷상의 문헌처럼, 더 심하게는 방송처럼 동시에 두 사람 이상이 이용할 수 있다면 상황은 어떻게 달라질까? 그것은 배타적 소유 또는 보관 방식, 또 그런 방식을 기초로 성립되어 있는 유통 방식과는 어떤 갈등을 일으킬까?

이 책이 이런 문제들에 대해 직접적으로 답변하는 것은 아니다. 페트로스키의 관심은 어떻게 보면 상당히 '사소한' 부분으로 좁혀져 있다. 간단히 말해, 현재 책꽂이에 꽂혀 있는 책이 바로 그 상태에 이르게 된 경위를 훑어보자는 것이다. 그러나 앞서도 보았듯이, 이것이 생활 속에서 늘 책을 접하는 사람들이 상황의 변화와 관련하여 최초로 문제를 느끼는 방식이기도 하다. 다만 페트로스키는 겸손하게 자신이 잘 아는 범위 내에서 문제를 깊이 있게 파고들 뿐이다(그러나 테크놀로지의 변화를 주시하는 사람답게 책의 변화에 관련된 여러 문제를 인식하고 있음이 드러난다). 그는 앞으로의 이야기를 하기보다는 뒤로 거슬러 올라가 지금에 이르게 된 역사를 집중적으로 이야기하고 있다. 그 과정에서 우리에게 익숙하고 자연스러운 모습이 처음부터 그렇게 주어진 것이 아니라는, 어찌 보면 너무나도 당연한 사실을 일깨움과 동시에 그런 변화 속에 숨어 있는 어떤 필연성을 드러내고 있다. 따라서 페트로스키의 설명을 따라가다보면, 비록 서양에 한정된 것이기는 하지만, 미처 몰랐던 신기한 사실들과 만나게 될 뿐만 아니라 앞으로의 변화 방향에 대해서도 어느 정도 짐작해볼 수 있다.

페트로스키의 접근 방법 가운데 또 한 가지 재미있는 것은 책 따로 서가 따로 다루는 것이 아니라 서가 위에 놓인 책을 동시에 다룬다는 점이다. 물론 여기에는 페트로스키 특유의 눈에 잘 안 띄면서도 쓸모 있는 물건에 대한 세심한 관심이 담겨 있다. 그런 물건일수록 이미 눈에 익숙해져 있기 마련이다. 하지만 페트로스키의 접근을 통해 낯익은 것이 낯설게 드러나며, 그 과정에서 얻게 되는 신선한 느낌도 이 책을 읽어나가는 데 중요한 재미 중 하나다. 또한 이런 접근은 단지 신선함을 유발하기 위해서만이 아니라, 실제로 그 익숙한 것이 변화 과정 중에 있음을 드러낸다. 이 접근 방법에서 또 하나 중요한 것은 우리가 책 이야기를 할 때 흔히 빠뜨리기 쉬운 보관 방식—페트로스키 자신은 이야기하지 않지만 그 전제가 되고 있는 소유 방식—으로 우리 사고를 진전시켜준다는 점이다. 덕분에 도서관, 대형 서점, 온라인 서점, 개인 서재, 개인 책장 등 책의 소유와 유통과 보관 방식의 변화에 대해 다시 한 번 생각해볼 기회를 얻게 될 것이다.

그러나 책꽂이에 꽂힌 책의 변화의 역사와 미래가 어떻다 한들, 책에 대한 애정이 공유되지 않는다면 우리가 이 책을 무슨 재미로 읽을 것인가? 다행히도 우리는 이 페트로스키라는 사람이 책에 대한 애정이 지극한 사람임을, 누렇게 바랜 책장의 여백에 써놓은 색 바랜 메모를 손가락으로 슬며시 문질러볼 때의 따뜻한 느낌을 아는 사람임을, 인공조명이 아닌 햇빛을 받으며 바람에 넘어가지 않게 책장을 붙들고 책을 읽을 때의 즐거움을 느껴본 사람임을, 이 책꽂이에 꽂힌 책의 역사를 다룬 책 곳곳에서 확인하게 될 것이다.

# 참고문헌


Allen, Edward Frank, ed. *Red-Letter Days of Samuel Pepys*. New York: Sturgis and Walton, 1910.

American Library Association. *The ALA Glossary of Library and Information Science*. Chicago: American Library Association, 1983.

Baker, Nicholson. "Discards," *The New Yorker*, April 4, 1994, pp. 64-86.

Barker, Nicolas. *Treasures from the Libraries of National Trust Country Houses*. New York: Royal Oak Foundation and Grolier Club, 1999.

Bartlett, John. *Familiar Quotations*. 13th ed. Boston: Little, Brown, 1955.

Barwick, G. F. *The Reading Room of the British Museum*. London: Ernest Benn, 1929.

Beinecke Library. *The Beinecke Rare Book & Manuscript Library: A Guide to the Collections*. New Haven: Yale University Press, 1994.

Birley, Robert. "The History of Eton College Library," *Library* 11 (December 1956): 231-261.

Boss, Richard W. "Space Conserving Technologies," *Library Technology Reports* 31 (July-August 1995): 389-483.

Bradley, John. *Illuminated Manuscripts*. London: Bracken Books, 1996.

Bright, Franklyn F. *Planning for a Movable Compact Shelving System*. Chicago: American Library Association, 1991.

Brooks, Marshall. *A Brief Illustrated History of the Bookshelf: With an Essay Which Pertains to the Subject*. Delhi, N.Y.: Birch Brook Press, 1998.

Bryant, Arthur. *Samuel Pepys: The Man in the Making*. New edition. London: Collins, 1947.

Bury, Richard de. *The Love of Books: The Philobiblon*. Translated by E. C. Thomas. New York: Barse & Hopkins, 1903.

Bury, Richard de. *Philobiblon*. Translated by E. C. Thomas. Oxford: Basil Blackwell, 1960.

Calkins, Robert G. *Illuminated Books of the Middle Ages*. Ithaca, N.Y.: Cornell University Press, 1983.

Camp, John F., and Carl A. Eckelman. "Library Bookstacks: An Overview with Test Reports on Bracket Shelving," *Library Technical Reports* 26 (November – December 1990): 757 – 894.

Carter, John. *ABC for Book-Collectors*. Fourth edition. New York: Alfred A. Knopf, 1966.

Caygill, Marjorie. *The Story of the British Museum*. Second edition. London: British Museum Press, 1992.

[Clare College.] Clare College, 1326 – 1926: University Hall, 1326 – 1346; Clare Hall, 1346 – 1856. Volume II. Cambridge: Clare College, 1930.

Clark, J. W. *Libraries in the Medieval and Renaissance Periods*. Chicago: Argonaut, 1968. Reprint of 1894 edition.

Clark, John Willis. *The Care of Books: An Essay on the Development of Libraries and Their Fittings, from the Earliest Times to the End of the Eighteenth Century*. Cambridge: University Press, 1901.

Comenius, John Amos. *The Orbis Pictus*. Syracuse, N.Y.: C. W. Bardeen, 1887.

Communications of the ACM. *Special issue on digital libraries*. April 1998.

Condit, Carl W. *American Building Art: The Nineteenth Century*. New York: Oxford University Press, 1960.

Cooper, Gail. *Air-Conditioning America: Engineers and the Controlled Environment, 1900 – 1960*. Baltimore, Md.: Johns Hopkins University Press, 1998.

Craster, Sir Edmund. *History of the Bodleian Library, 1845 – 1945*. Oxford: Clarendon Press, 1952.

Daumas, Maurice, ed. *A History of Technology & Invention: Progress through the Ages*. Volume I: The Origins of Technological Civilization. Translated by Eileen B. Hennessy. New York: Crown Publishers, 1969.

Dawe, Grosvenor. *Melvil Dewey: Seer, Inspirer, Doer, 1851 – 1931*. Essex Co., N.Y.: Lake Placid Club, 1932.

[Dewey, Melvil. "Notes on Library Shelving."] *Library Notes* 2 (September 1887): 99 – 122.

Diringer, David. *The Book Before Printing: Ancient, Medieval and Oriental*. New York: Dover Publications, 1982.

Douglas, David C. *English Scholars, 1660 – 1730*. Second edition. London: Eyre & Spottiswoode, 1951.

Drucker, Hal, and Sid Lerner. *From the Desk of.* San Diego: Harcourt Brace Jovanovich, 1989.

Eco, Umberto. *The Name of the Rose*. Translated by William Weaver. San Diego: Harcourt Brace, 1984.

Eliot, Charles William. "The Division of a Library into Books in Use, and Books Not in Use, with Different Storage Methods for the Two Classes," *Library Journal* 27 (1902, Magnolia Conference Supplement): 51 – 56, 256 – 257.

Elkins, Kimball C. "President Eliot and the Storage of 'Dead' Books," *Harvard Library Bulletin* 8 (1954): 299 – 312.

Ellis, Estelle, Caroline Seebohm, and Christopher Simon Sykes. *At Home with Books: How Booklovers Live with and Care for Their Libraries*. New York: Carol Southern Books, 1995.

Engler, Nick. *Desks and Bookcases*. Emmaus, Pa.: Rodale Press, 1990.

Esdaile, Arundell. *The British Museum Library: A Short History and Survey*. London: Allen & Unwin, 1946.

Fadiman, Anne. *Ex Libris: Confessions of a Common Reader*. New York: Farrar, Straus and Giroux, 1998.

Ferguson, Eugene S. *Engineering and the Mind's Eye*. Cambridge, Mass.: MIT Press, 1992.

Garnett, Richard. "The Sliding-Press at the British Museum," *Library Journal* 17 (October 1892): 422 – 424.

Garnett, Richard. "On the Provision of Additional Space in Libraries," *Library* 7 (1895): 11 – 17

Garnett, Richard. "New Book Press at the British Museum," *Library Notes* 2 (September 1897): 97 – 99.

Gawrecki, Drahoslav. *Compact Library Shelving. Translated by Stanislav Rehak*. Chicago: American Library Association, 1968.

Gayle, Addison, Jr. *Oak and Ivy: A Biography of Paul Laurence Dunbar*. Garden City, N.Y.: Doubleday, 1971.

Gladstone, W. E. "On Books and the Housing of Them," *Nineteenth Century XXVII* (1890): 384 – 396.

Gladwell, Malcolm. "The Spin Myth," *The New Yorker*, July 6, 1998: 66 – 73.

Glaze, Florence Eliza. "Hidden for All to See," *Duke University Libraries* 12 (Fall 1998): 2 – 7.

Green, Bernard R. "Planning and Construction of Library Buildings," *Library Journal* 25 (1900): 677 – 683.

Green, Bernard R. "Library Buildings and Book Stacks," *Library Journal* 31 (1906): 52 – 56.

Griliches, Diane Asseo. *Library: The Drama Within*. Albuquerque: University of New Mexico Press, 1996.

Gussow, Mel. "$8 Million Literary Trove Given to Morgan Library," *New York Times*, February 23, 1998, national edition, pp. Bi, B8.

Hall, Bert S. "A Revolving Bookcase by Agostino Ramelli," *Technology and Culture* 11 (1970): 389 – 400.

Harris, P. R. *The Reading Room*. London: The British Library, 1979.

Henderson, Robert W. "Tiers, Books and Stacks," *Library Journal* 59 (1934): 382 – 383.

Henderson, Robert W. "The Cubook: A Suggested Unit for Bookstack Measurement," *Library Journal* 59 (November 15, 1934): 865 – 868.

Henderson, Robert W. "Bookstack Planning with the Cubook," *Library Journal* 61 (January 15, 1936): 52 – 54.

Hobson, A. R. A. "The Pillone Library," *Book Collector* 7 (1958): 28 – 37.

International Correspondence Schools. *The Building Trades Pocketbook: A Handy Manual of Reference on Building Construction, Including Structural Design, Masonry, Bricklaying, Carpentry, Joinery, Roofing, Plastering, Painting, Plumbing, Lighting, Heating, and Ventilation*. Scranton, Pa.: The Colliery Engineer Co., 1899.

Inventive Genius. *Library of Curious and Unusual Facts*. Alexandria, Va.: Time-Life Books, 1991.

Irwin, Raymond. *The English Library: Sources and History*. London: George Allen & Unwin, 1966. Revised and enlarged edition of The Origins of the English Library.

Irwin, Raymond. *The Heritage of the English Library*. New York: Hafner, 1964.

Irwin, Raymond. *The Origins of the English Library*. London: George Allen & Unwin, 1958.

Jackson, Holbrook. *The Anatomy of Bibliomania*. New York: Farrar, Straus, 1950. Reissued as The Book about Books: The Anatomy of Bibliomania. New York: Avenel Books, 1981.

Jacobson, J., et al. "The Last Book," *IBM Systems Journal* 36 (1997): 457 – 463.

Jarrell, Randall. *Jerome: The Biography of a Poem*. New York: Grossman, 1971.

Jenner, Henry. "Moveable Presses in the British Museum," *Library Chronicle* 4 (1887): 88 – 90.

Johnson, Elmer D. *History of Libraries in the Western World*. Second edition. Metuchen,

N.J.: Scarecrow Press, 1970.

Kaplan, Louis. "Shelving." *In The State of the Library Art*. Vol. 3, Part 2. Ralph R. Shaw, ed. New Brunswick, N.J.: Rutgers Graduate School of Library Service, 1960.

Kenyon, Frederic G. *Books and Readers in Ancient Greece and Rome*. Oxford: Clarendon Press, 1932.

Kimber, Richard T. *Automation in Libraries*. Oxford: Pergamon Press, 1968.

Lang, Andrew. *The Library*. London: Macmillan, 1881.

Latham, Robert, ed. *The Shorter Pepys*. Berkeley: University of California Press, 1985.

Lehmann-Haupt, Christopher. "Creating 'the Last Book' to Hold All the Others," *New York Times*, April 8, 1998, national edition, pp. Bi – B2.

Leibowitz, Ed. "Bar Codes: Reading Between the Lines," *Smithsonian*, February 1999: pp. 130 – 132, 134 – 146.

Levarie, Norma. *The Art & History of Books*. New Castle, Del., and London: Oak Knoll Press and the British Library, 1995.

Lewis, Peter H. "Taking on New Forms, Electronic Books Turn a Page," *New York Times*, July 2, 1998, national edition, pp. G1 – G7.

Library of Congress. *Report of the Librarian of Congress and Report of the Superintendent of the Library Building and Grounds*. Washington, D.C.: Government Printing Office, 1909.

Locke, George H. "Toronto Method of Book Storage," *Library Journal* 56 (June 15, 1931): 554.

Lydenberg, H. M., et al. "Bookstacks: The Librarians' Viewpoint," *Library Journal* 41 (1916): 238 – 244.

Lymburn, John. "Suspended Iron Presses for Book Accommodation in Large Libraries," *Library Journal* 18 (January 1893): 10.

Macdonald, Angus Snead. "A Library of the Future, Part I," *Library Journal* 58: 971 – 975.

Macdonald, Angus Snead. "A Library of the Future, Part II," *Library Journal* 58: 1023-1025.

Manguel, Alberto. *A History of Reading*. New York: Penguin Books, 1997.

Marriott, Michel. "For Mundane and Exotic, a Guide," *New York Times*, March 12, 1998, national edition, p. D3.

McKee, Eugenia Vieth. The Diffusion of CD-ROM as a Text Information Storage Technology for Libraries: A Comparative Study. Ph.D. diss., Texas Woman's University, Denton, Texas, 1989.

McKerrow, Ronald B. *An Introduction to Bibliography for Literary Students*. Oxford: Clarendon Press, 1928.

Metcalf, Keyes D. "The New England Deposit Library," *Library Quarterly* 12 (1942): 622–628.

Metcalf, Keyes D. "The New England Deposit Library after Thirteen Years," *Harvard Library Bulletin* 8 (1954): 313–322.

Metcalf, Keyes D. *Planning Academic and Research Library Buildings*. New York: McGraw-Hill, 1965.

Morley, Christopher. *Parnassus on Wheels*. New York: Lippincott, 1917.

Naudeus, Gabriel. *Instructions Concerning Erecting of a Library: Presented to My Lord The President de Mesme*. Translated by Jo. Evelyn. Cambridge, Mass.: Houghton, Mifflin, 1903.

Needham, Joseph. *Science and Civilisation in China. Volume 4: Physics and Physical Technology. Part II: Mechanical Engineering*. Cambridge: Cambridge University Press, 1965.

Needham, Paul. *Twelve Centuries of Bookbindings, 400–1600*. New York and London: The Pierpont Morgan Library and Oxford University Press, 1979.

Nixon, Howard M., and William A. Jackson. "English Seventeenth-Century Travelling Libraries," *Transactions of the Cambridge Bibliographical Society* 7 (1977/1980): 294–322.

Ollé, James G. *Library History: An Examination Guidebook*. Second edition. London: Clive Bingley, 1971.

Orne, Jerrold. "Storage Warehouses." *In The State of the Library Art*. Vol. 3, Part 2. Ralph R. Shaw, ed. New Brunswick, N.J.: Rutgers Graduate School of Library Science, 1960.

"Other Side of the Counter, The." "'A Plea for Liberty' to Readers to Help Themselves," *The Library*, first series, 4 (1892): 302–305.

Paintin, Elaine M. *The King's Library*. [London]: The British Library, n.d.

Penn, Arthur. *The Home Library*. New York: D. Appleton, 1883.

*The Pepys Library*. [Cambridge: Magdalene College.] n.d.

Petroski, Henry. *Beyond Engineering: Essays and Other Attempts to Figure Without Equations*. New York: St. Martin's Press, 1986.

Petroski, Henry. *The Pencil: A History of Design and Circumstance*. New York: Alfred A. Knopf, 1990.

Petroski, Henry. *The Evolution of Useful Things*. New York: Alfred A. Knopf, 1992.

Petroski, Henry. "On Books, Bridges, and Durability," *Harvard Design Magazine*, Fall 1997: 19–21.

Petroski, Henry. *Remaking the World: Adventures in Engineering*. New York: Alfred A. Knopf, 1997.

Petroski, Henry. "From Connections to Collections," *American Scientist*, September-October 1998: 416–420.

Pollard, Alfred W. *Early Illustrated Books: A History of the Decoration and Illustration of Books in the 15th and 16th Centuries*. London: Kegan Paul, Trench, Trübner: 1893.

Pollard, Graham. "Changes in the Style of Bookbinding, 1550–1830," *Library*, 11 (1956): 71—94.

Poole, Wm. F. "Why Wood Shelving Is Better than Iron," *Library Notes* 2 (September 1887): 95–97.

Powell, Anthony. *Books Do Furnish a Room*. Boston: Little, Brown, 1971.

Power, John. *A Handy-book About Books, for Book-lovers, Book-buyers, and Book-sellers*. London: John Wilson, 1870.

"P.P.C.R." "The New Building at the British Museum," Mechanics' Magazine, *Museum Register, Journal, and Gazette*, March 1837: 454–460.

Prideaux, S. T. *An Historical Sketch of Bookbinding*. London: Lawrence & Bullen, 1893.

Puccio, Joseph. "Managing 10 Million Volumes and Counting: Collections Management Oversees 257 Miles of Shelves," *Library of Congress Information Bulletin*, May 4, 1992: 189–194.

Ramelli, Agostino. *The Various and Ingenious Machines of Agostino Ramelli (1588)*. Translated and edited by Martha Teach Gnudi and Eugene S. Ferguson. Baltimore: Johns Hopkins University Press, 1976.

Ranz, Jim. *The Printed Book Catalogue in American Libraries: 1723–1900*. Chicago: American Library Association, 1964.

Reed, R. Ancient Skins, *Parchments and Leathers*. London: Seminar Press, 1972.

Rider, Fremont. *Melvil Dewey*. Chicago: American Library Association, 1944.

Rider, Fremont. *The Scholar and the Future of the Research Library: A Problem and Its Solution*. New York: Hadham Press, 1944.

Rider, Fremont. *Compact Book Storage: Some Suggestions Toward a New Methodology for the Shelving of Less Used Research Materials*. New York: Hadham Press, 1949.

Riding, Alan. "Mitterrand's Last Whim Struggles with Reality," *New York Times*, November 7, 1998, national edition, p. A18.

Rivington, Charles A. *Pepys and the Booksellers*. York: Sessions Book Trust, 1992.

Rogan, Helen. "Organizing," *Martha Stewart Living*, February 1999: 86, 88, 90.

Russell, John Scott. *The Modern System of Naval Architecture*. Three volumes. London: Day and Son, 1865.

Shailor, Barbara A. *The Medieval Book: Illustrated from the Beinecke Rare Book and Manuscript Library*. Toronto: University of Toronto Press, 1991.

Shepherd, Jane Bushnell. *Miss Antoinette Turner's Store: And Other Reminiscent Sketches*. New Haven: Tuttle, Morehouse & Taylor, 1929.

Smiles, Samuel, ed. *James Nasmyth, Engineer: An Autobiography*. London: John Murray, 1885.

Smith, Alexander. *Dreamthorp: A Book of Essays Written in the Country*. Garden City, N.Y.: Doubleday, Doran, 1934.

Snead & Company. *Snead Bookstacks*. New York: Snead, 1940.

Snead & Company Iron Works. *Library Planning, Bookstacks and Shelving*. Jersey City, N.J.: Snead, 1915.

Steinberg, S. H. *Five Hundred Years of Printing*. New York: Criterion Books, 1959.

Stevenson, Robert Louis. *Familiar Studies of Men and Books*. London: Chatto & Windus, 1895.

Stille, Alexander. "Library Privileges," *The New Yorker*, September 28, 1998: 43–46 57–59.

Streeter, Burnett Hillman. *The Chained Library: A Survey of Four Centuries in the Evolution of the English Library*. London: Macmillan, 1931.

Thompson, Anthony. *Library Buildings of Britain and Europe: An International Study, with Examples Mainly from Britain and Some from Europe and Overseas*. London: Butterworths, 1963.

Thornton, Dora. *The Scholar in His Study: Ownership and Experience in Renaissance Italy*. New Haven: Yale University Press, 1997.

Vitruvius. *The Ten Books on Architecture. Translated by Morris Hicky Morgan*. New York: Dover, 1960.

Vogel, Steven. *Cats' Paws and Catapults: Mechanical Worlds of Nature and People*. New York: Norton, 1998.

Wagner, Patricia Jean. *The Bloomsbury Review Booklover's Guide: A Collection of Tips, Techniques, Anecdotes, Controversies & Suggestions for the Home Library*. Denver: The Bloomsbury Review, 1996.

Walter, Frank K. "Random Notes on Metal Book Stacks," *Library Journal* 53 (1928): 297–300.

Walters Art Gallery. *The History of Bookbinding: An Exhibition Held at the Baltimore*

*Museum of Art, November 12, 1957 to January 12, 1958*. Baltimore: Trustees of the Walters Art Gallery: 1957.

Weinstein, Krystyna. *The Art of Medieval Manuscripts*. San Diego: Laurel Glen Publishing, 1997.

Wernick, Robert. "Books, Books, Books, My Lord!" *Smithsonian*, February 1998: 76–86.

Wheeler, Joseph L., and Alfred Morton Githens. *The American Public Library Building: Its Planning and Design with Special Reference to Its Administration and Service*. New York: Scribner's, 1941.

Williams, Joan. *The Chained Library at Hereford Cathedral*. Hereford, Eng.: Hereford Cathedral Enterprises, 1996.

Winterson, Jeanette. *Art & Lies: A Piece for Three Voices and a Bawd*. London: Vintage, 1995.

Woodsmith Magazine. *Bookshelves & Shelves*. Des Moines: August Home Publishing, 1996.

Wright, C. E. "The Dispersal of the Monastic Libraries and the Beginnings of the Anglo-Saxon Studies. Matthew Parker and His Circle: A Preliminary Study," *Transactions of the Cambridge Bibliographical Society* 1 (1949/53): 208–237.